BHAGAVAD GĪTĀ

Dados Internacionais de Catalogação na Publicação (CIP)
(Câmara Brasileira do Livro, SP, Brasil)

Theodor, Ithamar
Bhagavad-gītā : textos, filosofia, estrutura e significado / Ithamar Theodor ; tradução Sérgio Mendes de Freitas. – 1. ed. – Petrópolis, RJ : Editora Vozes, 2021.

Título original: Exploring the Bhagavad Gītā – Philosophy, Structure and Meaning
Bibliografia
ISBN 978-65-5713-196-1

1. Bhagavad-gītā – Meditações 2. Bhagavad-gītā – Traduções 3. Hinduísmo e cultura I. Título.

21-56278 CDD-294.5924045

Índices para catálogo sistemático:

1. Bhagavad-gītā: Livros Sagrados : Traduções : Hinduísmo 294.5924045

Aline Graziele Benitez – Bibliotecária – CRB-1/3129

ITHAMAR
THEODOR

BHAGAVAD GĪTĀ

Textos, filosofia, estrutura e significado

Tradução de Sérgio Mendes de Freitas

EDITORA
VOZES

Petrópolis

Tradução autorizada da edição em língua inglesa, publicada inicialmente por Ashgate Publishing e publicada atualmente pela Routledge, membro do Grupo Taylor & Francis.

Tradução realizada a partir do original em inglês intitulado
Exploring the Bhagavad Gītā - Philosophy, Structure and Meaning.

Direitos de publicação em língua portuguesa – Brasil:
2021, Editora Vozes Ltda.
Rua Frei Luís, 100
25689-900 Petrópolis, RJ
www.vozes.com.br
Brasil

Editoração: Elaine Mayworm
Diagramação: Raquel Nascimento
Revisão gráfica: Alessandra Karl
Capa: Érico Lebedenco

ISBN 978-65-5713-196-1 (Brasil)
ISBN 978-0-7546-6658-5 (Reino Unido)

Editado conforme o novo acordo ortográfico.

Este livro foi composto e impresso pela Editora Vozes Ltda.

Para minhas amadas
filhas: Inbal Jāhnavī, Nili
Nīla Mādhava devī e
Kamah Kamalinī.

Sumário

Guia de pronúncia, 9

Prefácio, 11

Agradecimentos, 13

Introdução geral, 15

1 Preparando o cenário, 49

2 A alma, o *dharma* e a libertação, 55

3 O caminho da ação iluminada – Parte I, 72

4 A encarnação da Pessoa Suprema, 84

5 O caminho da ação iluminada – Parte II, 92

6 O caminho do *yoga* clássico, 99

7 A visão do Supremo – Parte I, 109

8 Desencarnando: Os mundos efêmero e eterno, 116

9 A visão do Supremo – Parte II, 123

10 A mudança no coração de *Arjuna* e as manifestações divinas, 132

11 A revelação cósmica, 138

12 Fases da devoção, 145

13 A visão do Supremo no coração, 150

14 Os três *guṇa*[1], 161

---

1. Por objetividade e clareza, a exemplo de outras publicações similares, os termos sânscritos foram citados sem flexão de número, ou sem o acréscimo artificial da marca de plural (s) da língua portuguesa, ou seja, foram citados conforme são encontrados

15 A jornada do aprisionamento à libertação, 167

16 O divino e o demoníaco, 172

17 A manifestação dos três *guṇa* na vida humana, 178

18 Resumo e conclusão: Refugiar-se apenas em *Kṛṣṇa*, 184

Glossário, 203

Referências, 217

Índice, 219

---

no dicionário, e o leitor poderá inferir a presença do plural pela flexão do artigo (p. ex.: **o** *guṇa*/**os** *guṇa*) [N.T.].

Guia de pronúncia

Para os leitores não familiarizados com as sutilezas do alfabeto sânscrito e o sistema de transliteração comumente aceito, oferecemos a seguir um guia muito breve, exemplificando, aproximadamente, a pronúncia dos principais caracteres transliterados:

ī, ā: gītā	guiitaa
ū: sūtra	suutra
ai, ś: vaiśya	váishia
au, ī: Draupadī	Droupadii
aṣ, ṭa, ā, ṅ: aṣṭāṅga	ashtaanga
ṇ, ḍ: Pāṇḍava	Paandava
ṛ, ṣ, ṇ: Kṛṣṇa	Krishna
c, ā: cekitāna	Tchequitaana
jñ: jñāna	gyaana
ṇ: Karṇa	Carna
ś: Aśvin	Ashvin
ṁ: ahaṁkāra	arrancaara (o *ṁ* pode, na maioria dos casos, ser representado como *n*, mas, antes de *p*, *ph*, *b* e *bh*, é representado como *m*)

Prefácio

Existem várias maneiras possíveis de ler a *Bhagavad-gītā*: ela pode ser lida como uma obra de literatura ou poesia, pode ser lida como uma obra no campo da indologia e examinada do ponto de vista dos estudos orientais, e pode ser lida de outra maneira, como uma obra de filosofia ou teologia. Como obra de literatura ou poesia, seus aspectos literários e poéticos seriam naturalmente ressaltados; assim, os metros dos versos, os epítetos particulares de *Arjuna* e *Kṛṣṇa* e as emoções correspondentes evocadas por sua aplicação – esses aspectos e outros similares possivelmente seriam examinados. Como obra de indologia, seriam destacados seus aspectos históricos e linguísticos e, como tais, as questões referentes à data de sua compilação, a singularidade ou pluralidade de autores, a estrutura linguística do texto e sua relação com o contexto do *Mahābhārata* seriam naturalmente considerados. Como um trabalho de filosofia ou teologia, sua estrutura conceitual, seus pressupostos subjacentes e suas ideias predominantes seriam principalmente considerados e examinados, e esta é a motivação da presente edição. A apresentação erudita da *Bhagavad-gītā* tem um formato tão complicado e sofisticado que, às vezes, surgem lacunas que distanciam o público geral da análise acadêmica desse texto amplamente lido. O presente trabalho talvez seja influenciado por um impulso pedagógico e, como tal, tem não apenas um tom diferente daquele da abordagem analítica, mas, também, objetivos diferentes. No que diz respeito ao "clima" da leitura, convido os leitores a relaxar e entrar em um clima um pouco mais contemplativo, como convém à leitura de um grande tratado clássico. Quanto aos objetivos, espero aprofundar a leitura da *Bhagavad-gītā* enquanto um trabalho no campo da filosofia ou teologia, e ajudar o leitor a obter uma visão ou um *darśana* deste grande tratado. Por essa razão, estou conscientemente evitando uma bibliografia abrangente e notas de rodapé densas, pois podem distrair o leitor das ideias simples, mas profundas, originalmente transmitidas.

Este livro nasceu como um trabalho de teologia, e foi aperfeiçoado e, posteriormente, articulado no meio da Faculdade de Teologia da Universidade de Oxford. Um dos principais objetivos é oferecer uma estrutura unificadora, aberta a um exame racional, que unirá o texto todo. Esta estrutura é construída através da aplicação da metáfora de uma "casa de três andares" e é composta principalmente de dois componentes: por um lado, há três andares ou níveis diferentes e, por outro, uma escada que leva os moradores da casa do primeiro andar ao segundo e terceiro andares. Os três andares representam três níveis de realidade, enquanto a escada representa uma escada transformacional de refinamento ético e espiritual. No sentido mais amplo, gostaria que este trabalho fosse considerado uma contribuição não apenas para o estudo da *Bhagavad-gītā*, mas para o campo emergente da teologia comparativa, uma vez que as estruturas das grandes obras teológicas poderiam ser articuladas, comparadas, contrastadas e agrupadas, oferecendo, assim, uma noção unificada de espiritualidade pluralista que pode servir como alternativa ao materialismo. Originalmente, a filosofia grega era inseparável da religião grega, e só gradualmente é que ela foi articulada como uma filosofia universal. Similarmente, este livro pode dar um pequeno passo nessa direção, uma vez que ele enfatiza a natureza filosófica da *Bhagavad-gītā*, que é também relevante em um contexto não hindu. Examinando muitas das edições acadêmicas disponíveis, percebe-se que elas oferecem uma introdução seguida por uma tradução em verso; a presente edição se assemelha a poucas edições que dividem o texto em seções e adicionam um comentário; espero que esta abordagem seja útil. Deixe-me concluir citando a própria *Bhagavad-gītā*:

> Esta é uma ciência régia, um mistério régio, a purificadora suprema, experimentada diretamente, está de acordo com o *dharma*, agradável de ser praticada e eterna[2].

Que os leitores aproveitem este grande tratado.

Ithamar Theodor
Clare Hall e Faculdade de Teologia
Universidade de Cambridge, 3 de janeiro de 2008.

---

2. *BG* 9.2.

Agradecimentos

É um grande prazer refletir sobre o longo percurso que a composição deste trabalho levou, e reconhecer com profunda gratidão os professores, colegas da academia, alunos, amigos e parentes que me ajudaram a articular este livro de muitas maneiras. Eu li pela primeira vez a *Bhagavad-gītā* de Bhaktivedanta Swamī há cerca de 30 anos, e isso não apenas me inspirou, mas influenciou meu entendimento da *Gītā* desde então. Howard Reznick me inspirou para que eu me envolvesse com o texto da *Gītā* de uma maneira filosófica, assim como Shlomo Biderman e Bhūrijana Dāsa.

Keith Ward me ajudou a considerar a *Gītā* de um ponto de vista teológico, e Klaus Klostermaier me auxiliou na articulação dessas ideias dentro do contexto do hinduísmo. Francis Clooney S.J. me encorajou a publicar primeiro uma edição em hebraico, Amram Peter e Alex Cherniak estavam sempre disponíveis para aconselhamento, assim como meus amigos do Centro de Oxford para Estudos Hindus, e, especialmente, Kiyokazu Okita, que se empenhou em dialogar comigo, fazendo comentários críticos sobre minha articulação geral da estrutura da *Bhagavad-gītā*. Os meus alunos da Universidade de Haifa estavam interessados em estudar a *Gītā* de acordo com a abordagem já citada, e me encorajaram mostrando como a minha estrutura simplificava consideravelmente as questões que o texto apresenta e permitia captar toda a *Gītā* como um texto unificado. Julius Lipner não apenas me convidou para finalizar o manuscrito como professor visitante na Universidade de Cambridge, mas me inspirou como um estudioso exemplar da *Bhagavad-gītā*. Sarah Lloyd e Lianne Sherlock se dedicaram ao livro desde o processo editorial até a produção. Gail Welsh e Betty Rosen ajudaram na edição em inglês e Matthew Kessell aceitou o papel de editor de sânscrito. Um agradecimento especial a meu pai Emanuel, que contribuiu incansavelmente para esta edição, e meus sinceros agradecimentos a minha esposa, Michal, que, como sempre, me apoiou de forma amorosa e contínua no meu trabalho. Por fim, meu profundo agradecimento às minhas três filhas, Inbal Jāhnavī, Nili Nīla Mādhava devī e Kamah Kamalinī, que suportaram o peso deste trabalho e me encorajaram de várias maneiras amorosas; é para elas que este livro é dedicado.

Introdução Geral

A *Bhagavad-gītā* é um tratado literário, teológico e um dos clássicos mais importantes da literatura universal; ocupou tanto a posição de referência autorizada quanto a de popular no hinduísmo nos últimos mil anos ou mais. Devido à sua grande influência, às vezes, é chamada de "a Bíblia hindu" ou mesmo "a Bíblia indiana"; além disso, inúmeras pessoas em todo o mundo são capazes de citá-la, seja em sua língua materna ou no original em sânscrito, como uma expressão de sua fé ou visão de mundo. O tratado aparece como parte do *Mahābhārata*[3], o grande épico indiano, e consiste em um diálogo conduzido entre dois de seus heróis: o comandante supremo *Arjuna* e seu primo, o auriga e amigo, *Kṛṣṇa*. Embora o diálogo seja bastante curto e não exceda 700 estrofes, ele está envolvido com assuntos da mais alta ordem teológica e filosófica; como tal, diz respeito a todos que enfrentam a existência humana, ou seja, todo e qualquer ser humano. As circunstâncias épicas são bastante dramáticas: devido a uma longa disputa familiar, todos os exércitos do mundo se reúnem no campo de batalha de *Kurukṣetra*, com alguns apoiando um ramo da família, os *Pāṇḍava* ou os Filhos de *Pāṇḍu*, enquanto outros apoiavam os *Kaurava*, ou os Filhos de *Dhṛtarāṣṭra*. *Arjuna* prevê que o massacre está prestes a ocorrer e reluta em apontar suas armas para seus familiares, amigos e professores; como tal, ele deseja abandonar totalmente a guerra e evitar lutar nessas circunstâncias terríveis. Devido à sua aflição profunda, *Arjuna* se volta para seu amigo *Kṛṣṇa* e pede orientações que possam resgatá-lo dessa crise grave e, respondendo ao pedido de *Arjuna*, *Kṛṣṇa* fala a *Bhagavad-gītā*, que pode ser possivelmente traduzida um tanto grosseiramente como o "Cânti-

3. Entre os cap. 23 e 40 do *Bhīṣmaparvan*.

co de Deus", ou, talvez, mais precisamente como o "Tratado poético sagrado da Pessoa Suprema". É provável que a *Bhagavad-gītā* tenha sido composta entre os séculos IV e II a.C., e, como tal, pertence, aproximadamente, à mesma geração à qual também pertenciam os grandes filósofos gregos, Platão e Aristóteles. Do ponto de vista religioso, a *Bhagavad-gītā* é um texto *vaiṣṇava*, pois considera *Viṣṇu* ou *Kṛṣṇa* como o Senhor Supremo, enquanto, do ponto de vista filosófico, a *Bhagavad-gītā* constitui um dos três fundamentos da tradição *Vedānta*[4], juntamente com *os Brahma-sūtra* e as *upaniṣad*. Do ponto de vista cultural e social, a *Bhagavad-gītā* representa o hinduísmo ortodoxo e tradicional, uma vez que aceita a autoridade dos *Veda*, e a ordem social-religiosa de quatro grupos sociais chamada *varṇāśrama*, que está no coração do *dharma*.

O *dharma* como o elemento que perpassa e define a sociedade humana

O termo *dharma* é central para o pensamento indiano e pode ser traduzido como religião, dever, moralidade, justiça, lei e ordem. O *dharma* não é apenas externo ao ser humano, mas é entendido como aquilo que forma a essência ou natureza de tudo. Como tal, ele se propõe a colocar todas as coisas, não apenas o ser humano, mas todos os fenômenos existenciais, em seu devido lugar. Assim, por exemplo, o *dharma* do professor é ensinar, e o *dharma* do sol é brilhar. O *dharma* se propõe a estabelecer a sociedade humana sobre uma base moral sólida e, como tal, define o ser humano através de dois parâmetros que são as condições pessoal e profissional. A condição pessoal é definida através da relação com a vida familiar e consiste em dividir a vida humana em quatro fases. Como tal, a pessoa passa a infância e juventude como um estudante celibatário, um *brahmacārin*, que pratica ascese e disciplina enquanto vive desprovido de posses sob a orientação do guru. Juntamente com a construção do caráter, ele estuda as tradições espirituais e desenvolve a consciência da mais elevada verdade chamada *Brahman*. Ao concluir o período de treinamento, ele entra na fase da vida conjugal

---

4. *Prasthāna-trayī.*

chamada *gṛhastha* e cumpre os quatro objetivos da vida: seguir *o dharma* e contribuir para a manutenção da ordem social, acumular riquezas, satisfazer os desejos e, por fim, voltar a atenção para o *mokṣa*, o ideal de libertação do ciclo de nascimentos e mortes. Uma vez que os filhos já tenham chegado à fase adulta, ele gradualmente retorna ao modo de vida mais renunciado praticado durante a juventude, e entra na fase de *vānaprastha* junto com sua esposa. Aos poucos, o casal se distancia dos assuntos familiares, sociais, econômicos e políticos e volta a atenção para assuntos mais espirituais. Na última fase da vida, a pessoa se torna um *sannyāsin* e renuncia ao mundo, interna e externamente. Nesta fase, ele finalmente encontra a morte, e sendo iluminado e desapegado, ele é capaz de se libertar do ciclo vicioso da reencarnação.

O segundo parâmetro que define o ser humano é o profissional; como tal, o *dharma* define quatro grupos ocupacionais que abrangem toda a gama de ocupações, que apoiam uma sociedade humana adequada. O primeiro grupo é o dos brâmanes, que, de acordo com a antiga metáfora védica, compõe a cabeça do corpo social. Esta é a classe intelectual, composta de professores, sacerdotes, filósofos e intelectuais, e caracteriza-se por qualidades como tranquilidade, autocontrole, prática de ascese, pureza, tolerância, honestidade, conhecimento, sabedoria e piedade religiosa. Eles orientam e aconselham a sociedade humana e fazem isso de uma posição distante, sem assumir autoridade política ou governamental. O segundo grupo é o dos *kṣatriya*, que, de acordo com a metáfora védica, compõe os braços do corpo social. Esta é a classe dominante composta de reis, nobres, generais e administradores, e eles são caracterizados por heroísmo, ardor, determinação, perícia, espírito de luta, generosidade e liderança. O terceiro grupo é o dos *vaiśya* ou classe agrícola e mercantil; ele compõe os quadris do corpo social e apoia a sociedade por meio do estabelecimento de uma base econômica firme que depende da agricultura e do comércio. O quarto grupo, os *śūdra*, consistiria nas pernas ou pés do corpo social, e esta é a classe trabalhadora e servil, que inclui as várias classes de artistas e artífices. O sistema em si é considerado de origem divina e, além disso, não é aplicado artificialmente sobre a sociedade humana, mas surge de categorias naturais e da própria natureza humana. Assim, *Kṛṣṇa* diz que "as quatro classes sociais foram criadas por mim de acordo com as divisões dos *guṇa*[5] e formas de trabalho"[6]. *O dharma* é mantido através da adesão aos deveres de cada um, e a *Bhagavad-gītā* sustenta esse princípio, aconselhando ou solicitando a todos e cada um a aderir ao seu dever. Dessa forma, ele diz: "Melhor ser deficiente em seguir o próprio dever segundo o *dharma* a cumprir bem o dever de outro; até mesmo a morte enquanto se cumpre o próprio dever é melhor, pois seguir o dever do outro é um convite ao perigo"[7]. Aparentemente, essa ideia dos quatro *varṇa* ou classes é filosófica e não empírica[8].

Mokṣa – O chamado para abandonar o mundo do nascimento e da morte de uma vez por todas

O mundo moral ideal que é visado pelo *dharma* está condenado a confrontar a realidade humana que é naturalmente menos ideal, pois a existência humana cheia de fraquezas e falhas é um pouco diferente do mundo ideal do *dharma*, o qual é um tanto utópico. Esta lacuna ocupa uma parte importante do *Mahābhārata*, onde, por um lado, há uma descrição de pessoas que foram capazes de aderir ao *dharma*, apesar de vários obstáculos, e, por outro, são delineadas várias fraquezas humanas que impedem o indivíduo de aderir ao dever. Essa visão mais pessimista do mundo leva à compreensão de que a existência humana está fadada ao sofrimento e que a única solução real para esse problema é a renúncia total ao mundo. Este chamado, que caracteriza a literatura das *upaniṣad* e a tradição *vedāntin*, convida o ser humano a passar por um processo de autocorreção ou autorrealização e à renúncia completa ao ciclo vicioso de nascimentos e mortes chamado *saṁsāra*. Consequentemente, este mundo, que é temporário, nunca deve ser considerado o objetivo mais elevado, pois é de

5. Qualidade, constituinte; para uma explicação mais elaborada do termo, cf. nota 1.

6. *BG* 4.13.

7. *BG* 3.35.

8. Como um tratado filosófico, *a Bhagavad-gītā* promove a ideia de quatro classes ou *varṇa*, porém, a realidade empírica indiana atual, que pode ser derivada historicamente do ideal védico de quatro classes, é caracterizada pelas *jāti* ou centenas de subdivisões sociais.

menor valor do que o princípio ou a pessoa de quem o mundo emanou. Assim, a *Bhagavad-gītā* afirma: "Depois de chegar a mim, estas grandes almas não se submetem novamente ao nascimento na morada transitória da miséria, pois atingiram a mais alta perfeição. Todos os mundos, até o mundo de *Brahmā*, estão sujeitos a nascimentos repetidos, mas depois de chegar a mim, não há mais reencarnações"[9]. Isto exemplifica bem a ideia das *upaniṣad* segundo a qual se deve rejeitar este mundo em favor de um estado perfeito, eterno e perene, que é o estado de libertação ou *mokṣa*.

A tensão entre o *dharma* e o *mokṣa*

Enquanto o *dharma* aspira à elevação moral do mundo e ao estabelecimento de uma sociedade humana adequada e próspera, o ideal das *upaniṣad* é inteiramente diferente e até mesmo contraditório, pois exige uma renúncia total a este mundo, juntamente com a transmigração indefesa de um corpo a outro que o caracteriza. Além disso, a tradição das *upaniṣad* convida o indivíduo a transcender *o dharma*, a ir além da moralidade e busca da ordem social, em favor de um estado de introspecção e um impulso constante para a autorrealização e libertação do ciclo de nascimentos e mortes. A *Bhagavad-gītā* afirma que "para aquele que se deleita apenas consigo mesmo, e assim é autossatisfeito e autossuficiente, para ele, não existe dever algum em relação ao *dharma*"[10]. Aparentemente, a tradição das *upaniṣad* não está preocupada com a moralidade e a ordem social, mas preocupa-se principalmente com a renúncia a este mundo e com a autorrealização. A ideia de que alguém que está estabelecido no caminho da libertação está livre das obrigações em relação ao *dharma* e à moral é bastante radical e, sem dúvida, exemplifica a profunda lacuna entre esses dois sistemas de pensamento.

As tradições atreladas ao *dharma* e às *upaniṣad* são opostas umas às outras em outra questão fundamental, que é a questão da ação *versus* conhecimento. A tradição do *dharma* carrega um notável

---

9. *BG* 8.15-16.

10. *BG* 3.17.

sabor performativo, cuja origem pode remontar à antiga escola védica *Mīmāṃsā*, porém a tradição das *upaniṣad* é diferente por enfatizar o conhecimento sobre a ação. O *dharma* se propõe a organizar o mundo através da ação: o brâmane ensina e sacrifica, o *kṣatriya* governa e protege, o *vaiśya* cultiva a terra e faz comércio e o *śūdra* trabalha manualmente. A tradição das *upaniṣad* visa alcançar a compreensão ou o conhecimento da essência de todas as coisas, que é, em última análise, espiritual. Além disso, ela incentiva a renúncia à ação e ao envolvimento mundano, em favor da obtenção do conhecimento real e da iluminação. A questão é levantada por *Arjuna*, e ele pede uma orientação clara sobre o caminho a ser seguido: o caminho da ação e a adesão ao dever, ou o caminho da renúncia ao dever em favor da iluminação. Ele pergunta: "Ó *Janārdana*, se consideras que a iluminação é melhor do que a ação, por que então ordenas que eu realize esse ato terrível? Tuas palavras equivocadas confundem minha mente; peço-te que me faça ter a certeza de uma coisa, pela qual posso alcançar o que há de melhor"[11].

A *Bhagavad-gītā* ocupa um lugar único na história da literatura e do pensamento indianos visto que ela concilia essa profunda tensão e lacuna. Por um lado, a *Bhagavad-gītā* adere ao *dharma*, ordenando que o indivíduo cumpra o seu dever de acordo com o sistema de *varṇa*, apoiando assim a ordem moral e social. Ao mesmo tempo, ela apoia o ideal das *upaniṣad* de renunciar totalmente ao mundo em favor da autorrealização e da obtenção da libertação, mas propõe a ideia única e inovadora de uma renúncia interna, ao invés de uma externa. Em outras palavras, ao contrário de um abandono externo, em que as pessoas deixam o lar e a responsabilidade social em favor de se tornarem mendigos errantes ou habitantes da floresta, a *Bhagavad-gītā* promove uma renúncia interna, pela qual se adere ao *dharma*, mas se faz um progresso interno ao longo do caminho da renúncia, aprendendo gradualmente a renunciar aos frutos da ação, e então dedicá-los ao Supremo. Esta reconciliação interessante desses dois ideais contraditórios oferece um sistema que entrelaça a responsabilidade social e a ação no mundo com um profundo senso de espiritualidade e renúncia aos apegos mundanos. Uma estrofe famosa que propõe esta renúncia interna diz: "O teu único direito é realizar atividades segundo o *dhar-*

11. *BG* 3.1-2.

ma, para nunca possuir os frutos dele; nunca o fruto de uma ação deve motivar a tua ação e nunca te apegues à inação"[12].

A estrutura unificadora da *Bhagavad-gītā*

A *Bhagavad-gītā* é sem dúvida uma criação literária única, mas, ao mesmo tempo, decifrar seu significado e filosofia não é fácil ou simples. Klaus Klostermaier refere-se ao desafio que o leitor enfrenta na compreensão da *Bhagavad-gītā*:

> Quem a ler pela primeira vez ficará impressionado com sua beleza e profundidade; incontáveis hindus sabem de cor e citam-na em muitas ocasiões como uma expressão de sua fé e de suas percepções. Por toda a Índia, e, inclusive, em muitos lugares do hemisfério ocidental, as palestras sobre a *Gītā* atraem muitas pessoas. Muitos estão convencidos de que a *Bhagavad-gītā* é o livro-chave para a reconceitualização da humanidade em nossa época. Um estudo cuidadoso da *Gītā*, no entanto, revelará em breve a necessidade de uma chave para este livro-chave. Por mais simples que a narrativa possa parecer e popular como a obra se tornou, não é de modo algum um livro fácil e alguns dos maiores indianistas do mundo já se debateram com os problemas históricos e filosóficos que o texto apresenta[13].

Estas palavras sem dúvida tocam em um dos principais desafios na compreensão deste tratado; o texto inteiro pode ser unido por um tema ou estrutura relativamente simples e unificadora? Eu acredito que isso é possível, e para entender a estrutura e o tema principal da *Bhagavad-gītā*, eu proponho a metáfora de uma casa de três andares. Esta casa não tem apenas três pisos, andares ou níveis, mas tem uma escada, levando os moradores do primeiro andar para o segundo, e do segundo para o terceiro. O andar inferior representa a vida humana neste mundo, o segundo andar é um andar intermediário, onde a pessoa abandona a vida mundana e busca o estado de libertação, e o terceiro andar representa uma absorção plena no estado liberto. As fases

---

12. *BG* 2.47.

13. KLOSTERMAIER, K. *A Survey of Hinduism*. 2. ed. Albany, 1994, p. 99.

da escada são compostas por vários estados de ação, categorizados de acordo com a motivação subjacente destes; na fase inferior, os atos individuais são motivados por algum princípio ou ganho utilitarista; e a próxima fase começa quando o indivíduo busca o ganho além desta vida no mundo celestial, e uma fase ainda mais elevada começa com a renúncia aos frutos da ação, agindo assim apenas pelo dever ou pelo *dharma*. Uma fase ainda mais elevada começa com o desempenho do dever segundo o *dharma* individual como uma prática de *yoga*, isto é, considerando que o desempenho do dever é o meio pelo qual a mente pode ser subjugada. Finalmente, a fase ainda mais elevada é a fase em que se realiza o dever segundo o *dharma* estando o indivíduo liberto e inteiramente imerso no Supremo. Desta forma, a *Bhagavad-gītā* adere a dois ideais: apoia a responsabilidade social, a moralidade e o *dharma* e, ao mesmo tempo, endossa o caminho da autorrealização das *upaniṣad*, que conduz o indivíduo desde as profundezas da existência material até a libertação[14].

Os sacrifícios védicos e a visão humanística do "primeiro andar"

Os sacrifícios ritualísticos védicos eram comuns na antiga Índia; alguns sacrifícios eram domésticos enquanto outros eram públicos, alguns eram simples, enquanto outros eram sofisticados e caros. Subjacente a todos os vários sacrifícios estava uma fé profunda na perfeição dos *Veda*, e a convicção de que o sacrifício era o caminho para a obtenção da prosperidade, tanto nesta vida como na próxima. Um objetivo ou fruto principal a ser alcançado pela realização do sacrifício védico era a obtenção do céu, mas não está inteiramente claro onde exatamente o céu está situado; o céu pode ser entendido geograficamente, como um planeta particularmente elevado, mas também como um estado mais elevado de existência. É evidente, no entanto, que a vida celestial era considerada um estado existencial mais prazeroso, e que normalmente se desejaria alcançar esse estado na próxima vida. Também se considerava a existência do oposto do céu, que é o inferno, seja ele um lugar geográfico, aparentemente localizado no

---

14. Após a introdução geral, segue uma análise mais aprofundada da estrutura da *Bhagavad-gītā*; cf. p. 38.

fundo do universo, ou um estado inferior de existência. De qualquer forma, aparentemente, de acordo com o pensamento védico, a vida infernal é um estado de sofrimento e deve ser evitado. Consequentemente, os *Veda* são considerados eternos e perfeitos e daí vem a posição um tanto problemática dos sacrifícios e rituais védicos. Por um lado, alguns afirmam que, como os *Veda* são de origem divina, é dever sagrado realizar o sacrifício védico e alcançar a prosperidade, tanto nesta vida como na próxima. Outros, que promovem o caminho da libertação, concordam que os *Veda* são de origem divina, mas consideram como objetivo final a renúncia aos prazeres mundanos e à prosperidade em favor da libertação. Portanto, eles consideram a prosperidade mundana como uma bênção que deve ser aceita moderadamente, mas certamente não como o objetivo final; consequentemente, a prosperidade mundana deve ser considerada como uma condição saudável de uma sociedade que está gradualmente progredindo em direção à libertação. Considerando o exposto acima, parece que a cosmovisão védica representa o que chamamos de "primeiro andar"; ela é otimista, uma vez que aspira a uma vida humana saudável, moral, adequada e próspera. Nesse sentido, ela propõe evitar o que é imoral e injusto e promove o que é saudável e justo. É humanista, visto que percebe a realidade em termos completos e ininterruptos centrados em torno do ser humano; como tal, a cosmovisão védica é construída por termos como o ser humano, a família, a sociedade e, acima de tudo, o *dharma* que constantemente se fortalece para elevar a sociedade humana.

A alma encarnada, o problema da transmigração e a visão do "segundo andar" segundo o *yoga*

O principal problema que caracteriza este mundo, e até o próximo ou o mundo celeste, é a constante repetição do nascimento e da morte. A constante mudança, a instabilidade inerente, o aprisionamento de uma alma em um corpo destinado a morrer, a luta constante com os sentidos e seus desejos não saciados, em conjunto, tornam a condição mundana e encarnada indesejável. Além disso, vista do ponto de vista do "segundo andar" da *Bhagavad-gītā*, mesmo a condição da vida celestial, que pode ser alcançada através da execução de sacrifícios védicos, é falha por causa deste ciclo vicioso de nascimentos e mortes. Em outras palavras, depois de viver longos períodos na agradável condição celestial, cai-se novamente nos mundos inferiores e nas condições inferiores de existência. Essa visão naturalmente leva a uma tentativa de se libertar dessa condição encarnada, pela adoção do processo de autorrealização, que inclui um conjunto diferente de categorias. Ao progredir no caminho da autorrealização, o indivíduo começa a pensar em si mesmo em termos diferentes; em vez de considerar-se um ser humano, ele começa a pensar em si mesmo como uma alma eterna, que é muito diferente das coberturas físicas e sutis, isto é, do corpo e da mente, que o cobrem e o aprisionam. Sendo assim, é dito: "Assim como a infância, a juventude e a velhice se sucedem para a alma dentro deste corpo, ela também adquire outro corpo; o sábio não é influenciado pela ilusão neste assunto"[15].

Esse ponto de vista é o que podemos chamar de um "segundo andar"; desse ponto de vista, vê-se o próprio corpo e a mente como externos a si mesmo, considera-se que o profundo enredamento com a matéria é circunstancial, não essencial e um obstáculo no caminho da libertação, e nesse estado tenta-se não apenas enfraquecer as relações profundas com matéria e mente, mas acessar a realidade espiritual do *Brahman*, em sua forma pessoal ou impessoal. Essa visão de mundo ou a visão da alma, ou seja, a visão de mundo do "segundo andar", não tem como objetivo construir uma sociedade humana próspera e moral, mas sim promover a renúncia total a este mundo. Ela não é realmente humanista, já que o termo "ser humano" não desempenha um papel muito significativo nele, e sim a expressão "alma encarnada" parece construir as identidades individuais nessa visão, e como tal pode ser considerada uma visão "espiritualista". Assim, o elemento individual fundamental é a alma encarnada, coberta por vários corpos que não são necessariamente humanos; estes podem ser corpos de plantas, árvores, répteis, peixes, animais, humanos ou deuses etc. Essa cosmovisão, que é baseada na visão de almas encarnadas aprisionadas em corpos físicos e sutis, tem uma implicação ética também; como leva em conta as almas aprisionadas em corpos, naturalmente, promove a libertação dessas almas encarnadas. Dessa forma, ela promove um conjunto diferente de valores que os do "primeiro andar"; em vez de promover a prosperidade humana, ela propõe equanimidade tanto para o bem quanto para o mal, tanto

---

15. *BG* 2.13.

para a felicidade quanto para a angústia, tanto para a prosperidade e a pobreza quanto para a moral e a imoralidade. Essa equanimidade serve como um fundamento baseado no qual podemos olhar para além deste mundo e buscar a realidade espiritual que é totalmente diferente, e é designada como eterna, consciente e bem-aventurada. Portanto, existem dois componentes do "segundo andar": um, por um lado, a tentativa de libertar-se do estado encarnado e, por outro, a tentativa de estabelecer-se ou unir-se dentro da realidade suprema, absoluta e espiritual. Assim como esses dois princípios, isto é, a tentativa de se desprender deste mundo e tentar se unir a um estado ou realidade mais elevados, estão por trás os vários sistemas de *yoga* e essa visão também pode ser considerada a "visão *yogin*".

A restrição mental como o foco dos vários sistemas de *yoga*

Todos os vários sistemas de *yoga* aspiram transferir o praticante do estado de existência mundana para o estado iluminado e liberto. A prática é focada na mente[16], a qual, se estiver em estado de descontrole, prende a alma à transmigração, mas, se estiver contida e transparente, leva a alma à libertação. A mente une o corpo físico, os sentidos e a alma, e considera-se que possui uma imensa capacidade de conduzir a alma para a iluminação. No entanto, enquanto estiver descontrolada, perturbada e obscurecida devido à estreita relação com os sentidos e os vários desejos mundanos despertados por eles, não consegue vivenciar o seu potencial. Os sistemas de *yoga*, portanto, são destinados a restringir e limpar a mente, assim como alguém limpa um espelho ou uma lente com o objetivo de ver com clareza. Em seu estado obscurecido, a mente é perturbada pelo funcionamento da natureza representada pelos três *guṇa*, pela agitação despertada pela atração, pela repulsa despertada pelos objetos dos sentidos, por conceitos errôneos do *eu* e das várias memórias, e pelo impulso da autopreservação e medo da morte. Uma consciência clara pode ser comparada a um lago claro e pacífico, que é transparente e, como tal, seu fundo pode ser visto; porém, uma consciência obscura pode ser comparada a um lago tempestuoso de água lamacenta, que

---

16. Sânscrito: *manas*.

é naturalmente não transparente e com fundo invisível. Os dois princípios centrais do sistema de *yoga* são prática e desapego; enquanto a prática visa a restrição gradual da mente turbulenta, o desapego visa desconectar a mente dos vários objetos dos sentidos aos quais ela está apegada. O capítulo 6 lida com este tópico e aconselha o praticante de *yoga*: "Deixando de lado todos os desejos decorrentes das intenções mundanas, ele deve subjugar completamente os sentidos interligados através da mente. Pouco a pouco ele deve aquietar sua mente, enquanto controla firmemente sua consciência; ele deve fixar sua mente no *eu*, contemplando nada mais. Seja onde quer que a mente vacilante e instável vagueie, ela deve ser contida e levada de volta ao controle do *eu*"[17].

O sistema de *yoga* não é apenas teórico, mas promove uma prática psicofísica. O texto clássico *Yogasūtra*, tradicionalmente atribuído a Patañjali[18], articula uma estrutura semelhante a uma escada de oito fases que, em certo sentido, serve como um arquétipo para o sistema de *yoga*; as oito fases começam com práticas que podem ser consideradas éticas e culminam com a fase de *samādhi*, um estado de liberdade com êxtase ou iluminação. A primeira fase é chamada *yama* ou restrição, e inclui a prática da não violência, a adesão à verdade, o não roubar, a prática de *brahmacārya* que inclui a abstinência sexual e a não acumulação. A segunda fase é *niyama*, e é composta de limpeza ou pureza, satisfação, ascese, autoestudo e estudo das escrituras, e devoção ao Supremo. A terceira fase, *āsana*, inclui uma prática elaborada de posturas corporais, e é sucedida por *prāṇayāma*, a fase do controle da respiração. Depois disso, pratica-se *pratyāhāra* ou a retirada dos sentidos de seus objetos, e é sucedida por *dhāraṇā* ou concentração, na qual se esforça para manter essa retirada dos sentidos por um longo período. A sétima fase é a do *dhyāna* e sua essência é a meditação no Supremo, porém o ápice do sistema é a oitava fase, chamada *samādhi*, na qual o *yogin* entra em um estado de iluminação introspectiva além da existência mundana. Essa fase é descrita no capítulo 6: "Quando a consciência repousa pacificamente, contida pela prática do *yoga*, o *eu* pode ver a si mesmo diretamente e ficar

---

17. *BG* 6.24-26.

18. Séc. II-III d.C.

assim satisfeito em si mesmo. Neste momento, ele conhece a felicidade infinita, que é experimentada por uma consciência interna além dos sentidos; firmemente estabelecido, ele não se desvia da verdade. Ao atingir essa fase, ele sente que não há um ganho maior e, e assim situado, mesmo o sofrimento mais penoso não o abala. Fica sabendo que a dissolução da união profunda com a miséria existencial é chamada de *yoga*, e deve ser praticada com determinação sincera"[19].

A natureza humana conforme constituída pelos três *guṇa*

A teoria subjacente às escolas de *Yoga* e *Sāṅkhya* considera a natureza como constituída por três qualidades ou "fios", chamadas *guṇa*; as três qualidades são nomeadas *sattva*, representando bondade e transparência, *rajas*, representando paixão e desejo, e *tamas*, representando ignorância, indolência e escuridão. Os três *guṇa* formam a natureza humana e ligam a alma à mente e à matéria, ou aos corpos sutis e físicos. Ao contrário da alma que permanece firme e imutável, os *guṇa* constantemente interagem entre si e se unem em várias combinações; assim, às vezes a bondade prevalece, às vezes, a paixão e, às vezes, a escuridão. Como os *guṇa* são muito dominadores e governam todos os aspectos da vida, este mundo é, às vezes, chamado "o mundo dos *guṇa*". Como os três *guṇa* formam a natureza humana, eles são refletidos através de cada pensamento, palavra ou ação. Dessa forma, a maneira como pensamos, falamos e agimos reflete a combinação dos *guṇa* condicionantes. Este conceito oferece uma divisão única da existência humana e até mesmo não humana que agrupa vários aspectos da vida, tais como vários componentes psicológicos, atividade e adesão ao dever, agrupamento social, hábitos alimentares e divisões cosmológicas. O *guṇa* da bondade é caracterizado pelo conhecimento e felicidade, e adesão ao dever em prol do dever; representa o grupo social intelectual ou os brâmanes, e está associado à comida vegetariana fresca e, cosmologicamente, conduz aos planetas superiores. O *guṇa* da paixão é caracterizado pelo desejo e apego, e com a adesão ao dever por causa de seus frutos ou por algum ganho ulterior; quando misturado com uma quantidade maior de bondade,

---

19. *BG* 6.20-23.

representa a classe dominante e, quando misturado com uma quantidade um pouco menor de bondade, representa a classe comerciante e agrícola. É associado com comida vegetariana que agita os sentidos, como comida picante ou salgada, e cosmologicamente leva aos planetas intermediários. O *guṇa* da ignorância é caracterizado pela escuridão, indolência e loucura e envolve a negligência do dever; é mais dominante entre a classe social produtiva, está associado a alimentos não vegetarianos e bebidas intoxicantes e, cosmologicamente, leva aos planetas inferiores.

Os *guṇa* também podem ser pensados como caminhos universais, nos quais a alma viaja durante sua jornada através do *saṁsāra*. O caminho da bondade parece à princípio um tanto pálido ou pouco convidativo, mas à medida que alguém adere a ele, gradualmente começa a experimentar felicidade, estabilidade e iluminação. O caminho da paixão é contrário, uma vez que parece muito atraente e empolgante a princípio, mas à medida que se adere a ele, começa-se a sentir angústia e exaustão. O caminho mais baixo, o das trevas, representa a mais baixa condição humana; caracteriza-se pela indolência, tolice e até loucura, e leva à autodestruição. Apesar da possibilidade de racionalizar esses três caminhos, pode ser bastante difícil para os encarnados escaparem da influência ou até do aprisionamento dos *guṇa* particulares que os prendem. Para a *Bhagavad-gītā*, a ideia dos *guṇa* é fundamental e há discussões elaboradas sobre a natureza dos *guṇa*, especialmente nos capítulos 14, 17 e 18. A *Bhagavad-gītā* sugere uma elevação gradual, pela qual o indivíduo evolui e vai de um *guṇa* inferior a um superior. Para este propósito, várias características do aprisionamento dos *guṇa* são delineadas, e estas permitem um processo de autoexame ou autoestudo. Consequentemente, o indivíduo é capaz de mudar seus hábitos com o propósito de elevar-se nesta escada dos *guṇa*. A noção dos *guṇa* está firmemente atrelada à estrutura da *Bhagavad-gītā* que nos remete a uma escada; dessa forma, ao ficar estabelecido no *guṇa* da bondade, o indivíduo vivencia sua adesão ao *dharma*. Em outras palavras, quando o indivíduo adere ao *dharma*, sendo motivado por algumas segundas intenções, considera-se que ele está influenciado pelos dois *guṇa* inferiores, mas, quando é capaz de elevar-se ao *guṇa* de bondade, pratica o caminho da elevação gradual seguindo o *dharma* em si, de maneira desinteressada, sem desejo pelos frutos. Esta é a posição mais elevada que se pode alcançar dentro do que chamamos de "primeiro andar" e, portanto, continua-se a progredir em direção ao "segundo andar", em direção a uma posição "além dos *guṇa*".

Ação e além da ação - O princípio do *karman*

O ponto de vista *yogin* e das *upaniṣad*, que é subjacente ao "segundo andar", é bastante complexo no que concerne à percepção da ação humana[20]. Assim como a alma é considerada eterna e os *guṇa* agem e influenciam a alma além desta vida, similarmente o conceito de ação é levado a ter implicações além da vida presente, tendo suas raízes em vidas anteriores e suas consequências em vidas futuras. Em suma, toda ação é considerada como tendo não apenas as consequências imediatas, mas também as de longo prazo. Dessa forma, pode-se fazer doações aos necessitados e, como resultado, nascer na próxima vida em uma família rica, consequentemente vivendo uma vida farta. Por outro lado, pode-se cometer algum mal e, como resultado, nascer em uma família pobre e, consequentemente, viver em condições difíceis. Isso também pode reforçar a visão dos *guṇa* como caminhos universais; uma pessoa influenciada pelo *guṇa* da bondade faz doações, e isso eleva-a em sua próxima vida a um ambiente piedoso, no qual ela recebe boa educação e, assim, continua a fazer o bem aos outros e continua seu caminho de elevação. Por outro lado, uma pessoa influenciada pelos *guṇa* inferiores causa angústia aos outros e, consequentemente, nasce em condições ou corpos inferiores, onde uma natureza ruim é imposta a ela e a arrasta mais para baixo na raiz existencial. Embora, sem dúvida, esse conceito possa sugerir a perda do livre-arbítrio e uma visão de mundo um tanto fatalista, a *Bhagavad-gītā* propõe com firmeza a ideia do livre-arbítrio, e subjacente ao diálogo inteiro da *Gītā* está o entendimento de que *Arjuna* pode escolher seu próprio rumo ou caminho. Em outras palavras, isso sugere

20. Aparentemente, as *upaniṣad* também contêm seções humanísticas ou *pravṛtti* (relativas à vida ativa ou opostas à devoção contemplativa) que promovem o ideal do *dharma*, e, similarmente, as tradições do *yoga* também contêm ideais que promovem a ética humanística, tais como as fases de *yama* e *niyama*. Ainda assim, em geral, essas tradições enfatizam e promovem uma atitude de renúncia ou *nivṛtti*, ao contrário, p. ex., de tradições como a *Mīmāṃsā* e, como tais, elas poderiam ser associadas ao conceito de "segundo andar".

que, apesar do aparente fatalismo sentenciado pelos *guṇa*, ainda há uma boa quantidade de livre-arbítrio que é capaz de mudar o curso da vida e a existência.

O capítulo 4 lida extensivamente com o assunto de ação e declara: "O que é ação? O que é inação? Até os sábios estão confusos a respeito desse assunto. Agora vou explicar-te este assunto da ação; ao entendê-lo, ficarás livre do mal. É preciso saber o que é ação (*karman*), é preciso saber o que é ação imprópria (*vikarman*) e é preciso saber o que é inação (*akarman*), pois o curso da ação é realmente profundo"[21]. A ação apropriada é executada de acordo com o dever ou *dharma* da pessoa e produz bons resultados, ao passo que a ação imprópria é contrária aos deveres segundo o *dharma* e isso traz resultados angustiantes. Segundo esse ponto de vista, tanto os atos bons quanto os maus acabam vinculando a pessoa à existência mundana contínua, pois a pessoa terá que nascer de novo para desfrutar dos resultados dos frutos de suas ações ou sofrer por eles. Entretanto, o indivíduo é encorajado a realizar uma ação "limpa" ou "pura", que é considerada inação: o motivo é porque, quando ela é feita de maneira apropriada, isto é, sem considerar os frutos, acompanhada de conhecimento e como uma oferenda ao Supremo, não há produção de frutos devido ao *karman* em vidas futuras e, ao invés disso, tal ação leva à libertação. Então, ela não possui as características de ligação normais da ação; este é o modo de ação mais elevado proposto no final da *Bhagavad-gītā*, em uma declaração que, às vezes, é considerada a culminação e o ápice do texto: "Abandona todos os tipos de *dharma* e refugia-te apenas em mim, e eu libertar-te-ei de todos os males; não temas"[22]. Essa declaração levanta uma questão em relação à renúncia ao dever ou à abstenção externa da ação; parece que ela é tomada como uma espécie de ação imprópria e, como tal, é suscetível a ter um mau resultado. A *Bhagavad-gītā* enfatiza o caminho do *karma-yoga*, que é um *yoga* de ação; assim, a pessoa passa pela mesma transformação seguindo o caminho do *yoga* através da execução da ação ou, mais especificamente, da ação de acordo com o *dharma*. Logo, o indivíduo examina o próprio modo de ação e constantemente

21. *BG* 4.16-17.

22. *BG* 18.66.

se esforça para sublimá-lo; desse modo, ao aderir ao próprio dever, sublimando-o constantemente e refinando as motivações internas, obtém-se a iluminação por meio da ação. Na Gita, Arjuna tem várias motivações para realizar seu dever e lutar; ele pode lutar por alguns propósitos utilitários, ele pode lutar por causa do dever, sua luta pode ser tomada como uma prática de *yoga*, e ele pode lutar por devoção ao Supremo.

A doutrina educadora da *Bhagavad-gītā*

Ao examinar os dois exércitos prestes a lutar, *Arjuna* fica desanimado em sua tentativa de resolver o dilema moral aparentemente impossível que ele enfrenta. Neste momento, ele se dirige a *Kṛṣṇa*, seu amigo e auriga, de uma maneira diferente; ele se aproxima de *Kṛṣṇa* como um aluno se aproxima de seu guru, mestre ou professor, e declara: "Eu sou agora teu discípulo e caio a teus pés; por favor, instrui-me!"[23] O guru ensina seu aluno através da tutoria pessoal, enquanto o aluno não apenas aprende com o conhecimento teórico do guru, mas também serve ao seu guru e deseja agradá-lo. O capítulo 4 refere-se à relação guru-discípulo dizendo: "Entende isso caindo aos pés dos mestres, fazendo-lhes perguntas e oferecendo-lhes serviço; ao fazê-lo, os homens de sabedoria e visão da verdade transmitirão conhecimento a ti"[24]. Este, sem dúvida, parece ser um modo muito pessoal de transmissão de conhecimento e implica a construção de caráter e a transferência de valores. A estrutura da *Bhagavad-gītā* é composta não apenas de três níveis de realidade, mas seu outro componente principal é uma escada de transformação; o processo de treinamento oferecido pelo guru se destina a promover uma transformação moral e espiritual e uma elevação gradual ao longo dessa escada de valores. A *Bhagavad-gītā* começa pelo degrau mais baixo da escada, representado pela lamentação de *Arjuna* que aparece no capítulo 1, continua por uma ascendência gradual ao longo de todo o texto, e essa ascendência atinge o seu ápice no final do último capítulo, em que *Arjuna* se entrega inteiramente a *Kṛṣṇa*. A questão a ser levantada é o

---

23. *BG* 2.7.

24. *BG* 4.34.

que se considera como a representação do conhecimento apropriado de acordo com a *Bhagavad-gītā*, ou o que é que o guru ensina? Além disso, os vários componentes do conhecimento também estão organizados de acordo com os três andares? O capítulo 16 apresenta uma lista de traços de personalidade divinos, contrastando-os com os demoníacos:

> Destemor, purificação do próprio ser, firmeza no conhecimento espiritual, generosidade, autocontrole e sacrifício, estudo dos *Veda*, ascese, retidão, não violência, veracidade, ausência de raiva, renúncia, tranquilidade, evitar difamação, compaixão por todos os seres, ausência de ganância, gentileza, modéstia, confiabilidade, vigor, tolerância, firmeza, pureza, ausência de inveja e orgulho – esses são os traços de personalidade de alguém que nasceu com um destino divino, ó *Bhārata*. Hipocrisia, arrogância, vaidade, ira, aspereza e ignorância – esses são os traços de personalidade de quem nasceu com um destino demoníaco[25].

Analisando essa lista, parece que esses traços de personalidade representam o que podemos chamar de "ideais educacionais do primeiro andar". Em outras palavras, esses são os traços de personalidade ideais a serem perseguidos por alguém que vive de acordo com o *dharma*, e suas contrapartidas, os traços de personalidade demoníacos, devem ser evitados. O capítulo 13 oferece uma lista semelhante de traços de personalidade, que representam conhecimento:

> Ausência de orgulho e arrogância, não violência, tolerância, honestidade, serviço ao guru, pureza, firmeza, autocontrole, falta de atração pelos objetos dos sentidos, ausência da noção do ego, visão do sofrimento e do mal do nascimento, morte, velhice e doença, desapego, distanciamento dos filhos, esposa, lar e afins, constante equanimidade em relação aos eventos desejados e indesejados, devoção unilateral a mim apoiada pelo *yoga*, preferência pelos lugares solitários e evitar as multidões, constante contemplação do conhecimento do *eu*, vislumbrar o propósito do conhecimento que trata da verdade – tudo isso é declarado conhecimento, enquanto tudo o mais é ignorância[26].

---

25. *BG* 16.1-4.

26. *BG* 13.7-11.

Esta lista parece apontar para uma posição um pouco mais alta ao longo da escada, e pode ser mais compatível com o segundo andar ou andar do *yoga*. É mais introspectiva, enfatiza o *yoga*, o desapego, a ausência do ego e a visão de igualdade. Embora não seja tão explícita como essas duas listas, pode-se encontrar a seguinte estrofe que fornece valores que podem ser considerados como ideais do terceiro andar:

> Aqueles cuja consciência está absorvida em mim, para quem eu sou tudo, iluminam-se mutuamente sobre mim, constantemente falando de mim; assim absortos, sentem muito prazer e satisfação[27].

Esta é uma descrição dos devotos imersos no Supremo; eles estão inteiramente absorvidos no Supremo, eles não têm nenhum outro objeto de interesse, e eles não apenas iluminam-se mutuamente em relação ao Supremo, mas também sentem grande prazer em fazê-lo. Pode ser que esteja implícito nessa afirmação a ideia de que essa fase em que o indivíduo está profundamente imerso no Supremo representa não apenas a maior devoção, mas também o mais alto grau de conhecimento.

Bhakti

Bhakti, ou devoção, é um dos principais componentes da *Bhagavad-gītā*; representa uma atitude amorosa para com o Supremo que geralmente é considerado no contexto de *bhakti* em termos pessoais. Olhando mais profundamente para o estado emocional que caracteriza *bhakti*, pode-se discernir amor, devoção, um desejo de agradar a Pessoa Suprema, um senso de dependência dele, um desejo de glorificá-lo e compartilhar essa glorificação com outras pessoas devotadas ou os *bhakta*, servir ao Senhor Supremo através de sua profissão, um senso de lealdade a ele, um desejo de adorá-lo e um desejo de agradá-lo, oferecendo vários presentes, como flores ou frutas. *Kṛṣṇa*, que de acordo com a *Bhagavad-gītā* é o Senhor Supremo em pessoa, e que é o objeto de devoção, não é indiferente ao seu devoto, e sim muito carinhoso e protetor em relação a ele ou ela. Ao contrário da voz masculina geral

---

27. *BG* 10.9.

que domina a *Bhagavad-gītā*, quando se trata de devoção, o texto refere-se especificamente a mulheres devotas, em uma declaração que poderia ser tomada como inovadora para a época: "Aqueles que se refugiam em mim, sejam de origem humilde, mulheres, mercadores e até servos; até eles podem atingir o destino mais elevado"[28].

Olhando para a estrutura da *Bhagavad-gītā*, torna-se evidente que *bhakti* serve como uma força maior, ou talvez a maior, que "puxa", por assim dizer, ou eleva o indivíduo em sua jornada transformacional em direção à *autotranscendência*. Embora existam outras motivações para a elevação ao longo da escada transformacional, tais como o desejo de alcançar o conhecimento verdadeiro, o desejo de se libertar das implicações do *karman* e o desejo de uma perfeição no *yoga*, ainda assim, *bhakti* é talvez a fonte central de inspiração para um indivíduo deixar este mundo completamente. A ideia de *bhakti* aparece explicitamente no final do capítulo 3, em que *Kṛṣṇa* incentiva *Arjuna* a lutar no espírito de entrega a ele: "Entrega todas as tuas atividades com a mente fixa no *eu* superior e, sem desejo e evitando a possessividade, deixa a letargia de lado e luta!"[29] A reação de *Arjuna* segue logo depois, e, no início do capítulo 4, ele pergunta sobre a identidade de *Kṛṣṇa*[30], sobre a qual *Kṛṣṇa* responde que ele é o senhor de todos os seres e que vem a este mundo para defender o *dharma*.

Depois disso, *Kṛṣṇa* incentiva *Arjuna* em várias partes ao longo da *Bhagavad-gītā* para se refugiar nele com um estado de espírito devocional. Em geral, *Kṛṣṇa* incentiva *Arjuna* a se tornar seu devoto em três formas básicas, ou melhor, fases, que são compatíveis com os três níveis do texto. No primeiro nível, *Kṛṣṇa* incentiva *Arjuna* a aderir ao seu trabalho e dever de acordo com o *dharma*, e oferecer este trabalho e seus resultados a ele. Um exemplo para esse tipo de devoção é encontrado no final do capítulo 9: "O que quer que fizeres, comeres, ofereceres em sacrifício, deres e a ascese que praticares, ó *Kaunteya*, faze isso como uma oferenda a mim"[31]. Subjacente a

28. *BG* 9.32.

29. *BG* 3.30.

30. *BG* 4.4.

31. *BG* 9.27.

essa afirmação está o entendimento de que *Arjuna* está pensando em termos do "mundo do *dharma*"; assim, ele é incentivado a manter seu senso de individualidade humana, e a oferecer a *Kṛṣṇa* os frutos de seu trabalho. Um estado superior de *bhakti* é o da devoção pelo *yoga* exemplificada pela conclusão de *Kṛṣṇa* do capítulo 4: "Portanto, ó *Bhārata*, tu deverias cortar a dúvida que reside em teu coração, que surge, na verdade, da ignorância, com tua própria espada do conhecimento, lançar mão do *yoga* e levantar-te para a batalha!"[32] Isto representa uma posição de "segundo andar", em que *Arjuna* está tentando se elevar acima de seus próprios apegos mundanos, representados pelas dúvidas que residem no coração dele que o impedem de ouvir *Kṛṣṇa* claramente e seguir suas instruções. *Kṛṣṇa* pede-lhe para cortar suas dúvidas, que representam a ignorância, com a espada do conhecimento, e fazê-lo recorrendo ao *yoga*. Uma estrofe que parece ter uma importância semelhante, embora com uma ênfase um pouco mais pessoal, pode ser encontrada no capítulo 8: "Portanto, lembra-te sempre de mim e luta; com tua mente e inteligência absorvidas em mim, tu virás a mim sem dúvida"[33]. Uma estrofe que parece ter uma importância semelhante, embora com uma ênfase um pouco mais pessoal, pode ser encontrada no capítulo 8: "Portanto, lembra-te sempre de mim e luta; com tua mente e inteligência absorvidas em mim, tu virás a mim sem dúvida". Assim, ele exemplifica bem os dois componentes principais do "segundo andar" ou o mundo do *yoga*; um, por um lado, a tentativa de cortar os laços que aprisionam o indivíduo na existência encarnada e, por outro, uma tentativa de conectar-se ou se unir à realidade suprema, superior e espiritual, aqui representada pelo próprio *Kṛṣṇa*. A *bhakti*, que constitui o "terceiro andar", pode ser exemplificada pelas duas das estrofes finais da *Bhagavad-gītā*: "Sempre pensa em mim, torna-te meu devoto, adora-me e presta tua homenagem a mim, e assim tu sem dúvida virás a mim; eu te prometo isso porque tu és querido para mim. Abandona todos os *dharma* e refugia-te apenas em mim, e eu libertar-te-ei de todos os males; não temas"[34]. Essas duas estrofes representam um estado mais

32. *BG* 4.42.

33. *BG* 8.7.

34. *BG* 18.65-66.

elevado e mais pacífico de devoção a *Kṛṣṇa*; este é o estado além do *dharma* e da luta interna do *yoga*, um estado de absorção intensa, mas pacífica, com espírito de devoção, no qual o indivíduo sempre pensa em *Kṛṣṇa* com devoção amorosa, e é muito querido para *Kṛṣṇa*. Uma descrição mais estruturada e condensada de uma "escada da devoção" aparece no capítulo 12:

> Mantém tua mente concentrada em mim e absorve tua consciência em mim; assim tu certamente permanecerás comigo. Se tu não puderes manter tua consciência constantemente concentrada em mim, deseja me alcançar através da prática repetida do *yoga*, ó *Dhanaṁjaya*. Se tu fores incapaz até mesmo disso, abraça o caminho da ação, para o qual eu sou o objetivo mais elevado, já que, agindo por mim, tu deves atingir a perfeição. Mas se tu fores incapaz de seguir este caminho de refúgio em mim através de atos dedicados a mim, então desiste dos frutos de todas as suas ações, restringindo-te a ti mesmo. O conhecimento é superior à prática, a meditação é superior ao conhecimento e a renúncia aos frutos das ações é mais elevada que a meditação, já que a tranquilidade vem após essa renúncia[35].

A escada começa com uma absorção completa da consciência do indivíduo em *Kṛṣṇa*, que é uma posição de "terceiro andar". A fase seguinte e inferior consiste em uma prática direta de *yoga*, e a próxima fase consiste em trabalhar para *Kṛṣṇa* e oferecer-lhe os frutos do trabalho; ambas as fases representam uma posição de "segundo andar". Inferior a essa fase é a posição de "primeiro andar", que consiste em abrir mão dos frutos do trabalho; em seguida, vêm a meditação, o conhecimento e a prática.

A visão do Supremo

A *Bhagavad-gītā* alcança seu clímax teológico nos capítulos 7 e 9, onde a visão do "terceiro andar" é articulada. Após conduzir *Arjuna* do primeiro para o segundo e depois para o terceiro andar, *Kṛṣṇa* finalmente desiste dos vários argumentos lógicos destinados a con-

---

35. *BG* 12.8-12.

vencer *Arjuna* a subir cada vez mais alto ao longo da escada da *auto-transcendência*, e se volta para uma descrição da realidade espiritual. *Kṛṣṇa* fala de suas relações complexas com as almas encarnadas e o mundo, movendo-se entre a transcendência e a imanência; assim, ele descreve duas naturezas, a mais baixa e a mais alta: "Terra, água, fogo, ar, éter, mente, intelecto e ego – esses oito elementos formam minha natureza inferior separada; mas tu deves saber que além desta natureza inferior, ó herói de braços fortes, existe outra natureza superior que é minha, composta de almas encarnadas, pelas quais este mundo é sustentado"[36]. Ambas as naturezas acima pertencem a *Kṛṣṇa*, mas a primeira, que é composta de matéria e mente, é inferior e separada, enquanto a segunda, que é composta de almas encarnadas, é superior e aparentemente conectada ou profundamente relacionada a *Kṛṣṇa*, que apoia a criação inteira, uma vez que tudo é sustentado por ele, assim como pérolas que são ensartadas em um fio[37]. As relações entre a Pessoa Suprema e a criação são complexas e muito tem sido dito e escrito a este respeito pelos últimos grandes comentadores *vedāntin*, que articularam teologias sistemáticas engajadas com o dualismo e o não dualismo do mundo. O texto continua a oferecer uma visão:

> Eu permeio o mundo inteiro na minha forma não manifestada; todos os seres vivos repousam em mim, mas eu não repouso neles, e ainda assim todos os seres vivos não repousam em mim. Vê meu esplendor místico! Eu sustento os seres vivos, mas não dependo deles; meu próprio eu é a causa do ser deles. [6]Como o grande vento que vai por toda parte fica eternamente contido no espaço, fica sabendo que, da mesma forma, todos os seres estão contidos em mim[38].

Esta descrição é livre de linguagem argumentativa, e pode ser difícil articulá-la dentro de categorias teológicas comuns como transcendência, imanência ou panteísmo. Estas declarações não parecem aderir à lógica simples; assim, todos os seres estão em *Kṛṣṇa*, mas ao mesmo tempo todos os seres não estão nele. A razão é que esta

36. *BG* 7.4-5.

37. *BG* 7.7.

38. *BG* 9.4-6.

descrição constitui um *darśana* ou uma visão. Esta visão não está aberta a todos, ao contrário, o indivíduo deve se tornar um devoto de *Kṛṣṇa* com atitude de entrega para superar o poder ilusório e manter tal visão: "Divino e difícil de ser sondado é meu poder ilusório, que consiste nos três *guṇa*; mas aqueles que se entregaram somente a mim podem transcendê-lo"[39]. Portanto, é preciso superar os desejos e tornar-se um devoto de *Kṛṣṇa* para absorver e manter tal visão. O capítulo 9 conclui com uma afirmação que parece representar o epítome de toda a *Bhagavad-gītā*, e este é um chamado para a devoção pura: "Sempre pensa em mim e torna-te meu devoto, adora-me e honra-me; assim, unindo-te a mim e atento a mim como teu objetivo mais elevado, tu virás a mim[40].

Análise da estrutura da *Bhagavad-gītā*

Até agora, apresentamos a estrutura da *Bhagavad-gītā* de uma maneira um tanto simplista; mas, podemos agora examiná-la com mais cuidado. A *Bhagavad-gītā* é um tratado rico que contém inúmeras ideias fundamentais para o hinduísmo; no entanto, essas ideias são consistentes e coerentes? Visto do ponto de vista teológico-filosófico, a *Bhagavad-gītā* possui um tema coerente e consistente, que pode ser seguido desde o início do tratado até o fim. Esta seção tem como objetivo olhar mais profundamente a estrutura da *Bhagavad-gītā* que é baseada em um conceito de realidade de três níveis, e entrelaçada com uma escada ética transformacional. A ideia de realidade hierárquica sugere que a realidade não é unificada, e sim que contém camadas ou níveis diferentes; existe uma realidade mais elevada, bem como uma realidade inferior, e é preciso distinguir entre as duas. Além disso, cada camada tem sua própria linguagem, termos e suposições subjacentes. A escada ética é composta de várias fases, e elas permitem a elevação do nível mais baixo de realidade para o intermediário e, depois, para o mais alto. Cada uma das fases da escada é definida por sua motivação subjacente; quanto mais o indivíduo se submete à transformação através da sublimação dos motivos da ação, mais ele

39. *BG* 7.14.

40. *BG* 9.34.

transcende essa escada ética. A escada ética está enraizada na fase inferior da realidade, que representa a vida mundana, e à medida que o indivíduo sobe gradualmente pela escada, ele progride em direção ao estado de *mokṣa*[41]. Essa estrutura destaca os aspectos de *jñāna* e *karman* da *Bhagavad-gītā*; o aspecto de *jñāna* é representado pelo conceito metafísico de três camadas, enquanto o aspecto de *karman* é representado pela escala de vários graus da ação. Os três níveis metafísicos e a escada das fases éticas são complementares; a divisão da realidade nesses três níveis evidencia a condição presente na camada inferior e a meta, que é a camada superior, enquanto a escada da ação fornece os meios práticos de superar gradualmente essa lacuna passo a passo, por um processo de autotransformação.

Realidade hierárquica na *Bhagavad-gītā*

A *Bhagavad-gītā* é um dos fundamentos triplos do *Vedānta* e, como tal, compartilha qualidades que caracterizam um texto *vedāntin*, como os graus hierárquicos da realidade. Em geral, pode-se encontrar duas posições metafísicas principais na filosofia indiana: a posição realista ou direta e a posição hierárquica. A posição direta-realista pressupõe que a realidade é unificada, isto é, não contém divisões ou camadas; como tal, está sujeita ao reconhecimento humano direto e não deve ser submetida a interpretações variadas. A posição hierárquica parte do pressuposto de que a realidade não é unificada, mas que ela contém níveis ou camadas variadas. Há uma realidade mais elevada ou superior e uma realidade menos elevada ou inferior, e é preciso distinguir entre realidade absoluta e relativa[42]. O conceito de realidade de dois níveis, o primeiro empírico e convencional e o segundo absoluto, o primeiro mutável e finito e o segundo permanente e infinito, pode ser tratado através da terminologia "*dharma*" e "*mokṣa*"; o nível do *dharma* é representativo da condição humana ou mundana, enquanto o nível de *mokṣa* é representativo da condição real ou absoluta.

---

41. A ideia da escada é tradicional. Cf. "The Yoga Ladder". In: DĀSA, B. *Surrender unto Me*. Nova Déli, 1997, p. 59-68.

42. BIDERMAN, S. *Indian Philosophy* – The Foundations. Telavive, 1980, p. 61.

Também é preciso mencionar o *dharma* e seu termo oposto, *adharma*. Normalmente, o *dharma* e o *adharma* são considerados termos opostos; entretanto, do ponto de vista do *mokṣa*, tanto o *dharma* quanto o *adharma* estão em uma categoria completamente diferente. De acordo com nossa terminologia, tanto o *dharma* quanto o *adharma* representam o nível finito, enquanto o *mokṣa* representa o nível infinito. Simplificando os termos, o estado encarnado que representa tanto o *dharma* como o *adharma* é o mundo do *saṁsāra*, enquanto a condição liberta é de uma natureza completamente diferente chamada *mokṣa*. Estes dois tipos de dicotomias, entre *dharma* e *adharma*, e entre *dharma* e *mokṣa*, podem ser entendidos através de uma descrição um tanto gráfica: a dicotomia entre *dharma* e *adharma* pode ser considerada horizontal, como ambas existindo dentro do mesmo reino, ao passo que a dicotomia entre *dharma* e *adharma* e entre *mokṣa* pode ser considerada vertical. É assim que tanto o *dharma* como o *adharma* estão situados no nível mundano ou finito, enquanto o *mokṣa* está situado em um nível completamente diferente e superior que é infinito e absoluto. Além dos dois níveis subjacentes à *Bhagavad-gītā*, que poderiam ser considerados o finito e o infinito ou *dharma* e *mokṣa*, há um terceiro nível, que serve como intermediário entre os dois níveis, que, de outra forma, não seriam relacionados uns aos outros devido a uma lacuna insuperável que separa os dois. O primeiro nível representa o *dharma* e promove a vida humana adequada. O segundo nível representa o *yoga*, e promove as tentativas de escapar do estado viscoso do *saṁsāra*, enquanto gradualmente busca o estado de *mokṣa*, e o terceiro nível representa o estado de *mokṣa* em si mesmo.

Pode surgir uma pergunta: "Como esses níveis podem ser estudados ou distinguidos?" Sugiro que, para distinguir os níveis uns dos outros, suas suposições subjacentes em termos de valores e o ser devam ser examinados[43]. Assim, no primeiro nível, o do *dharma*, a regra geral em termos de valor é prosperar; assim, a felicidade e a prosperidade mundanas são desejadas e são boas. Em termos de ser, o indivíduo é definido neste nível como um ser humano ou qualquer outro ser vivo, como um animal, planta ou outro. No segundo nível, o valor da prosperidade mundana é rejeitado em favor do desapego

43. Corresponde às categorias de ética e ontologia.

ao mundo e da indiferença tanto para a felicidade mundana quanto para o sofrimento mundano, além de se unir a uma realidade mais elevada, a do *mokṣa*. Em termos de ser, a pessoa individual não se considera mais um ser humano (ou outro), mas como uma alma encarnada eterna limitada pelas leis do *saṁsāra*. Assim, a identidade subjetiva do indivíduo não é mais a de um ser humano, e sim de uma alma eterna. No terceiro nível, o valor ideal é a experiência de *brahmānanda* ou a bem-aventurança do *Brahman*; essa experiência ocorre dentro do contexto mais amplo da Pessoa Suprema, que é a base subjacente ao imortal e perene *Brahman*. Assim, a indiferença e o desapego do segundo nível são substituídos por um apego profundo à Pessoa Suprema e um profundo amor expresso por sentimentos amorosos em relação a ele. No que diz respeito ao ser, a alma encarnada do segundo nível torna-se não apenas pura existência e una com o *Brahman*, mas assume a identidade de um servo puro e um amante da Pessoa Suprema.

Os três níveis representam estados mentais ou atitudes internos. Assim, aquele que vê o mundo do ponto de vista do primeiro andar está convencido de que ele ou ela é um ser humano e que seu objetivo é prosperar. Da mesma forma, aquele que vê o mundo do ponto de vista do segundo nível está convencido de que ele é um eu espiritual encarnado, e que seu objetivo é libertar-se dessa condição. Aquele que reside no terceiro nível pode perceber sua unidade com o *Brahman*, vê o Supremo em pessoa em todos os lugares e aspira a servi-lo e amá-lo. Eu sugiro o uso da metáfora de uma casa de três andares, com cada nível representando uma camada ou andar, e a gradação ética servindo de escadaria. Cada andar ou nível contém oportunidades e caminhos existenciais ilimitados; além disso, os "moradores" de cada andar têm sua própria linguagem, termos e pressupostos subjacentes que são diferentes daqueles dos residentes dos outros andares. De certo modo, a *Bhagavad-gītā* fala em três linguagens diferentes e constantemente o texto se move entre os três níveis. Ao reconhecermos o andar ou o nível do qual o texto está falando, a seção torna-se inteligível e consistente com o restante do tratado. Em um nível mais prático, uma vez que reconhecemos a fase ética de uma pessoa, torna-se evidente qual é a próxima fase de progresso. Essas distinções podem parecer pouco nítidas, embora no próprio texto existam elos entre os andares ou níveis. No entanto, isso poderia ser comparado ao estudo da gramática, em que as tabelas das raízes e temas são articuladas e discutidas; embora essas formas linguísticas sejam meramente teóricas ou estruturais, e não apareçam na linguagem falada, elas são realmente subjacentes. Da mesma forma, a distinção entre os níveis está subjacente ao texto, embora no próprio texto essas distinções nem sempre sejam fáceis de serem inspecionadas.

Essas ideias podem ser melhor demonstradas por uma referência textual. Como tal, o exemplo a seguir demonstra como o texto muda do primeiro nível para o segundo; quando *Arjuna* argumenta contra a guerra, ele o faz a partir da posição do primeiro nível:

> Quando o *adharma* sobrepuja a família, as mulheres se corrompem, ó *Kṛṣṇa*, e quando as mulheres se corrompem, há mistura ou confusão através da união conjugal entre membros de classes sociais diferentes. Certamente que a união conjugal entre membros de classes sociais diferentes leva tanto os destruidores do clã quanto a própria família ao inferno. Privados de suas devidas oferendas de alimento e água santificados, os antepassados da família caem também. Dessa forma, as más ações dos destruidores, que levam à união conjugal entre membros de classes sociais diferentes, acabam com o *dharma* eterno da casta e da família. Ó *Janārdana*, ouvimos que o inferno aguarda aqueles cujo *dharma* da família foi obliterado. Infelizmente, estamos determinados a cometer um grande mal, se pretendemos matar nosso próprio povo por ganância pelo prazer régio. É melhor ser morto no campo de batalha, desarmado e sem resistência, pelos filhos de *Dhṛtarāṣṭra* com armas em suas mãos[44].

Esta passagem pode agora ser examinada de acordo com os dois parâmetros mencionados anteriormente – os valores e o ser. No que diz respeito aos valores, está claro que o discurso subjacente de *Arjuna* é resultado de um desejo de prosperidade mundana; ele acredita que a prosperidade é boa e se opõe à guerra, o que causaria o declínio do *dharma*, a ascensão do *adharma* e a imposição de sofrimento sobre todos os envolvidos e muitos outros no futuro. Quanto ao ser, *Arjuna* pensa em si mesmo e nos outros como seres humanos. Ao

44. *BG* 1.41-46.

responder *Arjuna*, *Kṛṣṇa* não aborda suas preocupações diretamente, mas eleva a conversa para o segundo nível:

> Ó *Dhṛtarāṣṭra*, entre os dois exércitos, *Hṛṣīkeśa* sorriu, e assim se dirigiu ao desanimado *Arjuna*. O bem-aventurado Senhor disse: enquanto falas palavras de sabedoria, tu te lamentas por aquilo que não é para ser lamentado; os sábios são aqueles que não lamentam, seja pelos vivos ou pelos mortos. Nunca houve um tempo em que eu não existisse, nem tu, nem todos esses reis, nem no futuro qualquer um de nós deixará de existir. "Assim como a infância, a juventude e a velhice se sucedem para a alma dentro deste corpo, ela também adquire outro corpo; o sábio não é influenciado pela ilusão neste assunto." Calor, frio, felicidade e sofrimento – somente a percepção dos sentidos que produz todos eles, e são impermanentes, vêm e vão; tu deves procurar suportá-los, ó *Bhārata*. O sábio que não é perturbado por essas oscilações, que permanece assim moderado tanto na felicidade como na angústia, está apto para a imortalidade, ó touro entre os homens[45].

Os valores aqui propostos são totalmente diferentes. *Kṛṣṇa* não aceita a ideia de que a prosperidade no mundo é boa, mas exige indiferença e perseverança tanto na felicidade mundana quanto no sofrimento mundano. Estes são considerados impermanentes e produzidos apenas pela percepção dos sentidos. No que diz respeito ao ser, *Kṛṣṇa* não se refere aos indivíduos presentes como seres humanos; ao invés disso, ele se refere a eles como almas encarnadas ou seres. De certo modo, *Kṛṣṇa* não responde diretamente às dúvidas de *Arjuna* em relação à luta, mas realiza uma espécie de "Revolução Copernicana", alterando as suposições subjacentes da conversa. *Arjuna*, por sua vez, argumenta que matar os parentes é ruim; essa é uma afirmação óbvia de primeiro nível, que pressupõe que as pessoas estão sujeitas à morte e que a morte deve ser evitada tanto quanto possível, em prol de uma vida próspera. *Kṛṣṇa* não responde aos argumentos de *Arjuna*, em vez disso, ele muda a conversa para um nível diferente, e fala de suposições variadas. Deste ponto de vista mais elevado, *Kṛṣṇa* diz que a morte não existe de forma alguma; do ponto de vista do segundo

---

45. *BG* 2.10-15.

nível, ele não vê os seres humanos sujeitos à morte, ao contrário, ele vê almas eternas e, como tal, não vê muita lógica nos argumentos de *Arjuna*. Quanto aos valores, *Kṛṣṇa* desafia a ideia de *Arjuna* de que a prosperidade e a felicidade mundanas são boas e desejáveis, ao propor a ideia de que é a indiferença tanto à felicidade quanto ao sofrimento que é boa e desejável. Assim, *Kṛṣṇa* fala aqui de uma posição de segundo nível.

Os aspectos transformacionais da *Bhagavad-gītā*

Além dos aspectos teóricos da *Bhagavad-gītā* que podem ser considerados na categoria de *jñāna*, há um lado prático que pode ser levado em conta no reino do *karman*. As *upaniṣad* e os *Brahma-sūtra* são mais teóricos e, dessa forma, não oferecem muito espaço para o desenvolvimento de uma filosofia de conduta e autocultura espiritual; no entanto, a *Bhagavad-gītā* é o trabalho no reino do *Vedānta* que estabelece o plano de vida para a realização do bem final. Esta ênfase prática não está totalmente presente nos outros dois textos e, como tal, sem a *Bhagavad-gītā*, *Advaita*, *Viśiṣṭādvaita* e *Dvaita* seriam substancialmente empobrecidos e sem a doutrina de um modo de vida[46]. Como escritura prática, a *Bhagavad-gītā* oferece os meios de atravessar a lacuna entre o primeiro nível, o do *dharma*, e o terceiro nível, o de *mokṣa*. O simples seguimento do *dharma* evitando o *adharma* não é suficiente para atingir a fase de *mokṣa*, mas um tipo diferente de esforço ou caminho é necessário. Esse processo ou empreendimento é às vezes chamado de "autorrealização" e envolve um caminho transformacional pelo qual o indivíduo progride passo a passo, fazendo assim o avanço desde as camadas mais baixas até as mais altas. A questão agora pode ser levantada quanto aos instrumentos que a *Bhagavad-gītā* oferece ao praticante que deseja progredir no processo de autorrealização. Em outras palavras, se a lacuna entre o *dharma* e o *mokṣa* é insuperável, como se espera que alguém o atravesse, deixando para trás o mundo do *saṁsāra* e atingindo o reino liberto do *mokṣa*? Que meios ou sistemas práticos a *Bhagavad-gītā* oferece ao indivíduo ou à comunidade que aspira a praticar esse caminho transformador?

---

46. RAGHAVACAR, S.S. *Rāmānuja on the Gītā*. Calcutá, 1991, p. vii.

Uma questão importante levantada na *Bhagavad-gītā* é se alguém deve escolher o caminho da ação ou, ao invés dele, o caminho contemplativo. Esta questão é claramente levantada duas vezes, no início dos capítulos 3 e 5, e é discutida em outra parte[47]. A *Bhagavad-gītā* claramente recomenda o caminho da ação, que oferece os meios pelos quais o executor deve ser elevado desde o nível do *dharma* até o estado do *mokṣa*. Essa ação edificante é realizada de acordo com o *dharma* da pessoa e continua sendo realizada ao longo de todo o caminho. Assim, *Arjuna* é aconselhado durante toda a sua conversa com *Kṛṣṇa* a seguir seu *dharma* e lutar. No entanto, à medida que o texto avança, ele é aconselhado a refinar seus motivos de luta; dessa forma, o ato de lutar é realizado em estados internos de consciência cada vez mais elevados. Dessa forma, embora externamente o indivíduo continue a cumprir seu dever prescrito, ele passa por uma transformação interna por meio da sublimação ou purificação de suas motivações para realizar a ação. Assim, forma-se uma espécie de escada, através da qual o indivíduo se eleva cada vez, do *dharma* ao *mokṣa*, ao longo do caminho da autotranscendência ou da autorrealização. Na fase mais primitiva, as ações individuais são motivadas pelo simples utilitarismo[48], e, portanto, o indivíduo nesta fase atua com o propósito de alcançar algo diretamente para si mesmo. Subjacente à seguinte referência está a noção de "utilitarismo simples":

> Além disso, as pessoas falarão de ti como alguém eternamente infame e, para alguém que foi honrado, a desonra é pior que a morte. Os generais presumirão que te retiraste da batalha por medo, e assim, aqueles que uma vez te estimaram muito, farão pouco caso de ti. Os que te querem mal falarão muitas palavras indizíveis sobre ti, ridicularizando assim tua capacidade; o que poderia ser mais angustiante que isso?[49]

Aqui *Kṛṣṇa* tenta convencer *Arjuna* a pegar em armas, baseado em um argumento apoiado no simples utilitarismo. Ele parte do

---

47. *BG* 3.1-3; 5.1-2; 6.1.

48. O termo "utilitarismo" é aplicado aqui em sua interpretação simples, e não como uma escola filosófica associada a pensadores como Bentham ou Mill.

49. *BG* 2.34-36.

pressuposto de que *Arjuna* deseja acumular ganhos como a fama, e argumenta que, ao se retirar da batalha, *Arjuna* perderá sua fama. O argumento seguinte é também utilitarista, mas é um pouco mais elevado, visto que aceita a autoridade dos textos sagrados; como tal, aceita a ideia de que os guerreiros que morrem em batalha alcançam o céu. Dessa forma, ele pode ser chamado de fase do "utilitarismo religioso" ou "utilitarismo do *dharma*". Em outras palavras, *Arjuna* é aconselhado a seguir o *dharma* para alcançar algum fim nesta vida ou na próxima:

> Felizes são os *kṣatriya* para os quais tal oportunidade de lutar vem da boa sorte, pois lhes abre os portões do céu[50].

Uma fase ainda mais elevada consiste em seguir o *dharma* por si mesmo, ou cumprir o próprio dever em prol do dever:

> Luta pelo bem da luta, considerando felicidade e sofrimento como a mesma coisa, ganho e perda, vitória e derrota; assim tu não incorrerás no mal[51].

A fase de "cumprir o próprio dever em prol do dever" representa um modo de ação puro, livre de um desejo pelos frutos da ação, e é um dos ensinamentos centrais da *Bhagavad-gītā*. No entanto, ela ainda está dentro do "primeiro andar", pois não inclui uma consciência do bem final que é, de acordo com a *Bhagavad-gītā*, a libertação do *saṁsāra*. Aqueles que incorporam essa atitude alcançam o topo do primeiro nível e podem avançar para a próxima fase, que já está no segundo nível. A próxima fase rejeita o valor dos *Veda*, que são considerados como envolvidos com ganhos mundanos, em favor de um ideal mais elevado – o alcance do *Brahman*:

> Tanto valor quanto há em um poço, quando há uma inundação de água por todos os lados, tal é o valor de todos os *Veda* para aquele que é um conhecedor do *Brahman*[52].

Esta fase pode ser chamada de "ação pelo bem maior ou *Brahman*" e aquele que assim age está situado no segundo nível, que é caracterizado por vários processos de *yoga*. Ele pode agir agora em

---

50. *BG* 2.32.

51. *BG* 2.38.

52. *BG* 2.46.

karma-yoga, desinteressado dos frutos de suas ações, e pode oferecer esses frutos ao Supremo, ou praticar *jñāna-yoga*, *aṣṭāṅga-yoga* ou *bhakti-yoga*. No entanto, essas várias práticas de *yoga* têm o objetivo comum de separar o indivíduo da existência e dos apegos mundanos para fazer com que ele se atraia pelo Supremo. A "fase do *yoga*" é assim caracterizada pela iluminação e renúncia:

> O iluminado renuncia às boas e más ações aqui neste mundo. Portanto, pratica o *yoga* pela causa do *yoga*, pois o *yoga* é a habilidade na ação[53].

Ao finalizar a fase do *yoga*, o indivíduo finalmente eleva-se ao terceiro nível, o de *mokṣa*, e se absorve no *Brahman*, seja de um modo impessoal, como no sistema de Śaṅkara, ou através do amor à Pessoa Suprema, como no sistema de Rāmānuja. Assim, a versão impessoal de se tornar uno com o *Brahman*, seguindo Śaṅkara:

> Aquele cuja felicidade é interna, cujo prazer é interno, e sua iluminação também é interna é na verdade um *yogin*; com todo o seu ser absorvido no *Brahman*, ele alcança a extinção no *Brahman*[54].

No entanto, a *Bhagavad-gītā* tem características devocionais dominantes, e as relações amorosas a serem trocadas com a divindade pessoal servem como um estímulo para a elevação na escada ética das motivações, bem como a maior realização alcançável para o *bhakta* devotado que segue a linha de Rāmānuja; assim a versão pessoal:

> Sempre pensa em mim e torna-te meu devoto, adora-me e homenageia-me; assim, unindo-te a mim e atento a mim como teu objetivo mais elevado, tu virás a mim[55].

As etapas podem ser resumidas como utilitarismo simples, utilitarismo do *dharma*, o dever por si mesmo, agir em prol do bem maior ou do *Brahman*, a fase do *yoga* e o estado do *mokṣa* na sua versão pessoal ou impessoal. Dessa forma, uma "escada ética das motivações" é formada, ao passo que quanto mais elevada for a motivação do indivíduo para ação, mais elevado o indivíduo estará situado na

---

53. *BG* 2.50.

54. *BG* 5.24.

55. *BG* 9.34.

estrutura metafísica da *Bhagavad-gītā*. Deste modo, a *Bhagavad-gītā* propõe englobar todo o reino da existência, enquanto incentiva todos a ascenderem na escada das motivações, assim distanciando-se de si e absorvendo-se no *Brahman*, pessoalmente ou impessoalmente. Seguindo essa estrutura, acredito que a *Bhagavad-gītā* pode fazer sentido como um tratado teológico-filosófico coerente, com suas partes firmemente interligadas como um texto único e unificado.

1
PREPARANDO O CENÁRIO

Os exércitos prontos para a batalha

[1]*Dhṛtarāṣṭra* disse: Ó *Saṁjaya*, o que os filhos de *Pāṇḍu* e os meus estão fazendo, reunidos em *Kurukṣetra*, o campo do *dharma*, ansiosos por lutar? [2]*Saṁjaya* disse: Ao ver o exército *Pāṇḍava* posicionado para a batalha, o rei *Duryodhana* se aproximou de seu professor e, assim, ele falou: [3]Olha, ó mestre, o grande exército dos filhos de *Pāṇḍu*, organizado por teu excelente discípulo, o filho de *Drupada*. [4]Aqui há heróis e grandes arqueiros, iguais em batalha a *Bhīma* e *Arjuna* – *Yuyudhāna*, *Virāṭa* e o grande guerreiro *Drupada*. [5]*Dhṛṣṭaketu*, *Cekitāna*, o rei corajoso de *Kāśi*, *Purujit*, *Kuntibhoja* e *Śaibya*, que é um touro entre os homens. [6]O corajoso *Yudhāmanyu*, o valente *Uttamaujas*, o filho de *Subhadrā* e os filhos de *Draupadī*, todos eles grandes guerreiros. [7]Agora, deixa-me apresentar-te os meus destacados comandantes do exército, ó melhor dos nascidos duas vezes. [8]Eles são, Vossa Senhoria, *Bhīma*, *Karṇa*, o invicto *Kṛpa*, *Aśvatthāman*, *Vikarṇa* e o filho de *Somadatta*. [9]Além disso, muitos outros heróis estão prontos para dar a vida por minha causa, todos armados com várias armas e hábeis na batalha. [10]Nossa força protegida por *Bhīṣma* é ilimitada, enquanto a força deles, que é protegida por *Bhīma*, é limitada[56]. [11]Todos vocês em suas posi-

56. Há uma divergência exegética em relação à estrofe 11, que diz respeito ao poder de quem que é limitado e o de quem é ilimitado. Eu usei a explicação proposta por Van Buitenen, que conclui que o poder dos *Pāṇḍava* é o limitado. Cf. VAN BUITENEN, J.A.B. *Studies in Indian Literature and Philosophy*. Nova Déli, 1988, p. 247.

ções devem acima de tudo proteger *Bhīṣma*. [12]Então, o avô *Bhīṣma*, o ancião dos *Kuru*, soprou sua concha produzindo um som como o rugido de um leão, enchendo o coração de *Duryodhana* de alegria. [13]De uma só vez, conchas, tímpanos, címbalos, tambores e trombetas soaram em meio a um tremendo alvoroço. [14]Depois disso, em uma grande carruagem puxada por cavalos brancos, tanto *Mādhava* quanto o filho de *Pāṇḍu* sopraram suas conchas divinas. [15]*Hṛśīkeśa* soprou sua concha, o *Pañcajanya*, e *Dhanaṁjaya* soprou a sua, chamada *Devadatta*. *Bhīma*, cujos atos são terríveis, soprou sua concha *Pauṇḍra*. [16]O rei *Yudhiṣṭhira*, filho de *Kuntī*, soprou sua concha chamada *Anantavijaya*, e *Nakula* e *Sahadeva* tocaram o *Sughoṣa* a o *Maṇipuṣpaka*. [17]O rei de *Kāśi*, o poderoso arqueiro, *Śikhaṇḍin* – o célebre lutador, *Dhṛṣṭadyumna*, *Viraṭa* e o inderrotável *Sātyaki*, [18]*Drupada* acompanhado pelos Filhos de *Draupadī* e pelo filho de braços fortes de *Subhadrā*, sopraram suas conchas uma após a outra, ó *Dhṛtarāṣṭra*, rei da terra. [19]O tumulto dos búzios fez tremer o coração dos filhos de *Dhṛtarāṣṭra* e ressoou como um trovão no céu e na terra. [20]Então, *Arjuna*, com *Hanumat* em seu estandarte, viu os filhos de *Dhṛtarāṣṭra*, prontos para a batalha; preparando-se para o confronto de armas, ergueu o arco e falou assim para *Kṛṣṇa*: [21-22]*Arjuna* disse: Ó *Acyuta*, por favor, posiciona a carruagem entre os dois exércitos, para que eu possa contemplar aqueles reunidos aqui tão ávidos por batalha, contra os quais eu estou aqui para lutar numa guerra iminente. [23]Desejo ver aqueles que estão reunidos por vontade própria prestes a brigar para agradar o malvado *Duryodhana*. [24]*Saṁjaya* disse: respondendo a *Arjuna*, *Hṛśīkeśa* dirigiu a bela carruagem, posicionando-a entre os dois exércitos. [25]Na presença de *Bhīma*, *Droṇa* e os governantes da terra, ele disse: eis, *Arjuna*, os *Kuru* reunidos.

Radhakrishnan também traduz a estrofe nesse sentido, embora ele chegue a essa conclusão de maneira diferente, traduzindo a palavra "*aparyāptam*" como "ilimitado" e "*paryāptam*" como "limitado". Na tradução de *Bhāskara*, a estrofe é citada de maneira diferente, em que os nomes "*Bhīma*" e "*Bhīṣma*" são alternados, e isso também enfatiza a superioridade dos *Kaurava* sobre a dos *Pāṇḍava*. Cf. SHARMA, A. *The Hindu Gītā*. Londres, 1986, p.18.

Comentário

A cena de abertura da *Bhagavad-gītā* é parte integrante do *Mahābhārata*[57], quando se abre com uma descrição dos dois exércitos frente a frente, prontos para a batalha. À medida que a história se desenrola, é o cego *Dhṛtarāṣṭra*, rei de toda a dinastia e pai dos comandantes *Kuru*, que pergunta ao seu assistente, *Saṁjaya*, sobre a situação no campo de batalha. *Saṁjaya*, embora estivesse longe do local, vê e ouve o que está acontecendo por meio de poderes especiais concedidos a ele por seu guru *Vyāsa*, que também é o narrador do *Mahābhārata*.

Como pai de ambos, *Dhṛtarāṣṭra* e seu irmão *Pāṇḍu*, *Vyāsa* é também o avô de alguns dos principais guerreiros no campo de batalha. Nesta cena de abertura, *Duryodhana* apresenta seu exército ao seu professor *Droṇa*, e, na opinião dele, que seu exército é superior. Neste ponto *Arjuna*, o comandante do exército *Pāṇḍava*, dirige-se ao seu auriga *Kṛṣṇa*, que é tanto seu primo como amigo, e pede-lhe para conduzir a bela carruagem para o centro do campo, para poder ver os seus adversários antes do início da batalha.

Argumentos de *Arjuna* contra a luta

[26]Então *Arjuna* viu pais, avós, professores, tios, irmãos, filhos, netos, amigos, sogros e benquerentes, todos de pé em meio a ambos os exércitos. [27]Vendo seus parentes preparados para a batalha, vencido pela agonia, *Arjuna*, em seu desânimo, disse: [28]Ó *Kṛṣṇa*, enquanto olho meus parentes imbuídos de espírito de luta, meus membros tremem e minha boca seca. [29]Meu corpo treme, os pelos do meu corpo estão arrepiados, meu arco *Gaṇḍiva* escorrega da minha mão e sinto minha pele queimar. [30]Eu não consigo mais ficar de pé e minha mente está um turbilhão. Vejo apenas maus presságios, ó *Keśava*. [31]Não vejo bem que possa vir do massacre de meus parentes nesta batalha. Ó *Kṛṣṇa*, não desejo vitória, nem o reino nem a felicidade daí resultante. [32-33]Ó *Govinda*, de que nos serve o reino, de

---

57. Tem início a partir do cap. 23 do *Bhīṣma-parvan*.

que nos servem os prazeres, ou mesmo a própria vida, se aqueles por cujo amor desejamos realeza, prazer e a vida, estão em suas posições de batalha e já abandonaram suas riquezas e suas vidas. [33-34]Professores, pais, filhos, avós, tios, sogros, netos, cunhados e outros parentes – todos esses eu não desejo matar mesmo que possam me matar. [35]Eu não desejo matá-los nem pela soberania dos três mundos, quanto mais por governar a terra. Ó *Janārdana*, depois de matar os filhos de *Dhṛtarāṣṭra*, que alegria nos restaria? [36-37]Nosso destino será apenas o mal assim que matarmos esses agressores. Ó *Mādhava*, depois de matar nossos próprios parentes, que esperança de felicidade nos resta? [38-39]Ó *Janārdana*, mesmo que essas pessoas, com seu coração tomado pela ganância, não vejam o mal que causa a destruição do clã ou a traição de um amigo, por que nós, que entendemos o mal da destruição de uma dinastia, não podemos simplesmente dar as costas a este mal? [40]Com a destruição da dinastia, o eterno *dharma* da família é destruído e, juntamente com a destruição do *dharma*, o *adharma* domina toda a família. [41]Quando *adharma* domina a família, as mulheres se corrompem, ó *Kṛṣṇa*, e quando as mulheres se corrompem, há mistura de classes sociais (castas). [42]Certamente a mistura entre as classes leva tanto os destruidores do clã quanto a própria família ao inferno. Os antepassados da família caem também, privados de suas devidas oferendas de alimento e água santificados. [43]Assim, as más ações dos destruidores que levam à mistura entre classes sociais, acabam com a eterna casta e o *dharma* da família. [44]Ó *Janārdana*, ouvimos que o inferno aguarda aqueles cujo *dharma* da família foi obliterado. [45]Infelizmente, estamos resolvidos a cometer um grande mal, se pretendemos matar nosso próprio povo por ganância pelo prazer régio. [46]Melhor seria ter sido morto no campo de batalha, desarmado e sem resistência, pelos filhos de *Dhṛtarāṣṭra* com armas em suas mãos. [47]*Saṁjaya* disse: Após falar assim no campo de batalha, *Arjuna* sentou-se em seu assento na carruagem, deixando de lado seu arco e flecha, com o coração dominado pela tristeza.

Comentário

Arjuna enfrenta uma crise severa e ficou paralisado devido a valores conflitantes. Por um lado, seu compromisso com o caminho do *dharma* o leva a seguir o caminho do guerreiro e à luta, enquanto, por outro lado, a luta parece impossível por razões óbvias. Naturalmente, *Arjuna* quer evitar matar seus familiares, confrontando seus professores em batalha, destruindo a dinastia, agindo contra o *dharma* e cometendo pecados graves, ações que podem não apenas lançar o mundo no caos, mas também infligir-lhe sofrimento em vidas futuras. *Arjuna* não deseja vitória, um reino ou o prazer gerado por eles, e não pode ver nenhum benefício ao matar seus parentes; aparentemente, mesmo que a vitória esteja do seu lado, não haveria parentes e familiares com quem celebrar a vitória; assim, até mesmo ganhar os três mundos pode não ser uma causa suficiente para justificar tal massacre, muito menos a mera terra. Considerando as razões mencionadas acima, *Arjuna* prefere ser morto por seus oponentes em vez de matá-los. *Arjuna* articula seus argumentos contra a luta e, ao fazê-lo, estabelece a base para o diálogo com *Kṛṣṇa* que compreende toda a *Bhagavad-gītā*. Seus argumentos podem ser divididos em quatro:

1) O ponto de vista utilitarista: um cálculo de perda e ganho mostra que *Arjuna* perderá se lutar, em vez de ganhar; esse argumento pode ser dividido em utilitarismo simples e utilitarismo de acordo com o *dharma*. O primeiro calcula perda e ganho diretamente, como dizendo que, na ausência de membros da família, não haverá ninguém com quem a vitória possa ser celebrada. O último calcula a perda e ganho no contexto mais amplo da vida após a morte, como dizendo que o envolvimento na batalha contra as leis do *dharma* faria *Arjuna* sofrer no inferno em sua próxima vida.

2) Incorrer no mal: se lutasse, *Arjuna* incorreria no mal; *Arjuna* atrairia o mal para si e que não seria capaz de se livrar dele e, portanto, terá que sofrer as consequências nesta vida, assim como em vidas futuras.

3) Proteger o *dharma*: lutar na batalha enfraqueceria o *dharma*; como o *dharma* protege o mundo, o enfraquecimento do *dharma* causaria a deterioração da ordem social através da mistura de

classes sociais (castas) e, em consequência, o mundo ficaria jogado no caos e sofrimento.

4) A superioridade da renúncia: *Arjuna* acredita que ele enfrenta duas opções; por um lado, a participação ativa nos assuntos do mundo ou, por outro, o abandono da participação ativa em favor da introspecção e da espiritualidade solitárias. Como o caminho espiritual é superior à existência mundana, *Arjuna* prefere renunciar completamente à batalha.

Após apresentar seus argumentos, *Arjuna* aguarda a resposta de *Kṛṣṇa* a seus argumentos convincentes contra a luta.

2
A ALMA, O *DHARMA* E A LIBERTAÇÃO

Krishna repreende *Arjuna* e este pede orientação a *Kṛṣṇa*

[1]*Saṁjaya* disse: Vendo o desanimado *Arjuna* dominado pela dor profunda, com os olhos cheios de lágrimas, *Madhusūdana* falou assim para ele: [2]O bem-aventurado Senhor disse: Como este desânimo tomou conta de ti nesta hora de crise? Este desânimo não convém aos nobres; ao céu ele não te levará, mas à desgraça, ó *Arjuna*. [3]Não ajas como um impotente, porque isso não fica bem para ti; livra-te dessa reles fraqueza de coração e levanta-te, ó destruidor de inimigos! [4]*Arjuna* disse: Ó *Madhusūdana*, como posso atirar minhas flechas e lutar com *Bhīṣma* e *Droṇa*, visto que eles merecem minha adoração? [5]Seria melhor viver neste mundo esmolando, como um mendigo, e não matar esses nobres homens, meus mestres, a ter que matar esses mestres cobiçosos e desfrutar dos prazeres mundanos adquiridos pelo sangue deles. [6]Nem sabemos o que é preferível – conquistá-los ou sermos conquistados por eles; os filhos de *Dhṛtarāṣṭra*, uma vez mortos por nós, não mais desejaremos viver, e eles estão diante de nós prontos para a batalha. [7]Como todo o meu ser está defeituoso e fracassa devido à fraqueza, e minha mente está confusa quanto ao caminho do *dharma*, peço-te que me diga com certeza qual caminho é melhor? Eu sou agora teu discípulo e caio aos teus pés; por favor, instrui-me! [8]Não vejo nada para dissipar a tristeza que

domina meus sentidos; nem um reino próspero terrestre inigualável nem mesmo o reino dos deuses. [9]*Saṁjaya* disse: Depois de falar assim, *Guḍākeśa*, o destruidor de inimigos, disse a *Hṛṣīkeśa*: "*Govinda*, eu não lutarei", e ficou em silêncio.

Comentário

Kṛṣṇa repreende *Arjuna*, dizendo que sua conduta não é digna de um nobre. *Arjuna*, de sua parte, primeiro considera abandonar o campo de batalha completamente a fim de evitar o combate com seus mestres, mas depois recupera sua compostura e expressa sua incerteza quanto ao seu dever de acordo com o *dharma* e o curso de ação apropriado a ser tomado. *Arjuna*, que até então considerava *Kṛṣṇa* como um amigo e parente, pede agora a *Kṛṣṇa* que se torne seu guru, e reforça seu pedido declarando sua obediência. Essa mudança crucial constitui a relação que, a partir de então, estará subjacente à conversa, uma relação na qual *Kṛṣṇa* é o guru e, *Arjuna*, o discípulo. *Arjuna*, no entanto, ainda está perplexo e se recusa a lutar, e é nesse ponto em que *Kṛṣṇa* inicia seu discurso.

O corpo e suas sensações são temporários – A alma encarnada é eterna – A equanimidade leva à imortalidade

[10]Ó *Dhṛtarāṣṭra*, entre os dois exércitos, *Hṛṣīkeśa* sorriu, e assim se dirigiu ao desanimado *Arjuna*. [11]O bem-aventurado Senhor disse: enquanto falas palavras de sabedoria, lamentas pelo que não deve ser lamentado; sábios são aqueles que não se lamentam nem pelos vivos nem pelos mortos. [12]Nunca houve um tempo em que eu não existisse, nem tu, nem todos esses reis, nem no futuro qualquer um de nós deixará de existir. [13]Assim como a infância, a juventude e a velhice se sucedem para a alma dentro deste corpo, ela também adquire outro corpo; o sábio não é influenciado pela ilusão neste assunto. [14]Calor, frio, felicidade e aflição – somente a percepção dos sentidos produz todos eles, e eles são impermanentes, vêm e vão; tu deves procurar tolerá-los, ó *Bhārata*. [15]O sábio a quem estes não perturbam, que permanece assim equilibrado tanto na fe-

licidade como na aflição, está apto para a imortalidade, ó touro entre os homens.

Comentário

Embora *Arjuna* pareça falar com autoridade, ele é, de fato, insensato, pois se aflige com o que não deve ser lamentado, a saber, o advento da morte. A razão para isto é que a alma encarnada passa neste corpo da infância à velhice, e então passa ao próximo corpo no momento da morte. *Kṛṣṇa* exemplifica esse princípio apontando para si mesmo, para *Arjuna* e para os reis reunidos, e diz que todos eles sempre existiram e sempre existirão. *Kṛṣṇa* ilustra a passagem da alma de um corpo para outro, descrevendo como ela provém de uma forma corpórea à outra já nesta vida; assim, a alma transmigra do corpo da criança para o corpo do adulto, e mais uma vez para o corpo do velho, antes de finalmente deixar de aceitar um novo corpo. Um homem verdadeiramente sábio entende isso e, portanto, não é perturbado pela ocorrência da morte, que é apenas um resultado natural da condição encarnada. Ao descrever o relacionamento entre corpo e alma, *Kṛṣṇa* se expressa através de uma terminologia diferente da de *Arjuna*; ao declarar que os vários estados corporais recaem sobre a alma aprisionada no corpo, ele se faz entender através de uma "terminologia de segundo andar", um modo de discurso que denota a realidade subjetiva e individual apenas à alma, em oposição ao ser humano como um todo. *Kṛṣṇa* olha para a felicidade e a angústia pelas quais *Arjuna* está sobrecarregado; elas também não são nada além de uma percepção sensorial transitória e externa, assim como o corpo senciente que as experimenta, e elas não são a experiência da alma. Portanto, *Arjuna* é aconselhado a desenvolver indiferença em relação a elas e, subsequentemente, alcançar a vida eterna. Ao se dirigir a *Arjuna*, *Kṛṣṇa* invalida os argumentos de *Arjuna*, apontando para suas suposições subjacentes fracas, e eleva a discussão para um nível ou dimensão superior. Aplicando o modelo de três níveis, os vários argumentos de *Arjuna* seriam categorizados como pertencentes ao "primeiro andar", pois tratam o ser humano como um indivíduo subjetivo completo cujo objetivo é prosperar neste mundo. Assim, *Arjuna* se considera um guerreiro cujo dever é seguir o *dharma* para a melhoria do mundo. Os argumentos de *Kṛṣṇa*, no entanto, são articulados a partir de uma posição de "segundo andar"; consequentemente, o indivíduo subjetivo é a alma encarnada, mas que é eterna e consciente, cujo objetivo é alcançar a libertação deste mundo, suportando tanto a felicidade quanto o sofrimento. Esta introdução ao discurso de *Kṛṣṇa* indica, em grande parte, o curso de todo o tratado, uma vez que essas ideias, presentemente introduzidas de maneira preliminar, requerem detalhamento e esclarecimentos adicionais. A alma eterna, a transição de um corpo para corpo, felicidade e angústia, os sentidos e o corpo, a libertação e a vida eterna – tudo isso envolverá *Kṛṣṇa* e *Arjuna* na discussão a seguir. Dessa forma, o capítulo 2 constitui em grande parte um resumo de toda a *Bhagavad-gītā*, referindo-se de maneira concisa a várias ideias que serão expandidas em capítulos posteriores.

A natureza da alma

> [16]Não há um vir a ser para o irreal, não há um deixar de ser para o real; os videntes da verdade chegaram a ambas as conclusões. [17]Fica sabendo o que é indestrutível, pelo qual tudo é permeado; não há quem possa destruir o indestrutível. [18]Para esses corpos, o fim é certo, ao passo que aquilo que está encarnado neles, a alma indestrutível e imensurável, é dito ser eterno. Portanto, ó *Bhārata*, luta! [19]Aquele que considera a alma o matador e aquele que pensa que a alma é morta – ambos não entendem, porque a alma não mata nem é morta. [20]A alma nunca nasce nem morre; ela não veio a existir, ela nunca deixará de existir. Não nascida, eterna, interminável e primordial – não é morta quando o corpo é morto. [21]A pessoa que conhece a alma como eternamente perene, que não nasceu e é indestrutível – quem ela mata? Quem ela faz matar? [22]Assim como alguém que deixa de lado suas roupas velhas e desgastadas e veste outras novas, da mesma forma a alma encarnada, ao deixar de lado seus corpos velhos e desgastados, cobre-se com outros corpos. [23]As armas não a perfuram, o fogo não a queima, a água não a molha e o vento não a seca. [24]A alma não pode ser cortada, não pode ser queimada, não pode ser molhada ou seca, pois é eterna, permeia tudo, é estável, fixa e primordial. [25]Diz-se que a alma é invisível, inconcebível e está além da transformação; portanto, tendo entendido o assunto dessa ma-

neira, tu não deves lamentar. [26]Além disso, se entenderes que a alma nasce continuamente ou morre continuamente, tu ainda não tens motivo algum para lamentar, ó poderoso guerreiro. [27]A morte é inevitável para todos que nascem e inevitável é o reencarnar para os mortos; portanto, tu não deves lamentar pelo inevitável. [28]Os seres vivos não são visíveis em seus inícios, são visíveis à medida que continuam a existir e são invisíveis em seu fim; portanto, ó *Bhārata*, por que lamentar sobre isso? [29]Apesar de alguém vê-la como uma maravilha, apesar de alguém descrevê-la como uma maravilha, apesar de outro alguém ouvir dizer que ela é uma maravilha e, mesmo depois de ouvir falar sobre ela, ninguém a entende. [30]A alma dentro do corpo de todos está além da destruição; portanto, tu não deves lamentar por ser vivo algum.

Comentário

A natureza da alma é implicitamente contrastada com a do corpo; a alma é eterna e primordial, não está sujeita ao nascimento nem à morte, muda de corpo como se muda de roupa, é maravilhosa, difícil de ser compreendida, permanente e imutável. Ao contrário da alma, que não pode ser ferida pelo fogo, água ou armas, o corpo é transitório e mortal por natureza. A distinção nítida entre o corpo e a alma é também expressa através da expressão da alma "o dono do corpo"[58], uma expressão que sugere uma situação na qual o dono existe em um estado desencarnado, isto é, o estado de imortalidade ou libertação[59].

Justificativa da guerra por meio do utilitarismo, do utilitarismo segundo o *dharma* e do *dharma* para o interesse próprio

[31]Considerando teu próprio dever, tu não deves hesitar, já que realmente não há nada melhor para um *kṣatriya* que lutar uma guerra segundo o *dharma*. [32]Felizes são os *kṣa-*

58. *Dehin*; cf. a estrofe 22.

59. Já indicado na estrofe 15.

triya para os quais tal oportunidade de lutar vem da boa sorte, pois lhes abre os portões do céu. [33]Se, no entanto, tu não lutares nesta guerra pelo *dharma*, abandonarás tanto teu *dharma* e tua honra e incorrerás no mal. [34]Além disso, as pessoas falarão de ti eternamente como alguém infame e, para alguém que foi honrado, a desonra é pior que a morte. [35]Os generais presumirão que te retiraste da batalha por medo e, portanto, aqueles que uma vez te estimaram muito, desdenharão de ti. [36]Aqueles que querem o teu mal falarão muitas palavras indizíveis, ridicularizando assim tua capacidade; o que poderia ser mais angustiante do que isso? [37]Ou serás morto e alcançarás o céu, ou, se venceres a guerra, desfrutarás aqui na Terra. Portanto, *Kaunteya*, levanta-te resoluto para a batalha! [38]Luta por lutar, considerando equiparáveis felicidade e sofrimento, ganho e perda, vitória e derrota; assim tu não incorrerás em mal algum.

Comentário

Após rejeitar o posicionamento de *Arjuna* através dos "argumentos do segundo andar", *Kṛṣṇa* agora desce de volta ao "primeiro andar" e aborda *Arjuna* a partir do próprio ponto de vista dele, que é um pouco mais mundano. *Kṛṣṇa* agora se dirige a *Arjuna* como *kṣatriya*, que conhece os códigos do *dharma*, e sistematicamente apresenta vários argumentos segundo os quais *Arjuna* deveria lutar. *Arjuna* vê presságios desfavoráveis e considera que nenhum bem possível resultaria da morte de seus parentes[60], *Kṛṣṇa* responde que a luta só poderia ser vantajosa para *Arjuna*, uma vez que ele ganharia o reino deste mundo, se ele fosse vitorioso, e o mundo celestial, se ele fosse morto na batalha[61]. *Arjuna* afirma que ao lutar ele incorreria no mal[62], e *Kṛṣṇa* responde que o oposto é verdadeiro, pois se ele se retira da

---

60. *BG* 1.30-31.

61. *BG* 2.37.

62. *BG* 1.36-37.

batalha negligenciando seu dever, estará incorrendo no mal[63]. *Arjuna* pergunta como pode a morte de parentes trazer alegria[64], e *Kṛṣṇa* responde que felizes são os *kṣatriya* para quem tal oportunidade de combate segundo o *dharma* felizmente surge[65]. *Arjuna* considera que a luta é contrária ao *dharma*[66], enquanto *Kṛṣṇa* considera que abster-se de lutar seja contrário ao *dharma*[67]. *Arjuna* teme acabar no inferno[68] enquanto *Kṛṣṇa* promete a ele uma morada na terra ou no céu[69]. Em resumo, *Kṛṣṇa* apresenta três argumentos:

1) Ao se abster de lutar, *Arjuna* sofrerá desonra, já que os generais o considerarão um covarde abandonando a batalha por medo. Como honra é preferível a desonra, é aconselhável que *Arjuna* lute. Subjacente a esse argumento está um cálculo simples de perda e ganho e, como tal, pode ser caracterizado como representando a fase de "utilitarismo simples"; esta é a fase mais inferior da "escada ética da autotranscendência".

2) De acordo com os princípios do *dharma*, os guerreiros mortos em um combate de acordo com o *dharma* vão para o céu. Portanto, se *Arjuna* vencer, ele ganhará o reino terrestre e se ele for morto, ele conquistará o reino celestial; portanto, *Arjuna* ganhará de qualquer maneira. Este argumento é um pouco mais sofisticado do que o anterior, pois requer fé nos princípios do *dharma*, ou seja, fé em que morrer em uma guerra de acordo com o *dharma* leva a pessoa para o céu. Como ainda é baseado no utilitarismo, pode ser considerado "utilitarismo" de acordo com o *dharma* e está contido na segunda fase da "escada ética".

3) *Arjuna* deve seguir seu dever por si só, aderir ao seu dever de acordo com o *dharma* independentemente de cálculos de natureza

63. *BG* 2.33.

64. *BG* 1.35-37.

65. *BG* 2.32.

66. *BG* 1.40-44.

67. *BG* 2.33.

68. *BG* 1.44.

69. *BG* 2.37.

utilitária e lutar por lutar. Ele deveria ser indiferente ao resultado da batalha e não aspirar a qualquer tipo de ganho; lutando neste estado de espírito ele evitará cometer o mal. Este argumento está além do utilitarismo, pois o cumprimento do dever em si compreende o sucesso, desconsiderando o sucesso ou o fracasso externo. Esta fase ainda é mais elevada do que a anterior e pode ser considerada como uma "adesão ao *dharma* para o próprio bem dele".

As duas fases inferiores são motivadas por um desejo de ganho e, portanto, não estão livres do mal. Na terceira posição, porém, não se deseja ganho, mas apenas a adesão ao dever por si só, e, como tal, é livre do mal. Parece portanto que, à medida que se está livre do desejo, ele está livre do envolvimento com o mal.

Do *dharma* ao *mokṣa*

> [39]Esta iluminação foi descrita para ti através do *Sāṅkhya* ou teoria; agora, por favor, ouve-a através do *yoga* ou da prática, pois, uma vez absorto nesta iluminação, tu te libertarás da escravidão do *karman*. [40]Nesse esforço não há perda, nem há reversão a ser encontrada; até um pouco desse *dharma* protege o indivíduo do grande medo. [41]Ó *Arjuna*, a iluminação neste mundo depende de uma natureza firme resoluta; em contraste, a inteligência do irresoluto é muito ramificada, na verdade, infinita. [42-43]Ó *Pārtha*, os insensatos que sentem prazer com as palavras do *Veda*, dizem que não há nada além dessas palavras floridas e agradáveis, que dão bom *karman*, bom nascimento e bons frutos de ação. Cheios de desejos e com o céu como meta, essas pessoas praticam uma abundância de rituais, com o objetivo de alcançar prazer e poder. [44]Aqueles ligados ao prazer e ao poder, assim, têm seus pensamentos e *insights* roubados; portanto, a determinação resoluta e o esclarecimento a ser encontrado no estado de *samādhi* não vêm a eles. [45]Os *Veda* têm o mundo dos três *guṇa* como seu domínio; Ó *Arjuna*, supera o reino dos três *guṇa*! Livra-te da dualidade, sempre firme na verdade, livre do desejo de possuir e preservar e estabelecido no *eu*. [46]Tanto valor quanto há em um poço, quando há uma inundação de água por todos os lados, tal é o valor de todos os *Veda* para

aquele que é um conhecedor do *Brahman*. 47Teu único direito é realizar atividades pelo *dharma*, mas nunca possuir os frutos delas; o fruto de uma ação nunca deverá motivar tuas ações e nunca te apegues à inação. 48Ó *Dhanaṁjaya*, realiza atividades e, ao mesmo tempo, fixa-te no *yoga*; abandonando o apego, aceita igualmente tanto o sucesso como o fracasso, pois essa equanimidade é chamada de *yoga*. 49A ação é muito inferior ao *buddhi-yoga* ou à ação iluminada, *Arjuna*. Procura refúgio nesta iluminação, porque aqueles motivados pelos frutos de suas ações são dignos de piedade. 50A pessoa iluminada renuncia às boas e más ações neste mundo; portanto, pratica o *yoga* por si só, já que *yoga* é a habilidade na ação. 51Os sábios que estão estabelecidos nesta iluminação renunciam realmente aos frutos nascidos das ações; assim eles são libertados da escravidão da reencarnação e vão para aquele lugar que está livre de qualquer dor. 52Quando tua consciência tiver passado pelo emaranhado denso da ilusão, tornar-te-ás avesso a tudo que foi ouvido e a tudo o que deve ser ouvido (nos *Veda*). 53Quando estiveres firme e inabalável diante dos confusos hinos védicos, tua consciência firme em *samādhi* inabalável, terás atingido o estado de *yoga*.

Comentário

Esta seção começa com a afirmação de *Kṛṣṇa* de que até agora o assunto da iluminação foi descrito através do *Sāṅkhya* ou teoria; isso parece se referir à descrição elaborada da alma e à ideia implícita de libertação do estado encarnado. A discussão foi principalmente ontológica na medida em que foi ocupada com a questão de "o que é aquilo que existe?". A resposta para aquilo que existe foi as almas eternas aprisionadas em corpos. A discussão agora envolverá o mesmo assunto da iluminação, mas desta vez de um ponto de vista diferente, ou seja, o ponto de vista da ação; como tal, a discussão é agora deontológica, e está voltada para a maneira de executar o dever ou a atividade. Assim, a questão em discussão agora é "como se deve agir?" Essas duas abordagens são encontradas na *Bhagavad-gītā* lado a lado e seu propósito é o mesmo – libertação. Aparentemente, é necessária uma comparação entre as abordagens; essa comparação de fato ocorre duas vezes mais tarde, quando a pergunta sobre qual das duas opções é superior, conhecimento ou ação, é levantada e discutida[70]. Dois tipos de pessoas são dicotomizados e seu estado de espírito examinado; por um lado, há aqueles que lutam pela iluminação e, por outro, aqueles que buscam os prazeres mundanos nesta vida e na próxima. Aqueles cujo objetivo é a iluminação possuem uma determinação interior e os esforços que fazem no caminho para a iluminação não são em vão, uma vez que continuam a avançar vida após vida, e continuam a partir do ponto alcançado na vida anterior. Ao contrário daqueles que buscam a iluminação, há outros que estão empenhados em obter sucesso no mundo através dos esplêndidos sacrifícios védicos e cujo objetivo é alcançar os planetas superiores, o bom nascimento e a satisfação de desejos para o prazer dos sentidos. A adesão deles ao *dharma* é derivada de considerações de utilidade e ganho, uma vez que para eles o *dharma* é o meio para alcançar objetivos mundanos. Essas pessoas não têm determinação interior, uma vez que a inteligência delas está confusa pela abundância de desejos que buscam satisfazer. Além disso, afirmam que não há nada superior a saciar esses desejos.

Parece que, apesar de *Kṛṣṇa* ter abordado as várias preocupações de *Arjuna*, a questão do mal permaneceu sem solução. *Kṛṣṇa* forneceu duas razões para lutar, e estas são "utilitarismo simples" e "utilitarismo segundo o *dharma*"; essas duas posições são falhas, pois agir dessa maneira envolve o mal e, consequentemente, o sofrimento futuro. *Kṛṣṇa* também ofereceu a *Arjuna* uma terceira razão mais elevada para a luta, que é o "*dharma* por si só"; essa posição oferece uma solução para o problema, pois, agindo dessa maneira, a pessoa fica livre do mal. Aparentemente, essa ideia requer uma elaboração adicional, e essa elaboração é oferecida na presente seção; parece que o reino do mal é o "primeiro andar", onde se visa a prosperidade mundana, mas esse mal está ausente do reino do "segundo andar", onde se objetiva a libertação. Como o "primeiro andar" envolve o mal, a pessoa é obrigada a seguir as injunções do *dharma* para evitá-lo, enquanto o "segundo andar" não envolve o mal e, como tal, quem está situado neste nível está isento de seguir as injunções do *dharma*, apesar de ele pode seguir essas injunções para dar exemplo à massa geral

70. *BG* 3.1-8; 5.1-6.

de pessoas[71]. Uma possível conclusão dessa discussão é que o mal é inevitável no caso de uma ação realizada com interesse nos frutos dela e, portanto, a única maneira de evitar o mal é agir sem considerar os frutos da ação.

O tema da iluminação liberta é introduzido aqui; o conhecimento de *Brahman*, libertação e saída do mundo do *saṁsāra* são agrupados e contrastados com os sacrifícios védicos que visam o desfrute nesta vida e na próxima. O novo estado descrito aqui é um estado de *yoga*, iluminação[72], *samādhi* e conhecimento de *Brahman*. Parece que esta seção apresenta uma discussão preliminar que não diferencia esses quatro conceitos, mas os leva a ser mais ou menos sinônimos, enfatizando que o caminho que leva a eles vale a pena, já que liberta o indivíduo do *saṁsāra*. O estado iluminado envolve a libertação dos laços do *karman* ou da reação às ações, e está acima do escopo dos três *guṇa*. Este estado exige indiferença ao mundo, juntamente com o seu bem e o seu mal. Quem quer que tenha conseguido isso é um mestre da ação, e esse estado leva à libertação dos laços do nascimento e da morte e à libertação do sofrimento. O ataque aos *Veda* aqui pode ser surpreendente; por que *Kṛṣṇa* critica tanto os *Veda* e por que agora? Pode ser que a crítica seja direcionada às escolas védicas como a *Mīmaṁsā*, uma escola que é um pouco indiferente em relação aos temas libertação e iluminação. Parece que os *Veda* não apenas representam a divindade, mas endossam e justificam o conceito utilitário de *dharma*. Além disso, os *Veda* estão confinados ao domínio dos três *guṇa* e, portanto, uma outra razão para transcendê-los. Como *Arjuna* está sendo aconselhado a abandonar a mentalidade utilitarista, ele é aconselhado a abandonar os *Veda*, pelo menos em sua ênfase ritualística que é inspirada pelo desejo de vários frutos. Em substituição, *Kṛṣṇa* propõe um ideal diferente de divindade impessoal, ou seja, o *Brahman*, um termo associado ao mundo das *upaniṣad*. Essa tensão entre os mundos védico e das *upaniṣad* é fundamental para a *Bhagavad-gītā*, e como a *Bhagavad-gītā* favorece a cosmovisão das *upaniṣad*, às vezes, o texto é chamado de *Gītopaniṣad*.

---

71. Esse tema será discutido com mais detalhes no cap. 3; cf. *BG* 3.21-26.

72. *Buddhi*.

Esta seção inclui algumas injunções, a mais conhecida aparece na estrofe 47: o indivíduo só tem direito à ação segundo o *dharma*, mas não aos frutos dela; nem os frutos da ação se tornarão a fonte de inspiração para os atos do indivíduo e, ao mesmo tempo, não se deve ficar inativo e desistir completamente da ação. Para esse fim, é preciso encontrar outro motivo para a atividade, a saber, a iluminação; como tal, uma pessoa cujo objetivo é a iluminação deve seguir o *dharma* em um estado mental desinteressado e sem considerar os frutos de seus esforços. Isso sugere que o *dharma* serve como uma estrutura externa, enquanto internamente se objetiva a iluminação e a libertação. A ideia de seguir "*dharma* por si só" com o propósito de evitar o mal envolve um paradoxo; afinal de contas, a razão para evitar o mal é evitar a consequência do sofrimento e, aparentemente, aquele que age dessa maneira não é indiferente à felicidade e ao sofrimento. Portanto, um estado diferente que está acima do reino da felicidade e da aflição será apresentado e está localizado não no domínio conceitual do primeiro nível, mas no do segundo[73]. Esse estado é "estar firme no *buddhi-yoga*[74]", e somente nesta posição o indivíduo pode verdadeiramente agir sem considerar os frutos da ação. O resultado é um estado novo e mais elevado da existência, ou seja, a ação cuja finalidade é o bem mais elevado como a iluminação e a experiência de *Brahman*. Este estado é mais elevado do que seguir o *dharma* por si só, e pode ser classificado como o quarto passo na escada.

A Iluminação estável

> [54]*Arjuna* perguntou: Aquele que está estabelecido em iluminação estável e situado em *samādhi*, ó *Keśava*, como ele pode ser descrito? O iluminado – como ele fala? Como ele se senta e como anda? [55]O bem-aventurado Senhor disse: Quando ele abandona todos os desejos que

73. O texto sugere uma posição ainda mais elevada que a do segundo nível na estrofe 51: "aquele lugar que está livre de qualquer dor" pode ser considerado o estado de *mokṣa*, ou o terceiro nível de acordo com o nosso modelo.

74. *Buddhi*: iluminação, sabedoria. *Yoga*: conexão, união ou atrelamento a um estado mais elevado de existência.

surgem da mente, fica satisfeito em si mesmo e somente pelo próprio eu, então se diz que ele alcançou a iluminação estável. [56]Ele que não fica perturbado apesar de todos os tipos de dificuldades, cuja aspiração pela felicidade se foi, e que é desprovido de paixão, medo e raiva – dizem que tal sábio atingiu a iluminação estável. [57]Aquele que não é atraído por nada, e mesmo que tenha alcançado isto ou aquilo, bom ou mau, não se regozija, mas também não tem repulsa – sua sabedoria está firmemente estabelecida. [58]Quando alguém é capaz de retirar seus sentidos de seus objetos sob qualquer circunstância, assim como uma tartaruga recolhe seus membros para dentro do casco, sua sabedoria está firmemente estabelecida. [59]Quando o encarnado se abstém, os objetos dos sentidos desaparecem, mas o gosto por eles permanece; no entanto, até mesmo o gosto desaparece, quando se alcança a visão do Supremo.

Comentário

Kṛṣṇa definiu o conceito de iluminação estável como uma solução para o problema do mal e como um ideal a ser aspirado; *Arjuna* agora deseja aprender mais sobre esse estado e pergunta sobre as características de alguém que alcançou essa posição ideal. Em resposta, *Kṛṣṇa* descreve os iluminados como indiferentes ao mundo externo, ao mesmo tempo em que experimentam uma satisfação interior e uma visão do Supremo. A indiferença externa é alcançada depois de restringir os sentidos, os quais o iluminado recolhe assim como a tartaruga recolhe seus membros para dentro do casco. Após a retirada dos sentidos e a obtenção da visão do Supremo, o gosto pelas experiências proporcionadas pelo prazer dos sentidos desaparece. Uma nova fase da escada está sendo revelada: um estado em que se experimenta a satisfação interna obtida depois da restrição dos sentidos e o desenvolvimento da indiferença ao mundo externo. Este estado representa claramente o segundo nível, uma vez que o indivíduo já está profundamente absorvido no processo de libertação, e será melhor explicado na próxima seção. O texto prossegue para expandir a discussão sobre o assunto dos sentidos.

Os sentidos turbulentos e o estado de perfeição

[60]Embora o sábio possa se esforçar para controlar a mente, os sentidos turbulentos, no entanto, o arrastam à força. [61]Tendo os sentidos sob controle, em comunhão comigo e atento a mim como o Supremo, que tem firme controle de seus sentidos dessa maneira, sua sabedoria está firmemente estabelecida. [62]Quando se contempla os objetos dos sentidos, surge um apego por eles; do apego surge o desejo, e do desejo a ira. [63]A ira produz ilusão e a ilusão confunde a memória; a confusão da memória provoca uma perda de inteligência e, quando a inteligência é perdida, a pessoa fica arruinada. [64]Mas quando seus sentidos residem nos objetos dos sentidos, sem sentir atração ou repulsa, permanecendo autocontrolado e seguindo as injunções das escrituras, ele então obtém a graça divina. [65]Ao obter a graça divina, todas as misérias deixam de existir para ele. Com o coração tranquilo, rapidamente ele alcança a iluminação estável. [66]Para quem não está conectado, não há iluminação e, sem iluminação, não pode haver contemplação do *eu*; sem contemplação não pode haver paz. Como alguém que não está em paz pode ser feliz? [67]A mente que segue os sentidos errantes arrasta a inteligência da mesma maneira que um vento leva um barco para o mar. [68]Portanto, ó poderoso *Arjuna*, aquele que restringe os sentidos e os mantém inteiramente longe de seus objetos tem sabedoria realmente firme. [69]O que é noite para todos os seres é hora de despertar para o homem moderado; quando todos os seres estão despertos, essa hora é noite para o sábio contemplativo. [70]Embora os rios encham o oceano constantemente, ele permanece inalterado; da mesma forma, embora os desejos se intrometam, alcança a paz quem permanece inalterado, e não quem deseja satisfazer os desejos. [71]Deixando de lado todos os desejos, aquele que é livre de aspiração, possessividade e egoísmo alcança a paz. [72]Este é o estado de *Brahman*, ó *Pārtha*; ao atingir esse estado, o indivíduo não está mais sujeito à ilusão; assim firme em sua posição, ele atinge a extinção no *Brahman* mesmo na hora da morte.

Comentário

Este capítulo, que começou com os argumentos de *Arjuna* contra a luta, evoluiu gradualmente para uma apresentação de uma cosmovisão completa envolvendo uma descrição da alma encarnada, uma rejeição de modos utilitários de ação, e o estabelecimento da libertação do mundo de *saṁsāra* como o objetivo a ser procurado. Agora que o ideal foi estabelecido, o principal obstáculo para alcançar esse ideal também deve ser discutido, e este é o tópico dos sentidos e da atração pelos objetos dos sentidos. Esta seção, portanto, elabora o tópico da restrição dos sentidos e sua relação com a iluminação; tendo em vista a importância deste assunto, as ideias centrais são articuladas:

1) O indivíduo fixo em iluminação estável é capaz de retirar seus sentidos de seus objetos como uma tartaruga recolhe seus membros para dentro do seu casco[75].

2) Os sentidos arrastam a mente dele, mesmo que ele seja sábio e se esforce para contê-los[76].

3) Os desejos surgem da contemplação mental dos objetos dos sentidos[77].

4) Quando a mente segue os sentidos errantes, ela leva a inteligência embora, como o vento leva embora um barco no mar[78].

5) O estado de iluminação requer sentidos contidos e indiferença aos desejos[79].

6) Aquele que é livre de paixões alcança a paz[80].

Embora a alma não seja explicitamente mencionada nesta seção, sua presença é implícita e poderia ser acrescentada aos vários componentes mentais e físicos mencionados com o propósito de construir o conceito do ser humano segundo o *yoga* e as *upa-*

75. *BG* 2.58.

76. *BG* 2.60.

77. *BG* 2.62.

78. *BG* 2.67.

79. *BG* 2.70-71.

80. *BG* 2.71.

niṣad. A luta contra os sentidos poderia, assim, ser desconstruída em seus vários componentes, e parece haver uma espécie de "cabo de guerra" em que cada lado puxa em sua própria direção; os sentidos, concomitantemente, puxam para seus objetos, atraindo a mente, que atrai a inteligência, que atrai a alma encarnada. Do outro lado, o sujeito individual que deseja libertação é a alma, que atrai a inteligência, que atrai a mente que, por sua vez, tenta restringir os sentidos e capacitar a alma a progredir em direção à libertação. Essa ideia é bem ilustrada na "metáfora da carruagem" da literatura das *upaniṣad* [81]; assim, a carruagem representa o corpo, o passageiro representa o *eu* ou a alma, o cocheiro representa o intelecto, as rédeas representam a mente e os cinco cavalos representam os cinco sentidos. Quando o passageiro comanda o cocheiro, que, por sua vez, segura firmemente as rédeas e restringe os cavalos, a carruagem procede com segurança até o destino desejado. No entanto, quando os cavalos estão fora de controle e puxam a carruagem para direções caprichosas, as rédeas caem do punho do cocheiro, e a carruagem junto com o passageiro enfrentarão o perigo. Quando os sentidos são vitoriosos, ocorre uma cadeia de eventos, levando à destruição da tentativa de libertação deste mundo e, consequentemente, a pessoa retorna ao *saṁsāra*[82]. Como uma ocorrência na cadeia de eventos leva a outra, ela é causal e é composta de oito fases[83]: começa com a contemplação dos objetos dos sentidos, depois surge o apego por eles, o desejo surge em seguida, que é seguido pela ira. A ira é seguida pela ilusão que é seguida pelo esquecimento, o que causa a perda da inteligência e, subsequentemente, o indivíduo retorna ao *saṁsāra* e fica, portanto, arruinado. Isso nos lembra uma cadeia causal similar budista chamada *pratītya-samutpāda* ou "origem dependente", composta de 12 fases, começando com

---

81. *Kaṭha-upaniṣad*, 3.3-9.

82. "Destruição" é derivada do termo *praṇaśyati* (2.63), traduzido como "está perdido", e descreve o fim da sucessão de causas de eventos que começam com a contemplação dos objetos dos sentidos. A expressão é, sem dúvida, forte, mas parece se encaixar no espírito do texto, pois contemplar os objetos dos sentidos lança a alma no *saṁsāra* profundamente. Esta queda é descrita como um "grande medo" (2.40).

83. *BG* 2.62-63.

a ignorância e resultando na velhice e na morte. Ao contrário do indivíduo descontrolado que é, por fim, derrotado, a alma vitoriosa que é capaz de restringir os sentidos, a mente e seus desejos, torna-se subsequentemente indiferente aos desejos externos e conquista a paz interior. *Kṛṣṇa* aconselha *Arjuna* abertamente a lutar pela iluminação enquanto rejeita as paixões e oferece a si mesmo como objeto de meditação[84]. Até agora, o quinto nível da "escada ética" foi explicado; este é o estado de serenidade e felicidade interior, que aparece depois de rejeitar os sentidos e se concentrar no Supremo. Este estado é maior do que o anterior, uma vez que, na quarta fase, o indivíduo se esforça para alcançar o *Brahman*, mas na fase atual, ele se aproxima do *Brahman* e isto é constatado pela experiência da felicidade interior. O estado de bem-aventurança interior também pode ser tomado como uma resposta a *Arjuna*, que perguntou: "depois de matar nossos próprios parentes, que felicidade nos restará?"[85] A resposta recebida é que a felicidade interior descrita aqui será experimentada por *Arjuna*, ao fazer progresso interno e alcançar a fase de felicidade interior. Em resumo, até aqui muito foi dito e a programação de toda a *Bhagavad-gītā* já foi estabelecida; portanto, o primeiro e o segundo níveis foram abordados e as cinco fases da "escada ética" foram reveladas. Este capítulo é, em grande parte, um epítome de todo o tratado, e muitas das ideias mencionadas brevemente até agora serão desenvolvidas posteriormente. Daqui para frente, a leitura do texto será mais fácil e menos intensa.

---

84. *BG* 2.61.

85. *BG* 1.35-37.

3
O CAMINHO DA AÇÃO ILUMINADA

PARTE I

O que é melhor: iluminação ou ação?

[1]*Arjuna* disse: Ó *Janārdana*, se tu consideras que a iluminação é melhor que a ação, por que, então, tu me pedes para realizar esse ato terrível? [2]Tuas palavras ambíguas confundem minha mente; peço-te que me faças ter a certeza de uma coisa, pela qual posso alcançar o que há de melhor. [3]O bem-aventurado Senhor disse: Eu já expus desde os dias de outrora, ó irrepreensível *Arjuna*, que neste mundo há dois caminhos; para aqueles que defendem o raciocínio, é o caminho do *jñāna* ou o *yoga* intelectual, ao passo que, para aqueles que defendem a ação, existe o caminho do *karma-yoga* ou o *yoga* da atividade. [4]Não é apenas por abster-se de agir que o indivíduo alcança a inação, e não é apenas pela renúncia que se alcança a perfeição. [5]Ninguém, na verdade, pode se abster inteiramente de agir, mesmo que por um momento, pois todos são levados a agir mesmo contra a própria vontade pelos *guṇa* nascidos da natureza material. [6]Aquele que restringe seus sentidos, mas que ainda assim contempla os objetos dos sentidos em sua mente, é considerado um hipócrita enganador. [7]Superior, no entanto, é aquele que restringe seus sentidos pela mente e, ao mesmo tempo, de maneira imparcial, envolve seus sentidos e realiza *karma-yoga*. [8]Desempenha teu dever segundo o *dharma*, pois a ação é

superior à inação; mesmo na manutenção do teu corpo tu não podes ter sucesso sem abraçar a ação.

Comentário

O terceiro capítulo começa com a pergunta de *Arjuna* sobre o que é preferível: ação ou iluminação. *Arjuna* está simplesmente perplexo; ao descrever a alma, *Kṛṣṇa* falou do ponto de vista do caminho do conhecimento[86] e, em seguida, falou do ponto de vista do caminho da ação[87], como claramente indicado[88]. No entanto, o assunto ainda estava confuso, porque *Kṛṣṇa* descreveu o conhecimento de *Brahman* como sendo mais elevado que os sacrifícios védicos, que promovem o caminho da ação[89]. Ele descreveu o estado ideal de ação como um estado de iluminação ou *Buddhi*[90]. Além disso, ele enfatizou o fato de que o ser humano ideal é indiferente tanto às boas quanto às más ações[91]. Tudo isso indica, aparentemente, que *Kṛṣṇa* sugere que *Arjuna* renuncie ao mundo para se tornar um *saṁnyāsin*, uma ideia já proposta anteriormente pelo próprio *Arjuna*[92]. Ao mesmo tempo, *Arjuna* e *Kṛṣṇa* estão situados em um campo de batalha, onde *Kṛṣṇa* incentiva *Arjuna* a liderar o exército em uma batalha que sem dúvida resultará em um massacre. *Arjuna*, portanto, pede a *Kṛṣṇa* para definir sua posição inequivocamente: espiritualidade ou luta. Subjacente à pergunta de *Arjuna* está o pressuposto de que o caminho da ação implica a adesão ativa ao *dharma*, com a finalidade de estabelecer uma sociedade humana, moral e próspera, ao passo que o caminho da iluminação parece ser radicalmente diferente. Dessa forma, *Arjuna* considera que o caminho da iluminação envolve

86. *BG* 2.12-30.

87. *BG* 2.47.

88. *BG* 2.39.

89. *BG* 2.46.

90. *BG* 2.49.

91. *BG* 2.50.

92. *BG* 1.45.

o abandono da participação ativa nos assuntos mundanos, em favor da contemplação silenciosa e da prática da austeridade que visa o *mokṣa* ou a libertação completa do mundo. Em sua resposta, *Kṛṣṇa* parece estar pensando em categorias diferentes; ele não parece aceitar essa dicotomia entre ação e iluminação, ou entre os valores do *dharma* e os valores do *mokṣa* e, ao contrário, ele considera tanto a ação quanto a iluminação como caminhos que levam ao *mokṣa*. Do ponto de vista dele, ambos são caminhos segundo o *yoga* que levam ao Supremo, mas, ao passo que o primeiro enfatiza a ação, o segundo enfatiza a contemplação. Como tal, o caminho da ação leva à libertação final através da adesão ativa ao *dharma*, enquanto o caminho do conhecimento leva à libertação através do estudo intelectual da metafísica e do cultivo do verdadeiro conhecimento da alma e suas relações com o *Brahman*. Portanto, *Kṛṣṇa* refere-se a esses dois como o caminho de ação ou do *karma-yoga* e o caminho do conhecimento ou do *jñāna-yoga*; ele contrasta o caminho da ação com o caminho do conhecimento e, embora endosse o caminho do conhecimento como louvável, ele recomenda o caminho da ação como preferível. *Kṛṣṇa* argumenta que, uma vez que alguém é impelido a agir mesmo contra a própria vontade, sendo compelido a fazê-lo pelos *guṇa*, é preferível que ele aja segundo o caminho do *karma-yoga* e, assim, transforme esse estado de atividade constante em uma prática *yogin*. Este caminho é melhor do que praticar o ascetismo desnecessário com o propósito de desapego e contemplação silenciosa da mais alta verdade, embora, ao mesmo tempo, contempla-se os objetos dos sentidos dentro da mente, devido à constante perturbação mental causada pelos *guṇa*. *Kṛṣṇa* justifica sua preferência pela ação disciplinada *yogin – karma-yoga*, por argumentos variados. Ele afirma que é impossível deixar de agir e que, em última análise, a pessoa é levada a agir mesmo contra a própria vontade, uma vez que as atividades são impostas ao indivíduo pelos três *guṇa*; além disso, mesmo a manutenção do corpo não é possível sem pelo menos alguma atividade. Assim, ele argumenta que, se alguém estiver agindo de alguma forma, ele pode também atuar em *karma-yoga* e empregar suas ações com o propósito de elevação espiritual, ao invés de ser levado a agir mesmo contra a própria vontade sob o controle dos *guṇa*. Após apresentar este argumento, *Kṛṣṇa* apresenta um novo ideal, ou seja, o caminho da inação. A inatividade e a ausência de ação parecem diferir, já que a atividade e a inatividade se relacionam com a atividade física e mental ou com sua ausência, enquanto a ação e a falta de ação se relacionam com a criação do *karman* ou com a ausência de sua criação. Assim, no estado de ação há uma cadeia de reações geradas e estas causam um envolvimento contínuo no *saṁsāra*. Por outro lado, no estado de ausência de ação, não há cadeia de reações geradas a despeito da ação factual. O exemplo é dado por alguém que aspira à falta de ação, mas tenta alcançar este estado de maneira errada; ele evita a ação externamente e parece ser um asceta; no entanto, ao mesmo tempo, seus pensamentos se voltam para os objetos de seus sentidos, aos quais ele está ligado. Esse tipo de pessoa é rotulado por *Kṛṣṇa* como um hipócrita e uma alma confusa e, em contraste, é apresentado o exemplo positivo da pessoa ideal agindo no *karma-yoga*. Essa pessoa ideal inicia atividades físicas enquanto realiza seu dever segundo o *dharma*, não por um desejo de colher os frutos de seus atos, mas como uma maneira de ocupar seu corpo em atividade de acordo com as injunções do *dharma*, e com a ajuda da própria mente ele controla seus órgãos dos sentidos e de ação. Tal controle não é uma tentativa de impedir completamente que os sentidos e os órgãos do corpo atuem, mas é uma atividade destinada a mantê-los no caminho certo, assim como um cocheiro controla seus cavalos para que eles não se afastem da estrada, mas que continuem na direção certa. Esta posição é preferida por *Kṛṣṇa*, e inclui alguns elementos geralmente associados com o caminho de *jñāna-yoga* também; é reflexiva, pois nela o corpo é concebido como um instrumento distinto de si mesmo. Além disso, o corpo é considerado diferente da alma, pois está sujeito a certas regras externas, a saber, a influência dos *guṇa*, que não necessariamente expressam diretamente a vontade da alma. Esta posição é uma expansão da visão explicada por *Kṛṣṇa* no segundo capítulo, no qual ele descreveu a alma ou o *eu* como diferente do corpo[93]. Em resumo, a diferença entre o caminho do conhecimento e o caminho da ação foi discutida preliminarmente no segundo capítulo, e foi mais desenvolvida aqui. Os dois caminhos foram comparados e o caminho da ação ou *karma-yoga* foi recomendado como preferível e mais adequado que o caminho do conhecimento ou *jñāna-yoga*. Assim, a opinião de *Kṛṣṇa* é que *Arjuna* deve lutar como uma prática de *karma-yoga*.

---

93. *BG* 2.12-30.

A importância do sacrifício

[9]O mundo todo está preso pela ação, exceto pela ação que tem como objetivo o sacrifício[94]. Livre de apego, executa ação para esse propósito, ó *Kaunteya*. [10]Nos tempos antigos, *Prajāpati*, o senhor dos seres vivos os criou junto com sacrifícios e disse-lhes: Que vós possais prosperar com isso! Que esta seja vossa vaca para satisfazer todos os desejos! [11]Que vós possais agradar aos deuses aqui, e que os deuses vos agradem. Assim, agradando uns aos outros, vós deveis atingir o bem maior. [12]Sendo agradados pelo sacrifício, os deuses conceder-vos-ão os prazeres desejados, mas aquele que desfruta das dádivas dos deuses sem uma oferenda em troca é um ladrão[95]. [13]As pessoas boas que comem as sobras do sacrifício são absolvidas de todos os males; as pessoas más, no entanto, que cozinham para o seu próprio bem, realmente comem apenas o mal. [14]Todos os seres vivos subsistem de comida e a comida é produzida pela chuva; a chuva cai como resultado do sacrifício, e o sacrifício origina-se da atividade segundo o *dharma*. [15]A atividade segundo o *dharma* nasce do *Brahman* que está nos *Veda*, e *Brahman* brota do eterno *Om*. Portanto, o todo-poderoso *Brahman* está eternamente presente no sacrifício. [16]Aquele que não mantém girando a roda sacrificial assim posta em movimento, vive uma vida má entregue aos sentidos e, na verdade, ó *Pārtha*, vive em vão.

Comentário

A seção anterior terminou com *Arjuna* sendo ordenado a cumprir o dever do *dharma*[96]; *Kṛṣṇa* agora expande o assunto enfatizando o papel central que o sacrifício ocupa na visão de mundo segundo

---

94. O termo *yajña* é traduzido como sacrifício, embora também possa ser considerado um nome para *Viṣṇu*; a última tradução naturalmente daria à estrofe um significado mais devocional.

95. A raiz *bhū* na acepção de "agradar".

96. *BG* 3.8.

o *dharma*. Assim, o sacrifício foi criado no início da criação, juntamente com os seres humanos, e ele é fundamental para alcançar a prosperidade. Subjacente à ideia de sacrifício está a reciprocidade entre os seres humanos e os deuses, levando em conta que quando se oferece sacrifícios a vários deuses, eles ficam satisfeitos e concedem bênçãos em troca. Os seres humanos então oferecem parte da abundância fornecida a eles e, quando esse processo circular é repetido várias vezes, ele se transforma na roda do sacrifício. O *Brahman* também é representado no ato do sacrifício, uma vez que o sacrifício se origina do *dharma*, o *dharma* origina-se dos *Veda* e os *Veda* originam-se do *Brahman*. Uma questão pode ser levantada: como é que *Kṛṣṇa* apoia o sacrifício, mesmo após condená-lo no capítulo anterior[97], e denunciar aqueles que fazem sacrifícios védicos chamando-os de não inteligentes? Apesar disso, a presente seção recomenda o sacrifício como o caminho para viver uma vida piedosa e como o meio de ser libertado do mal. Dessa forma, pode-se perguntar justamente o seguinte: o que mudou? Parece que a natureza do sacrifício descrita aqui difere dos sacrifícios védicos mencionados anteriormente. Os sacrifícios descritos anteriormente foram realizados com o propósito de desfrutar deste mundo e do próximo; portanto, seu desempenho representa o segundo passo na escada ética dos valores, isto é, do seguir o *dharma* a fim de obter alguns frutos. O sacrifício descrito aqui é realizado com o propósito de alcançar o bem supremo; este é certamente um motivo mais elevado e representa o quarto passo na escada ética. A adesão ao *dharma* também é considerada um sacrifício e, portanto, *Arjuna* é aconselhado a seguir seu dever e lutar como se estivesse executando um sacrifício. Esse olhar sobre a ação oferece um desenvolvimento adicional à seção anterior; já que *Arjuna* deve agir de qualquer maneira, é preferível que ele aja de acordo com o *dharma*, de modo que a atividade dele se torne um sacrifício, ao invés de um ato para a satisfação pessoal. Isto é assim porque, ao passo que a atividade comum é tocada pelo mal e aprisiona o executor através das amarras do *karman*, a atividade sacrificial, cujo objetivo é o *Brahman*, não aprisiona[98]. Assim, seguir o *dharma* só poderia ser uma vantagem para *Arjuna*;

97. *BG* 2.42-45.

98. Ao contrário da atividade sacrificial destinada ao desfrute de seus frutos, conforme *BG* 2.42-43.

não somente ele satisfaria seus desejos e viveria uma vida piedosa, mas também seria liberto do mal e alcançaria o bem supremo.

O Iluminado está livre das injunções do *dharma*

17 Mas para aquele que se deleita apenas consigo mesmo, e é assim autossatisfeito e autossuficiente, para ele, não existe dever algum segundo o *dharma*. 18 Ele não tem interesse em realizar ação alguma, mas também não evita as ações. Ele não precisa depender de nenhuma criatura. 19 Portanto, com desapego, sempre desempenha teus deveres, porque quem assim o faz de forma desinteressada atinge o Supremo. 20 Por aderir de forma exclusiva ao dever segundo o *dharma*, *Janaka* e outros alcançaram o sucesso; levando em conta o bem-estar do mundo, tu deves fazer o mesmo. 21 O que quer que um grande homem faça, os homens comuns com certeza seguirão o exemplo, e qualquer que seja o padrão que ele estabelecer, o mundo inteiro o aceitará. 22 Ó *Pārtha*, eu mesmo não sou obrigado a cumprir dever algum em todos os três mundos, e não tenho mais nada a realizar, mas, ainda assim, sigo o *dharma*. 23 Pois, se eu deixar de agir incansavelmente, toda a humanidade seguirá meu caminho. 24 Se eu deixasse de cumprir meus deveres, todos esses mundos teriam perecido, e eu teria causado a mistura entre as classes sociais, assim como destruído multidões de criaturas. 25 Assim como os insensatos realizam seus deveres por interesse, os sábios o fazem desinteressadamente, desejando o bem-estar do mundo. 26 O sábio não deve perturbar os ignorantes cuja mente está ligada a atividades variadas, mas deve encorajá-los a realizar seus deveres e assim desfrutar de todo tipo de ação, ao passo que ele mesmo age de maneira controlada.

Comentário

Uma declaração revolucionária é feita aqui: seguir o *dharma* não é obrigatório em circunstância alguma; se alguém alcançou a posição de satisfação em si mesmo, ou, em outras palavras, está situado no "segundo andar", ele está isento das injunções do *dharma*. As sementes dessa ideia devem ser encontradas no início do segundo capítulo, em que *Kṛṣṇa*, ao rejeitar os argumentos de *Arjuna* em favor da adesão ao *dharma*, ofereceu uma mudança de fundamentação ao propor a visão de mundo de "segundo andar" como uma alternativa ao "primeiro andar"[99]. Um possível contra-argumento do lado de *Arjuna* poderia ter sido: "se for assim, vamos nos ocupar na iluminação e abandonar a batalha". No entanto, este argumento já foi tratado na seção de abertura deste capítulo e, assim, deve-se buscar uma direção diferente. A questão agora é como *Kṛṣṇa* justifica lutar de acordo com o *dharma*, ao afirmar que os iluminados estão isentos dele. Naturalmente, não foi expressamente declarado que *Arjuna* alcançou a iluminação, mas essa possibilidade parece ser levada em conta. *Kṛṣṇa* agora analisa a situação dos iluminados estabelecidos no *eu*; por um lado, ele não tem necessidade, dever ou motivo para agir neste mundo, mas, por outro, ele não tem necessidade, motivo ou causa para evitar executar seu dever segundo o *dharma*. Como, então, ele deveria se comportar? Em relação a isso, *Kṛṣṇa* menciona o Rei *Janaka* e outros que atingiram a perfeição por meio da adesão ao dever, e assim ressalta que, ao aderir ao *dharma*, a pessoa pode alcançar o sucesso. Como *Kṛṣṇa* afirma que as pessoas em geral seguem o exemplo dos grandes homens, a conclusão é inevitável: cumpra teu dever segundo o *dharma* para dar um exemplo para o público seguir. *Kṛṣṇa* então menciona a si mesmo como um exemplo de alguém que não é obrigado a realizar quaisquer deveres segundo o *dharma*, mas que, no entanto, age dessa maneira para dar um exemplo para o público em geral. Essa afirmação é um tanto surpreendente, considerando que *Arjuna* a ouve de seu auriga, primo e amigo, que até agora não reivindicou identidade sobre-humana alguma. Esta questão será logo resolvida quando *Arjuna* perguntar diretamente a *Kṛṣṇa* sobre sua identidade[100], e quando *Kṛṣṇa* declarar que ele é o Supremo encarnado na Terra[101]. De qualquer forma, *Kṛṣṇa* dá continuidade a seus argumentos, dizendo que se *Arjuna* não aderir ao dever segundo

99. *BG* 2.11-15.

100. *BG* 4.4.

101. *BG* 4.6-8.

o *dharma* e não lutar, multidões de seres vivos serão arruinadas por causa do dano causado ao *dharma*, e vai acontecer a mistura entre classes sociais. Ao dizer isso, *Kṛṣṇa* inverte os argumentos de *Arjuna*: *Arjuna* declarou anteriormente que se ele lutar contra o *dharma* será prejudicado, a ordem mundial será prejudicada e ocorrerá uma miscigenação entre as classes[102]; *Kṛṣṇa* agora responde que tudo isso acontecerá se *Arjuna* se recusar a lutar.

Os *guṇa* estão agindo por si mesmos; portanto, é melhor aderir ao dever

27Embora as ações em todos os aspectos sejam desempenhadas pelos *guṇa* da natureza material, a alma encarnada, confundida pelo ego, pensa: "Na verdade, eu sou quem faz as coisas". 28Mas quem conhece a verdade, ó poderoso *Arjuna*, a respeito da separação (da alma) tanto dos *guṇa* como da atividade, e vê claramente que os *guṇa* atuam entre si, não está preso. 29Aqueles que estão confusos pelos *guṇa* da natureza material, estão ligados às ações dentro do escopo dos *guṇa*. No entanto, aquele cujo conhecimento é completo não pode perturbar os tolos cujo conhecimento é incompleto. 30Dedicando todas as tuas atividades a mim com a mente concentrada no *eu* superior, sem desejo e evitando a possessividade, deixa a letargia de lado e luta! 31Aqueles que sempre seguem esta minha doutrina enquanto são fiéis e evitam a inveja, também são libertos da escravidão do *karman*. 32Mas aqueles que rejeitam meus ensinamentos por inveja e, portanto, não os praticam, estão iludidos em todo o conhecimento deles; fica sabendo que esses tolos estão perdidos. 33Mesmo um homem sábio age de acordo com sua própria natureza, pois todos os seres vivos seguem sua natureza; portanto, o que se pode conseguir com a repressão? 34Atração e repulsa entre os sentidos e seus objetos certamente existem, mas não se deve cair sob o poder delas, pois ambas são inimigas. 35Melhor ser deficiente em seguir o próprio dever segundo o *dharma* a cumprir bem o dever de ou-

102. *BG* 1.40-44.

tro; até mesmo a morte durante o cumprimento do dever é melhor, pois seguir o dever de outra pessoa é um convite ao perigo.

Comentário

Ao passo que os ignorantes acreditam que eles agem independentemente, apesar de serem condicionados e limitados pelos *guṇa*, os sábios estão cientes do controle total dos *guṇa* sobre eles. Uma questão pode ser levantada: os sábios que estão cientes do controle dos *guṇa* estão desvinculados desses *guṇa*? Isso é negado, pois os instruídos são forçados a agir de acordo com sua natureza, assim como todos os outros seres fazem. É, portanto, fútil suprimir as tendências individuais que surgem da própria natureza; em vez disso, elas devem ser satisfeitas através da adesão ao dever segundo o *dharma* natural de alguém. Ainda assim, o sábio age sem se apegar aos frutos de seu trabalho, e sua atividade visa dar um exemplo à população em geral, em contraste com os ignorantes que agem por um desejo pelos frutos de seu trabalho, e que são, portanto, impelidos a agir apenas pelos impulsos dos *guṇa*. Mudando para um tom mais pessoal, *Kṛṣṇa* pede a *Arjuna* que lute por sua causa, fixe sua mente no *eu*, e se livre da paixão e egoísmo; este é um chamado para a devoção pessoal acompanhado por um estado de espírito segundo o *yoga*. Como tal, forma-se uma identidade entre a fase de estar fixo no *eu*, uma fase em que a pessoa está isenta do dever do *dharma*, e a fase do serviço direto ao próprio *Kṛṣṇa*. Ele expande esse assunto para uma filosofia universal e diz que aqueles que sempre seguem essa ideia dele, com fé e sem inveja, são libertos do aprisionamento da ação e reação; inversamente, aqueles que rejeitam suas instruções por inveja estão perdidos. Outra posição interessante é o discurso de *Kṛṣṇa* para *Arjuna*, formulado como um imperativo, evitando a racionalização: "luta por mim". Possivelmente, essa é uma posição que só se perderá se acrescentarmos mais explicações. Talvez, *Kṛṣṇa* ofereça a devoção de *Arjuna* sem apoio da lógica como uma posição sugerida a quem está isento de deveres segundo o *dharma*; somente mais tarde, possivelmente seguindo a hesitação de *Arjuna*, ele fornece alguma argumentação, dizendo que dessa maneira *Arjuna* será liberto do aprisionamento do *karman*. Deve-se notar, portanto, que o quarto passo na escada ética, o passo da atividade em prol de alcançar o *Brahman*, também pode ser definido como um serviço ao próprio *Kṛṣṇa* em um estado de espírito segundo o *yoga*. A seção termina com uma declaração inequívoca que resume o tópico da adesão ao *dharma*: é melhor seguir o próprio dever segundo o *dharma*, mesmo de forma imperfeita, a seguir perfeitamente o dever segundo o *dharma*, mas de outra pessoa. Agora, perto do final do terceiro capítulo, a direção que *Kṛṣṇa* busca está gradualmente se tornando clara; *Arjuna* deve externamente aderir ao seu *dharma* de guerreiro enquanto busca internamente o caminho espiritual e define o *mokṣa* como o seu objetivo.

O verdadeiro inimigo é o desejo incontrolável

> [36]*Arjuna* disse: O que impele alguém a cometer o mal, mesmo contra a sua vontade, como se conduzido pela força, ó descendente de *Vṛṣṇi*? [37]O bem-aventurado Senhor disse: É o desejo, que é a ira originária do *guṇa* passional, e é o grande mal e o grande devorador; fica sabendo que ele é o inimigo. [38]Como o fogo é obscurecido pela fumaça, como um espelho é coberto pelo pó, e como o embrião é envolvido pelo útero, assim é o ser vivo obscurecido pelo desejo incontrolável[103]. [39]Este inimigo eterno cobre até mesmo o conhecimento do sábio, ó *Kaunteya*, ao tomar a forma deste fogo insaciável, o desejo. [40]É dito que ele habita nos sentidos, na mente e na inteligência; através destes ilude a alma encarnada e nubla seu conhecimento. [41]Portanto, ó touro entre os *Bhārata*, tu deves controlar os sentidos primeiro; então destrói este mal, que é o destruidor do conhecimento e do autoconhecimento. [42]Dizem que os sentidos são elevados, mas acima dos sentidos está a mente. A inteligência é ainda superior à mente, mas superior até mesmo à inteligência é a alma. [43]Ó *Arjuna* de braços poderosos, por entenderes que tu mesmo estás acima da inteligência, deixa o *eu* conduzir tua mente e destruir o inimigo indomável que toma a forma de desejo incontrolável.

---

103. *Idam*, "isto" pode ser lido como "este mundo" também; assim, em vez de o ser vivo ser obscurecido pelo desejo, seria o mundo que é obscurecido pelo desejo.

Comentário

Arjuna pergunta sobre a força que leva alguém a realizar uma ação maligna, mesmo contra a própria vontade ou próprio interesse; *Kṛṣṇa* responde que é o desejo que está situado nos sentidos, na mente e na inteligência. Ele ofusca o verdadeiro conhecimento da alma, queima como um fogo insaciável e impele a pessoa a realizar uma ação maligna; o desejo é o inimigo interior e deve ser refreado através da restrição dos sentidos. O raciocínio subjacente parece ser: "o verdadeiro inimigo está dentro do indivíduo e se chama desejo incontrolável; derrote-o controlando teus sentidos e, para isso, tu deves exercitar o *karma-yoga*, ou realizar o teu dever segundo o *dharma* como uma prática de *yoga*, ou seja, luta externamente enquanto busca internamente a iluminação. O combate externo também contribuirá para o seu combate interno, pelo qual tu derrotarás o verdadeiro inimigo interno, o desejo incontrolável". Este argumento resume o capítulo e aponta para a relação entre a ação de acordo com o dever determinado pelo *dharma* e a ação interna segundo o *yoga* que visa a emancipação espiritual ou o *mokṣa*.

4
A ENCARNAÇÃO DA PESSOA SUPREMA

Kṛṣṇa é a Pessoa Suprema que aparece neste mundo para resgatar o *dharma*

[1]O bem-aventurado Senhor disse: Eu apresentei este *yoga* eterno a *Vivasvat*, o deus do sol; *Vivasvat*, por sua vez, o transmitiu a *Manu*, o pai da humanidade, e *Manu* ensinou este *yoga* a *Ikvśāku*. [2]Deste modo, este conhecimento foi transmitido através de uma sucessão tradicional de discípulos e como tal tornou-se conhecido pelos reis sábios; no entanto, depois de um longo período na Terra, este *yoga* foi perdido, ó *Paraṁtapa*. [3]Eu agora transmito esse mesmo *yoga* antigo a ti, pois tu és meu devoto bem como meu amigo; de fato, esse é o mistério supremo. [4]*Arjuna* disse: teu nascimento foi mais tarde, enquanto o nascimento de *Vivasvat* foi anterior; como posso compreender que tu ensinaste essa sabedoria a *Vivasvat* em um passado distante? [5]O bem-aventurado Senhor disse: por muitos nascimentos eu passei, e tu também, ó *Arjuna*; eu conheço todos eles, mas tu não os conheces, ó *Paraṁtapa*. [6]Embora eu nunca tenha nascido e eu seja imortal, e embora eu seja o senhor de todos os seres, quando eu assumo a natureza material a qual possuo e controlo, eu nasço através do meu próprio poder supremo. [7]De fato, sempre que ocorre um declínio no *dharma*, e uma onda de *adharma*, eu mesmo apareço. [8]Para salvar os bons e os piedosos, destruir os malfeitores e restabelecer o *dharma*, eu mesmo reencarno neste mundo era após era. [9]Aquele que assim conhece de verdade

o meu nascimento e atos divinos, depois de deixar o seu corpo, não reencarna neste mundo, mas ele vem a mim, ó *Arjuna*. [10]Livres do desejo, do medo e da ira, absortos em mim e buscando refúgio em mim, muitos foram purificados pelo fogo da sabedoria, e assim alcançaram minha natureza. [11]Conforme se entregam a mim, eu os recompenso na mesma proporção. De qualquer forma, os homens seguem meu caminho em todos os aspectos, ó *Pārtha*.

Comentário

O capítulo começa com *Kṛṣṇa* traçando a história do conhecimento que ele está apresentando; consequentemente, ele havia passado esse conhecimento do *yoga* para a humanidade em um passado distante, e agora ele passa este mesmo conhecimento a *Arjuna*. A qualificação dele para receber este conhecimento é a sua estreita relação com *Kṛṣṇa*, uma vez que *Arjuna* é seu devoto seguidor e, ao mesmo tempo, seu amigo. Como *Kṛṣṇa* é primo de *Arjuna* e tem idade semelhante, uma questão é naturalmente levantada: como é possível que *Kṛṣṇa* tenha passado esse conhecimento para o deus do sol no passado remoto, aparentemente alguns milhões de anos atrás? *Kṛṣṇa* responde que ambos passaram por muitos nascimentos no passado, nascimentos dos quais ele mesmo se lembra, enquanto *Arjuna* não. Neste ponto, *Kṛṣṇa* revela dramaticamente sua divindade e declara sua posição como o governante supremo de todos, possuindo poderes sobrenaturais. *Kṛṣṇa* agora propõe o famoso tema do avatar: onde quer que o *dharma* fique enfraquecido ou prejudicado, e o *adharma* esteja em ascensão – lá então ele aparece pessoalmente; o propósito de sua aparição é o restabelecimento do *dharma*, a proteção dos piedosos e a destruição dos malfeitores. Em seguida, *Kṛṣṇa* volta a abordar o tema do conhecimento, que constitui o tema principal do capítulo; ele declara que aquele que conhece a natureza de seu nascimento e ações alcança a libertação; aparentemente, muitos no passado que possuíam esse conhecimento foram purificados pelo fogo dessa sabedoria[104] e tiveram a sorte de alcançar *Kṛṣṇa*. Por fim, *Kṛṣṇa* define

---

104. Ou "a ascese do conhecimento".

a relação básica entre ele e os seres criados, a saber, a reciprocidade; conforme o indivíduo se relaciona com o Supremo, o Supremo se relaciona com ele. Esta seção oferece uma visão de mundo de "segundo andar"; deste ponto de vista, *Arjuna* vê os seres vivos presos em ciclos de nascimento e morte repetidos, juntamente com o conflito e luta eternos entre *dharma* e *adharma*, e ele vê a Pessoa Suprema intervindo na história, visando fortalecer e libertar os devotos. Por fim, explica-se o ideal da devoção pessoal como de libertação; daí o texto prossegue para discutir a natureza da atividade.

A doutrina da ação: Agir sem aprisionamento

[12]Aqueles que desejam sucesso através de rituais védicos, sacrificam aos deuses aqui neste mundo, pois o sucesso resultante de tais rituais, de fato, vem rapidamente no mundo dos homens. [13]Eu criei as quatro classes sociais de acordo com as divisões dos *guṇa* e modos de trabalho; embora eu seja o criador desse sistema, fica sabendo que eu sou eternamente um não realizador de ações. [14]As ações não me contaminam, pois não tenho desejo por seus frutos; nem é, quem me entende como tal, aprisionado por ações. [15]Como sabiam disso e desejavam a libertação, até os antigos recorreram à ação; portanto, tu também deves agir como os antigos fizeram no passado. [16]O que é ação? O que é inação? Até os sábios estão confusos sobre esse assunto. Agora vou explicar o tema da ação para ti; ao entender isso, tu estarás livre do mal. [17]É preciso saber o que é ação (*karman*), é preciso saber o que é ação imprópria (*vikarman*) e deve-se saber o que é inação (*akarman*), pois é realmente profundo o curso da ação. [18]Aquele que vê a inação na ação e a ação na inação é considerado como iluminado entre os homens; apesar de realizar todos os tipos de ações, ele está conectado[105]. [19]Aquele cujos esforços são desprovidos de intenção de satisfazer o desejo incontrolável e cujo *karman* foi queimado no fogo do conhecimento, é chamado de homem instruído pelos sábios iluminados. [20]Ao renunciar ao apego aos frutos da ação, sempre

---

105. Conectado – *yukta*.

satisfeito e autossuficiente, embora envolvido em atividades de fato, ele não faz absolutamente nada. [21]Livre de desejos e com sua mente controlada, tendo renunciado a toda ideia de possessividade e agindo apenas para as necessidades básicas do corpo, mesmo que envolvido em atividade, nenhuma reação maligna o toca. [22]Aquele que está satisfeito com o ganho que vem por si mesmo, que transcende as dualidades, que é desprovido de inveja e aceita tanto os sucessos como os fracassos, não é aprisionado mesmo quando age.

Comentário

Esta seção desenvolve ainda mais o tema da ação desinteressada[106]; para esse propósito, primeiro ela examina a natureza dos sacrifícios ritualísticos védicos realizados com o objetivo de alcançar o sucesso e a prosperidade mundanos[107]. A crítica implícita é que esses sacrifícios são realizados para meros ganhos mundanos, em oposição ao objetivo da libertação. Levando em conta que os sacrifícios védicos são realizados dentro da estrutura social do dharma chamada varṇāśrama, podemos fazer uma objeção; o que há de errado em realizar esses sacrifícios, por cujo desempenho o dharma está sendo devidamente seguido? Kṛṣṇa responde desenvolvendo ainda mais a filosofia de ação da Bhagavad-gītā; por comunicar com clareza a noção da ação "livre de carma", que é considerada "inação", ele aponta para o modo recomendado de adesão ao dharma em oposição à execução do dharma com o propósito de sucesso mundano. Kṛṣṇa primeiro analisa cuidadosamente a estrutura social védica e diz que a função do indivíduo dentro dessa estrutura é determinada por guṇa e karman, pois a alma é influenciada por uma certa mistura de guṇa, e essa mistura determina a tendência de trabalho (ou vocação) de uma pessoa. Dessa forma, aqueles que são influenciados pelos guṇa superiores são os brāhmaṇa; aqueles cuja natureza é constituída de uma mistura um pouco inferior de guṇa são os kṣatriya; aqueles cuja natureza é constituída de uma mistura um pouco mais inferior de guṇa são os

---

106. *BG* 2.47.

107. *BG* 2.42-43.

vaiśya; e aqueles influenciados por uma mistura ainda mais inferior de guṇa são os śūdra. Ao dizer isso, Kṛṣṇa leva a discussão para o "segundo andar", onde o ser humano é visto como uma alma encarnada influenciada pelos guṇa. Kṛṣṇa agora explica a maneira pela qual ele age; embora ele aja, ele mesmo não é um executor de ações. A razão é que ele não tem desejo pelos frutos das ações e, portanto, não é influenciado pelo karman ou reações; este é o ideal a ser seguido por Arjuna, o ideal da ação pura ou imaculada. Se Arjuna pudesse ver a si mesmo como uma alma encarnada influenciada por uma certa mistura de guṇa, levando-o a agir como um guerreiro, e se ele pudesse assumir esse papel para servir o propósito da libertação, ele poderia, então, agir puramente e ser considerado um "não executor de ações", mesmo durante a luta. Três conceitos são definidos: ação adequada[108], ação inadequada[109] e inação[110]. A ação é, então, realizada de acordo com o dharma e gera bons resultados como o sucesso mundano e a obtenção do céu. A atividade ritualística pertence a esta categoria e, portanto, a falha é inerente; afinal, produz karman, enquanto que a ação inadequada é oposta ao dharma e inclui atos ou pecados imorais. Essa ação resulta em vários tipos de sofrimento, como nascer novamente em planetas inferiores, em formas animais ou vegetais; e Arjuna considera que a luta consiste nesse tipo de ação. A ação do terceiro tipo é a mais interessante, e este é o ideal a ser seguido: é a inação, e, portanto, a ação desinteressada é considerada inação por estar livre do karman. Como a sugestão de Arjuna de abandonar totalmente a luta poderia ser categorizada agora? Poderia ser considerada uma ação adequada ou inadequada, mas certamente não seria considerada como inação.

Sacrifício como meio para alcançar o Supremo

> [23]As reações após a atividade (*karman*) se dissolvem para aquele que realiza o sacrifício, que está em um estado liberto e livre do apego, e com a mente entregue ao co-

---

108. Karman.

109. Vikarman.

110. Akarman.

nhecimento. [24]*Brahman* é a oferenda e *Brahman* é a oblação, que é derramada no fogo do *Brahman* por *Brahman*; aquele que assim contempla o ato de sacrifício, alcança o *Brahman*. [25]Alguns *yogin* adoram os deuses somente através do sacrifício, enquanto outros sacrificam através da oferenda no fogo do *Brahman*. [26]Outros ainda sacrificam os sentidos, tais como ouvir no fogo do autocontrole, enquanto alguns oferecem os objetos dos sentidos, como o som, no fogo dos sentidos. [27]Outros oferecem todas as ações dos sentidos e os movimentos do ar da vida no fogo do *yoga* do autocontrole, um fogo que é aceso pela tocha do conhecimento[111]. [28]Estritamente autocontrolados e seguindo votos rígidos, alguns sacrificam posses materiais, alguns sacrificam através de práticas de ascese, alguns através da realização de *yoga*, enquanto outros sacrificam através do estudo e recitação dos *Veda*. [29]Alguns oferecem a inspiração para a expiração e a expiração para a inspiração; restringindo assim o processo de respiração, eles têm a intenção de controlar o ar vital. [30]Outros, assim, restringindo a comida, oferecem o ar da vida para dentro de si; todos estes que sacrificam conhecem o significado do sacrifício e todos os seus pecados são destruídos pelo sacrifício. [31]Ao comer o néctar das sobras do sacrifício, eles vão para o eterno *Brahman*. Ó melhor dos *Kuru*, nem mesmo este mundo é para aqueles que não sacrificam; como então o seria o além-mundo? [32]Assim, diversos tipos de sacrifícios se espalham na boca do *Brahman*; fica sabendo que todos nascem da ação, pois conhecendo-os assim, tu deves alcançar a libertação. [33]O sacrifício do conhecimento é superior ao oferecimento de bens materiais, ó *Paraṁtapa*, pois o ponto culminante de todas as atividades, sem exceção, é a obtenção de conhecimento.

Comentário

A ideia da inação não é meramente teórica; é aplicada e praticada através da atividade sacrificial. Quando o sacrifício é acompanhado pelo verdadeiro conhecimento do propósito final por trás do sacrifí-

111. A "tocha do conhecimento": literalmente, "aceso pelo conhecimento".

cio, ou seja, alcançar o *Brahman*, e quando é motivado por um estado interno de desapego, a atividade sacrificial torna-se inação. Para exemplificar isso, vários tipos de sacrifícios são apresentados; alguns são védicos, como a adoração aos deuses ou o sacrifício de posses materiais, enquanto outros são feitos pelo *yoga*, como o sacrifício através do controle da respiração e o sacrifício dos objetos dos sentidos no "fogo dos sentidos". No entanto, o papel do conhecimento verdadeiro no sacrifício é essencial; não só a tocha do conhecimento acende o fogo do sacrifício, ou o dota com um significado mais profundo, mas o sacrifício do conhecimento é considerado a mais alta forma de sacrifício. O sacrifício pode também representar metaforicamente a batalha que está para começar; consequentemente, o campo de batalha pode ser percebido como uma enorme arena sacrificial, e a luta na guerra como uma atividade sacrificial[112].

O conhecimento e seus frutos

[34]Entende isso caindo aos pés dos mestres, fazendo-lhes perguntas e oferecendo-lhes serviço; ao fazê-lo, os homens de sabedoria e visão da verdade transmitirão conhecimento a ti. [35]Dotado desse conhecimento, tu não cairás novamente na ilusão, ó Filho de *Pāṇḍu*, e verás todos os seres vivos no *eu*, e, inclusive, dentro de mim. [36]Mesmo que sejas o pior pecador de todos os vilões, tu atravessarás todo o mal apenas subindo ao barco do conhecimento. [37]Ó *Arjuna*, assim como o fogo reduz a madeira a cinzas, o fogo do conhecimento reduz todo o *karman* individual a cinzas. [38]Pois neste mundo não há purificador igual ao conhecimento; aquele que alcançou a perfeição do *yoga*, no devido curso do tempo percebe isso dentro de si mesmo. [39]O fiel que deseja isso e domina os sentidos alcança esse conhecimento, e logo alcança a serenidade

112. Para esta metáfora, cf. *Mahābhārata*, 5.139.29-55: "Assim, *Kṛṣṇa* testemunhará o grande sacrifício da guerra e aceitará o papel do brâmane *adhvaryu* (oficiante); *Arjuna* aceitará o papel do fogo sacrificial e suas armas serão os mantras que realizam o sacrifício. *Bhīma* aceitará o papel de *udgātṛ* (um dos quatro sacerdotes principais, encarregado de recitar os hinos do *Sāmaveda*) e *Yudhiṣṭhira* o papel do *brāhmaṇa*; as lanças e clavas servirão como varas que iluminam o fogo do sacrifício e o sangue derramado constituirá a oferenda".

profunda. [40]Contudo, quem não tem fé, é ignorante e está crivado de dúvidas, perece; de fato, aquele que é cheio de dúvidas não conquista este mundo, nem o próximo, nem mesmo a felicidade. [41]O *Dhanaṁjaya*, aquele que renunciou à atividade através do *yoga*, cujas dúvidas foram cortadas pelo conhecimento e é autossuficiente, não está atado por ações. [42]Portanto, ó *Bhārata*, deves cortar a dúvida que vem de nada além da ignorância do teu coração, e com tua própria espada do conhecimento, recorre ao *yoga* e levanta-te para a batalha!

Comentário

Esta seção carregada de metáforas resume o capítulo enquanto ela retorna ao tema de abertura, ou seja, o conhecimento e o processo de sua recepção. O conhecimento é obtido do guru, que representa a sucessão ininterrupta de professores chamada *paramparā*; para adquirir tal conhecimento, o estudante deve se prostrar aos pés do mestre, fazer-lhe perguntas e fornecer-lhe serviços pessoais. Esse professor possui não apenas conhecimento teórico, mas também experiência direta, visão ou *darśana*. O conhecimento liberta a pessoa não apenas da ilusão, mas também do mal, pois ele "queima" a reação aos atos ou *karman* do indivíduo, e isso é ilustrado por duas metáforas; o barco e a fogueira. Para obter tal conhecimento, deve-se estar mergulhado na fé, pois o que duvida não alcançará tal conhecimento, ele não será bem-sucedido neste mundo ou no próximo. Aquele que é capaz de superar suas dúvidas através deste conhecimento se torna livre do aprisionamento material e *karman*. O capítulo termina assim com a instrução de que *Arjuna* deve manejar a espada do conhecimento, livrar-se de suas dúvidas, levantar-se e lutar. Primeiro, deve ser empreendido o combate interno contra a dúvida e a ignorância deve ser combatida e, após vencer essa batalha interna, a batalha externa deve ser enfrentada.

5

O CAMINHO DA AÇÃO ILUMINADA

PARTE II

O caminho do conhecimento e o caminho da ação levam à libertação, mas a ação é preferível

[1]*Arjuna* disse: ó *Kṛṣṇa*, enquanto me exortas a desistir da ação, tu louvas o caminho da ação pelo *yoga*; por favor, deixa claro para mim qual dos dois é preferível? [2]O bem-aventurado Senhor disse: Tanto a renúncia à atividade como a ação pelo *yoga* conduzem ao bem maior, mas, das duas, o *karma-yoga* ou a ação pelo *yoga* excede em absoluto a ação de renúncia. [3]Aquele que não odeia nem deseja deve ser conhecido como alguém que está sempre em estado de renúncia; indiferente às dualidades, ele é facilmente libertado do aprisionamento material, ó *Arjuna* de braços poderosos. [4]Não são os instruídos, mas sim os tolos que afirmam que *sāṅkhya* e *yoga* são diferentes e separados, pois cada um deles, quando apropriadamente praticado, produz o fruto de ambos. [5]Aqueles que praticam *yoga* também podem alcançar a posição alcançada pelos praticantes do *sāṅkhya*; aquele que vê que *sāṅkhya* e *yoga* são uma e a mesma coisa realmente vê. [6]É difícil, de fato, alcançar a renúncia que não é apoiada pela prática do *yoga*, mas o sábio absorto no *yoga* rapidamente alcança o *Brahman*.

Comentário

A ação deve ser abandonada ou praticada? Esta questão fundamental que inclui o dilema central da *Bhagavad-gītā* já foi levantada e discutida[113], mas devido à sua importância, ela abre este capítulo e, desta vez, com uma ênfase ligeiramente diferente. A resposta dada é que, enquanto os dois caminhos, o da ação e o da renúncia, conduzem ao bem supremo, prefere-se o caminho da ação pelo *yoga* invés do caminho teórico, que rejeita a ação em favor da renúncia e o desenvolvimento do conhecimento teórico. A razão para isso é que a renúncia é difícil de se alcançar sem o apoio do *yoga*; é assim porque a mera rejeição da vida mundana por aversão e pela consideração de sua natureza ilusória leva a pessoa à contemplação negativa do mundo. Em outras palavras, a manutenção de um espírito imparcial pode exigir uma atitude de aversão ou repulsa que mantenha a mente absorta no mundo e impeça o desenvolvimento da indiferença; dessa forma, por esse caminho, consegue-se apenas uma renúncia superficial. Por outro lado, aquele que atingiu a fase de felicidade interior, ou uma experiência de *yoga* real e positiva, pode de fato se desapegar do mundo, já que o mundo externo dos objetos dos sentidos não pode se comparar ao mundo interior mais rico alcançado pelo indivíduo. A seção é resumida ao se afirmar que é difícil alcançar a renúncia que não é apoiada pela prática do *yoga*; este tópico requer um esclarecimento adicional e, de fato, ele tornou-se o tema central deste capítulo.

Desprendimento externo e felicidade interna

[7]Aquele que está absorto no *yoga*, que é uma alma pura, que é autocontrolado e subjugou seus sentidos, e que está profundamente relacionado com todos os seres vivos, nunca é corrompido, embora ele aja[114]. [8-9]"Eu não estou

113. *BG* 3.1-8.

114. A frase *sarva-bhūtātma-bhūtātmā* nos convida a várias interpretações. Śaṅkara interpreta que a frase apoia a doutrina *advaita*, em que uma alma específica se tornou una com todas as almas. A interpretação de Rāmānuja é que "ele acha que o seu *eu* é semelhante ao *eu* de todos os seres". Eu traduzi como "profundamente relacionado a todos os seres", que aceita assim várias relações possíveis entre si e todos os seres: unidade, semelhança, e considera todos os seres queridos para si mesmo.

realmente fazendo nada", reflete o conhecedor da verdade absorto no *yoga*. Ao ver, ouvir, tocar, cheirar, comer, caminhar, dormir, respirar, evacuar, receber, abrir ou fechar os olhos, ele medita e considera tudo isso como nada além dos sentidos atuando entre os objetos dos sentidos. [10]Aquele que age sem apego, oferecendo suas ações ao *Brahman*, não é maculado pelo mal, como a folha de lótus não é tocada pela água. [11]Ao deixar de lado os apegos, os *yogin* agem com a mente, inteligência, corpo e até mesmo com os sentidos para o propósito da purificação pessoal. [12]Ao desistir dos frutos das ações, aquele que está absorto no *yoga* obtém a paz profunda e duradoura. No entanto, aquele que não mantém esse estado de espírito, que está ligado a esses frutos e age com desejo por eles, está aprisionado. [13]Quando a alma que reside no corpo renuncia a todas as ações mentalmente, ela permanece feliz e governa a cidade de nove portões (o corpo), não agindo nem acumulando *karman*.

Comentário

O praticante de ações ideal não é contaminado por suas ações, já que seu modo de ação é o *yoga*, isto é, é o *karma-yoga* ou o "*yoga* da ação"; a seção examina a atitude interna desse mestre de atividades, cuja posição é resumida pela afirmação "na verdade, não estou fazendo nada". Enquanto habita no corpo, ele observa seus sentidos envolvidos com seus objetos, como se estivesse observando um fenômeno externo. Assim, ele vê que os sentidos são conduzidos pelos objetos dos sentidos, ou vistos de uma perspectiva mais ampla, pelos *guṇa*. A décima estrofe leva essa ideia a um passo adiante; ela não apenas descreve como a ação é externa a si mesma, mas também oferece ao indivíduo um modo de agir sem ser contaminado pela atividade, e isso tudo através da dedicação das atividades ao *Brahman*. A noção de *Brahman* logo se desenvolverá em uma noção concreta e personalizada, com o chamado para dedicar sacrifícios e austeridades à Pessoa Suprema[115]. O objetivo do *yogin* descrito nesta seção é a purificação interior e, para consegui-la, ele utiliza corpo, alma, inteligência e até

---

115. *BG* 5.29.

o mais perigoso de todos: os sentidos. Seus esforços lhe permitem alcançar um estado interno de profunda paz e felicidade; esse prazer interior do *yogin*, cujo objetivo é a purificação, explica como a renúncia externa deveria ser apoiada pelo *yoga*, ou por um constante esforço interno em direção à purificação. Assim, enquanto a renúncia por si só requer um estado mental de constante aversão ao mundo, a renúncia que é apoiada pelo *yoga* é caracterizada por um estado de satisfação e felicidade interior.

No entanto, quem é o executor da ação?

> 14O senhor do corpo (a alma) não é a causa da ação, nem da relação de ação com seus frutos; tudo isso é posto em movimento pela própria natureza do indivíduo. 15O Supremo também não aceita a responsabilidade pelos feitos errados de alguém nem por suas boas ações; é a ignorância que cobre o conhecimento e faz com que os seres vivos caiam na ilusão. 16Mas para aqueles cuja ignorância a respeito do *eu* é destruída pelo conhecimento, aquele conhecimento que é brilhante como o sol, revela o Supremo. 17Aqueles cuja consciência, o próprio eu, determinação e devoção são todos dirigidos ao Supremo, nunca mais voltam, visto que o conhecimento limpou suas falhas. 18Os sábios, de fato, são aqueles que não veem diferença entre um brâmane erudito de conduta distinta, uma vaca, um elefante, um cão e até mesmo um devorador de cães.

Comentário

Depois de aprender que a alma que habita no corpo não é a causa da ação representada pela inter-relação entre os sentidos e seus objetos[116], surge a pergunta: quem, no entanto, realiza a ação e é responsabilizado por ela? Parece que três respostas são possíveis: a alma, a natureza e o Supremo. Para elucidar essa ideia, podemos oferecer um exemplo: um ladrão é pego em flagrante pela polícia, é sentenciado e

116. *BG* 5.8-9.

enviado à cadeia. A questão que pode surgir é: quem é responsável por seu aprisionamento? Três possíveis respostas podem ser oferecidas:

1) Ele sozinho trouxe a punição para si mesmo (a alma).

2) Os policiais que o pegaram, o algemaram e o trancaram atrás das grades (natureza).

3) O juiz que o condenou a ser preso (o Supremo).

Parece que todas as três respostas poderiam ser aceitas como verdadeiras, e cada uma delas poderia ser enfatizada às vezes. A presente discussão está relacionada com o *karma-yoga*, que representa um estado de ação que entrelaça a um estado de espírito interno segundo o *yoga* com uma ação externa. Como a compreensão da encarnação implica uma sensação de estar desamparado sob a imposição dos *guṇa*, o texto aqui aponta para a natureza, que é constituída pelos *guṇa* como responsáveis pela ação externa. Isso deixa o *yogin* responsável pela atividade interna, ou seja, lutar pela purificação e libertação, enquanto, no lado oposto, a ignorância, que cobre a pessoa com ilusão, pode ser culpada pela ausência de atividade interna. As estrofes 14 e 15 podem ser lidas agora à luz dessa visão; primeiro, afirma-se que não é a alma que induz à atividade, mas sim a natureza humana[117]. Em seguida, afirma-se que o Supremo não é responsável pelas boas ou más ações, e finalmente se diz que a ignorância é a causa da ilusão. A conclusão é que é a natureza humana que, de fato, é responsável pela ação e seu efeito ou reação cármica; esta resposta é, assim, adequada para o nível de *karma-yoga*, o nível do qual o capítulo trata. Após essa discussão, o texto prossegue apontando para o remédio da ignorância, ou seja, o conhecimento; ele brilha como o sol e revela o Supremo. Além disso, aqueles que alcançaram tal conhecimento veem claramente o objetivo e avançam em direção a ele, até que alcancem a libertação do *saṁsāra*. O conhecimento tem uma característica de limpeza, uma ideia que é encontrada no final do capítulo 4[118]. Aqueles que possuem tal conhecimento ganham uma visão equânime, e assim consideram o brâmane e o devorador de cães como iguais; é assim porque ambos são de fato almas presas dentro de corpos.

---

117. Indicado pela palavra *svabhāva*.

118. *BG* 4.37.

O *yogin* ideal

[19]Aqueles que alcançaram a equanimidade mental venceram o ciclo reencarnatório mesmo enquanto viviam neste mundo; eles estão estabelecidos no *Brahman*, pois o *Brahman* é de fato impecável e imparcial. [20]Tal pessoa pode não se alegrar ao atingir o desejado, nem se lamentar de receber o indesejado. Com uma consciência firme e não iludida, ele é um verdadeiro conhecedor do *Brahman*; dessa forma, ele está estabelecido no *Brahman*. [21]Ele está desapegado de contatos sensórios externos, ele encontra em si mesmo grande êxtase, ele está absorto no *Brahman* através do *yoga* e, como tal, ele aprecia a felicidade permanente. [22]Esses prazeres que surgem dos contatos dos sentidos são, de fato, apenas fontes de miséria; além disso, eles têm um começo e um fim; assim, os iluminados não se alegram com eles. [23]Aquele que pode suportar os ímpetos originados do desejo incontrolável e da ira neste mundo, antes de ser libertado do corpo, já está conectado e é uma pessoa feliz. [24]Aquele cuja felicidade é interna, cujo prazer é interno e cuja iluminação também é interna, é na verdade um *yogin*; com todo o seu ser absorto no *Brahman*, ele alcança a extinção no *Brahman*. [25]Os videntes cujos males foram erradicados, livres de dúvidas, autocontrolados e que querem o bem-estar de todos os seres, atingem a extinção no *Brahman*. [26]Para aqueles libertos do desejo incontrolável e da raiva, que são ascetas de mente controlada e que conhecem o *eu*, para eles, a extinção no *Brahman* está próxima. [27-28]Interrompendo o fluxo das impressões dos sentidos, focalizando o olhar entre as sobrancelhas, equilibrando a inspiração e a expiração nas narinas, restringindo os sentidos, a mente e a inteligência, assim, o sábio que tem a intenção de se libertar e cujos desejos, medo e raiva se foram, está de fato para sempre liberto. [29]Conhecendo-me como o desfrutador de sacrifícios e asceses, como o grande Senhor de todos os mundos, e como o amigo que deseja bem a todos os seres, ele alcança, portanto, uma paz profunda.

Comentário

O capítulo conclui com a descrição do *yogin* ideal; por um lado, ele rejeita as experiências sensórias externas, enquanto, por outro, ele cultiva a felicidade interior. Isso elucida a declaração feita no início do capítulo, afirmando que é difícil alcançar a renúncia a menos que ela seja apoiada pela prática do *yoga*[119]. A felicidade externa e a felicidade interna são contrastadas; a felicidade externa origina-se de experiências sensórias efêmeras e, assim, produz apenas sofrimento, ao passo que a felicidade interna, obtida por meio da purificação, autocontrole e imersão em *Brahman*, é eterna e interminável. A expressão "*brahma-nirvāṇa*"[120] aparece três vezes; não é necessariamente uma expressão budista emprestada, mas ao invés disso, possui sua própria lógica no âmbito da *Bhagavad-gītā*. A lógica é que quem alcançou a felicidade interior eterna o faz concomitantemente com a extinção de sua existência terrena: não há mais *saṁsāra*, nem mais *karman* e nem mais controle pelos *guṇa*. Outro conceito mencionado aqui é o conceito do *yogin* já liberto neste corpo e neste mundo, também conhecido como *jīvan-mukta*; isso sugere que é possível viver no mundo e continuar com os deveres segundo o *dharma* enquanto se mantém uma consciência interior de *yogin*. Essa discussão expande o quinto passo na escada ética da autotranscendência, um passo de alegria interior que representa uma renúncia gradual aos apegos mundanos, juntamente com um estabelecimento gradual na realidade espiritual. Finalmente, a condição *yogin* chamada *pratyāhāra* ou "recolhimento" é descrita[121]; ao relacionar o recolhimento ao *karma-yoga*, o texto irá agora discutir a retirada do ponto de vista do *aṣṭāṅga-yoga*, e este é o assunto do próximo capítulo. Na estrofe final, *Kṛṣṇa* indica a si mesmo como o objetivo supremo; o objetivo mencionado até aqui, de um modo geral e impessoal como "*Brahman*" ou "Supremo", gradualmente se desenvolverá no Supremo em Pessoa, e essa progressão alcançará seu ápice nos capítulos 7 e 9.

---

119. *BG* 5.6.

120. Extinção no *Brahman*.

121. Estrofes 27-28.

6
O CAMINHO DO *YOGA* CLÁSSICO

A mente é tanto amiga quanto inimiga

[1]O bem-aventurado Senhor disse: Aquele que cumpre o seu dever independentemente dos frutos de suas ações, é de fato um renunciante e um *yogin*, e não aquele que não acende o fogo do sacrifício ou evita realizar seus deveres. [2]Aquilo que é chamado de renúncia, fica sabendo que é o mesmo que *yoga*, ó *Pāṇḍava*, assim como, de fato, ninguém pode se tornar um *yogin* sem primeiro renunciar a qualquer desejo egoísta. [3]Para o sábio que deseja progredir no caminho do *yoga*, a ação é considerada o meio, ao passo que para aquele que progrediu e atingiu o auge do *yoga*, a extinção das atividades externas é considerada o meio. [4]Quando o indivíduo perde o interesse nos objetos dos sentidos, bem como em atividades, e desiste de quaisquer iniciativas externas, diz-se que o auge do *yoga* foi alcançado por ele. [5]Deve-se usar a mente para elevar-se e não se degradar, pois a mente é, de fato, o único amigo do indivíduo – e seu único inimigo também. [6]Para quem conquistou a mente, esta mesma mente será sua amiga, mas para alguém que não conseguiu fazê-lo, sua mente será uma inimiga implacável. [7]Para aquele que conquistou sua mente e, consequentemente, alcançou uma paz mental, a visão da Pessoa Suprema no coração pode ser firmemente mantida no calor e no frio, na felicidade e aflição e na honra e desonra. [8]Aquele que está absorto tanto no conheci-

mento e na compreensão e está, portanto, contente, fixo em contemplação e que conquistou os sentidos – esse *yogin* de fato conectado. Com a mesma simpatia, ele olha para um pedaço de barro, uma pedra e um pedaço de ouro. 9No entanto, mais elevado é aquele que considera igualmente amigos, aliados, inimigos, as partes neutras e não envolvidas, homens odiosos, parentes, justos e perversos.

Comentário

Este capítulo lida com o tópico do *yoga* clássico, que é um sistema psicofísico através do qual se refina a consciência através de fases variadas que leva ao estado de *samādhi* ou introversão iluminada. O capítulo é aberto com uma discussão que contrasta a atividade e o envolvimento em execuções ritualísticas sacrificiais, com a renúncia e o abandono da atividade; esta é a terceira discussão sobre este tópico[122]. Aqui, também, o *yoga* é recomendado, mas não o *karma-yoga*, e sim o *yoga* de oito fases, chamado de *aṣṭāṅga-yoga*, ou um método similar; a terceira estrofe sugere este caminho transformacional segundo o *yoga* mencionando "ascensão", insinuando a semelhança com a subida de uma escada. No início do caminho do *yoga*, a ação é respeitada, enquanto nas fases posteriores e avançadas a ação é abandonada[123]; assim, os degraus inferiores dessa escada são ativos e mais externos, enquanto os degraus mais altos dessa escada são contemplativos e mais internos. Os quatro degraus inferiores – *yama*, *niyama*, *āsana* e *prāṇayāma* – requerem prática ativa, através de autocontrole, injunções a serem seguidas, do exercício de posturas de *yoga* e do exercício da respiração *yogin*. Por outro lado, os degraus mais altos – *pratyāhara*, *dhāraṇā*, *dhyāna* e *samādhi* – requerem mais introversão, caracterizada pela cessação da prática ativa; dessa forma, *pratyāhara* requer desapego dos objetos dos sentidos, *dhāraṇā* exige concentração interna, *dhyāna* envolve meditação e o estado de *samādhi* é totalmente introvertido.

---

122. Os outros dois são *BG* 3.1-8 e 5.1-6.

123. *BG* 6.3.

Depois disso, a discussão se volta para a mente e o controle dela; como a restrição e purificação da mente estão no coração do método do *yoga*, o praticante investe um grande esforço para alcançar esse fim. A mente desenfreada vagueia e é atraída para os objetos dos sentidos, aprisionando a alma cada vez mais no mundo, removendo-a ainda mais do caminho da libertação. Por outro lado, a mente contida está envolvida em meditação e purificação e, assim, liberta a alma de seus laços mundanos. Portanto, a mente pode ser considerada tanto amiga quanto inimiga, dependendo de estar ou não contida. O termo *paramātman*[124] parece sugerir o *antaryāmin*, às vezes referido como a segunda pessoa que habita no coração, que é um dos objetos da meditação através do *yoga*. No final da seção, o ideal de indiferença e equanimidade reaparece, e seja intencionalmente ou não, a indiferença em relação a inimigos e aliados é mencionada.

A prática de *yoga*

> [10]O *yogin* deve estar constantemente absorto na autocontemplação, na solidão e sozinho, autocontrolado, sem desejo e sem posses. [11]Ele deve se estabelecer em um lugar firme, com assento firme, nem muito alto nem muito baixo, e deve cobri-lo com um pano, uma pele de cervo e relva *kuśa*. [12]Neste assento, ele deve focar sua mente em um ponto, controlar suas atividades mentais e sensórias e praticar *yoga* para a autopurificação. [13]Mantendo o corpo, cabeça e pescoço eretos e imóveis, fixando o olhar na ponta do nariz, sem olhar para o lado, [14]em um estado de profunda serenidade, sem medo, firme no celibato, mente subjugada, com a consciência fixa em mim, ele deve se sentar concentrado e me contemplar como o Supremo. [15]Dessa forma, conforme o *yogin* se absorve no *yoga* com uma mente controlada, ele alcança a paz, a completa extinção e união comigo.

124. *BG* 6.7.

Comentário

É apresentada uma breve exposição do sistema de *yoga*; a descrição inclui termos familiares do *Yogasūtra*, como *āsana*[125], *sthira*[126], *ekāgra*[127] e *citta*[128]. Quando lida com cuidado, torna-se evidente que esta seção condensada delineia todo o sistema de *yoga* desde o primeiro passo, *yama*, até o oitavo passo de *samādhi*[129]. Assim, o termo *yata-cittātmā*[130] é mencionado; refere-se a restringir o *eu* ou a mente, e denota um significado similar ao famoso aforismo do *Yoga-sūtra yogaścitta-vṛtti-niroddhaḥ*[131], traduzido como "o *yoga* é a restrição das flutuações mentais". O termo *aparigraha*[132] refere-se à quinta fase do *yama*, que significa ausência de possessividade[133], e o termo *śaucam*[134] refere-se à primeira fase do *niyama* e pode ser traduzido como pureza ou limpeza[135]. A frase *sthiram āsanam*[136] parece estar intimamente relacionada com a frase *sthira-sukham āsanam* que pode ser traduzida como "a postura deve ser firme e trazer felicidade"[137], e o termo *tatraikāgraṁ manaḥ*[138] parece referir-se ao estado mental de *ekāgra*[139], significa

125. Assento, postura.

126. Firme.

127. Atenção voltada para um só ponto.

128. Mente, consciência.

129. Perfeição pelo *yoga*, atenção interna suprema.

130. *BG* 6.10.

131. *Yogasūtra* de *Patañjali* (daqui em diante, *YS*), 1.2.

132. *BG* 6.10.

133. Cf. *YS* 2.30.

134. *BG* 6.11.

135. Cf. *YS* 2.32.

136. *BG* 6.11.

137. *BG* 2.46.

138. *BG* 6.12.

139. Cf. *YS* 2.41; 3.11-12.

"mente direcionada para um só ponto". Apesar da aparente semelhança com o *Yoga-sūtra*, esta seção difere dele devido ao tom pessoal, expresso através da concentração na Pessoa Suprema como o principal objeto de meditação; parece que a versão do *yoga* da *Bhagavad-gītā* é mais teísta, visto que a Pessoa Suprema não é apenas o objeto da meditação, mas essa união com ele compreende o estado de *samādhi*.

O caminho do meio e o estado de *samādhi*

> [16]O caminho do *yoga* não é bom para quem come muito, nem para quem come pouco, nem para quem dorme em demasia nem para quem está sempre acordado. [17]Para aquele que é moderado e refreado na alimentação, diversão e atividades, no sono e na vigília, o *yoga* dissipa todo o sofrimento. [18]Quando um homem de consciência contida está absorto apenas no *eu*, desprovido de qualquer sinal de desejo ou desejo incontrolável, diz-se que ele está realmente conectado. [19]Como diz o ditado familiar, a chama da vela em um lugar sem vento não tremula; assim o é para o *yogin* de mente controlada absorto e focado no *yoga* do *eu*. [20]Quando a consciência repousa pacificamente, restringida pela prática do *yoga*, então o *eu* pode se ver diretamente e ficar assim satisfeito consigo mesmo. [21]Neste ponto ele experimenta uma felicidade infinita, que é percebida através de uma consciência interna além dos sentidos; firmemente estabelecido, ele não se desvia da verdade. [22]Ao atingir isto, ele considera que não há outra conquista maior e, assim situado, mesmo a infelicidade extrema não o abala. [23]Fica sabendo que a dissolução da união profunda com a infelicidade é chamada de *yoga*, e deve ser praticada com determinação sincera.

Comentário

O "caminho do meio" ou a prática moderada do *yoga* é necessário; o gozo excessivo não é recomendado nem é ascetismo extremo. A razão é que ambos despertam uma noção de preocupação consigo mesmo, uma mentalidade que atrapalha o *yogin* no progresso ao longo do caminho do *yoga*. Esta moderação, que se aplica aos degraus inferiores da escada do *yoga*, não só alivia o sofrimento, que é um resultado natural da existência encarnada, mas traz alegria ao elevar a pessoa ao estado do *guṇa* da bondade. Após esse cultivo da prática moderada, é descrita a fase de pacificar a consciência através da meditação e a condição do *eu* experimentar a si mesmo diretamente, alcançando subsequentemente a satisfação interior[140]. A consciência pacífica é exemplificada por meio de uma metáfora: a chama da vela, estável na ausência de vento, exemplifica a consciência do *yogin* quando fixa e livre de flutuações mentais. Por fim, após o estado de meditação profunda, aparece o ponto culminante da prática de *yoga*, ou seja, *samādhi*[141]. A experiência do *samādhi* envolve não apenas a felicidade, mas também uma compreensão da verdade de uma maneira não intelectual e direta, percebida sem a perturbação geralmente causada pelas flutuações da mente e dos sentidos. O que acontece no coração do *yogin* durante o estado de *samādhi*? Sem dúvida, é difícil entender a experiência do *yogin* em um estado tão introspectivo e introvertido; ainda assim, pode-se supor que possivelmente ele encontre o *paramātman*[142] dentro de si mesmo, e esse encontro produz uma profunda experiência espiritual. Também é possível que ele se sinta espiritual, assim como tudo ao seu redor, semelhante à visão descrita no capítulo anterior[143]. Outras experiências, como experimentar a unidade com o *Brahman*, ou várias experiências devocionais teístas, também são concebíveis. Essas experiências são tão intensas que o indivíduo não deseja mais nada; além disso, nada pode perturbar a mente de quem alcançou esse estado ou atraí-lo para retornar ao mundo externo. A seção termina com a declaração de que esse estado de consciência constitui a ruptura do vínculo profundo com o sofrimento, ou o mundo do *saṁsāra*, e, portanto, deve ser praticado com rigor; esta seção, sem dúvida, oferece uma das descrições mais primorosas e belas conhecidas, que descreve o estado de *samādhi*.

---

140. *BG* 6.19-20.

141. *BG* 6.21-23.

142. *Antaryāmin*, a pessoa divina dentro do coração.

143. *BG* 5.18.

A luta compensadora contra a mente turbulenta

[24]Deixando de lado todos os desejos decorrentes das intenções mundanas, ele deve subjugar completamente os sentidos em conjunto através da mente. [25]Pouco a pouco, ele deve descansar a mente, enquanto controla firmemente a consciência; ele deve fixar a mente no *eu*, contemplando mais nada. [26]Para qualquer objeto ou lugar que a mente vacilante e instável vagueie, ela deve ser contida e trazida de volta ao controle do *eu*. [27]O *yogin* que elevou sua mente a um estado de serenidade, na verdade, atingiu a mais alta felicidade; com as paixões pacificadas, ele se torna impecável e completamente absorto no *Brahman*. [28]O *yogin* que constantemente pratica isso, torna-se livre de mácula; ele se aproxima do *Brahman* facilmente e alcança a felicidade infinita. [29]Aquele que está profundamente absorto no *yoga* visualiza o *eu* como presente em todos os seres e imagina todos os seres como presentes no *eu*; assim, ele alcança uma visão equânime em todas as circunstâncias. [30]Pois quem me vê em toda parte e vê tudo em mim, nunca fico perdido, nem ele está perdido para mim. [31]Aquele que está absorto na visão da unidade e sob qualquer circunstância me adora como presente em todos os seres – ele é um *yogin* de fato, e em mim ele habita. [32]Ó *Arjuna*, aquele que em relação a si mesmo vê todos os seres com equanimidade, seja na felicidade ou aflição, é considerado o *yogin* supremo.

Comentário

O esforço exigido de um *yogin* com desejo de conter a mente parece ser nada menos que uma batalha feroz. De acordo com o conceito do *yoga*, a mente é percebida como um órgão sutil que regula a atividade dos sentidos e passa as impressões reunidas pelos sentidos para o intelecto e daí para a alma. Emoções, pensamento e desejo estão todos dentro da função da mente, e isso em contraste com o intelecto que analisa informações e alcança conclusões consistentes. A natureza da mente é tempestuosa e caprichosa e sua proximidade com os sentidos a enche de desejos incessantes, com um fluxo contínuo de pensamentos e com numerosos sentimentos diferentes que culminam em atração e repulsão. Uma mente desenfreada liga a alma continuamente ao mundo, uma vez que esta condição serve como um estimulante para o envolvimento mundano. O estudo sistemático da mente e seus vários estados é o cerne do sistema de *yoga*, e igualmente o é o grande esforço para seu controle. Quando a mente turbulenta é refreada, contida e subsequentemente se torna inativa, ela se transforma em uma ajuda poderosa para a meditação; neste ponto, ela deixa de obstruir o progresso do *yogin* e é transformada de inimiga em amiga. Quando a mente para de obstruir a experiência da espiritualidade, várias experiências interiores que podem ser consideradas estados místicos aparecem, e algumas são descritas aqui; o primeiro é o estado abençoado que acompanha a experiência de *Brahman*[144], seguido de uma experiência unificadora de natureza impessoal, na qual as almas encarnadas são vistas em toda parte[145]. Em outra visão o *yogin* vê a Pessoa Suprema sempre e em todo lugar, e vê que tudo depende dele[146]; isso pode muito bem referir-se à experiência da Pessoa Suprema no coração ou *paramātman*, que é dito estar presente em todos os lugares e que mantém tudo. Um toque pessoal é expresso através das calorosas relações entre o *yogin* e a Pessoa Suprema; dito de outra forma – o tipo de *yoga* descrito aqui tem um toque notável de *bhakti* ou devoção. Finalmente, o *yogin* vê todas as variedades de seres vivos com igualdade e em comparação consigo mesmo[147]. Dessa forma, parece que as várias experiências espirituais ou do *yoga* são variadas e pessoais, ou seja, vários *yogin* podem ter experiências e visões espirituais diferentes.

A natureza da mente e o esforço contínuo pela perfeição

> [33]*Arjuna* disse: Ó *Madhusūdana*, este sistema de *yoga* e a equanimidade que você acaba de propor parecem-me não ter um embasamento firme, porque a mente é caprichosa demais. [34]Pois a mente é inquieta, impetuosa, poderosa e

144. *BG* 6.28.

145. *BG* 6.29.

146. *BG* 6.30.

147. *BG* 6.32.

obstinada, ó *Kṛṣṇa*, e acredito que contê-la seria tão difícil quanto conter o vento que sopra. [35]O bem-aventurado Senhor disse: indubitavelmente, ó homem de braços poderosos, a mente é inquieta e difícil de ser contida; ainda assim, pode ser controlada por prática e desapego constantes. [36]Embora eu concorde que este sistema de *yoga* é difícil para alguém cuja mente é descontrolada, ele é, no entanto, possível para alguém que se esforça para tal moderação por meios de adaptação. [37]*Arjuna* disse: Qual é o destino de alguém que segue este caminho fielmente, mas sem se conter? Sua mente, assim, se desvia do caminho do *yoga*, e assim ele não alcança o estado de perfeição; para onde ele irá? [38]Ó *Kṛṣṇa*, ele não se desvanece como uma nuvem dividida, perdendo os dois mundos, sem terra firme e desviado do caminho que leva ao *Brahman*? [39]Ó *Kṛṣṇa*, por favor, dissipa totalmente essa minha dúvida, pois ninguém pode dissipar isso, a não ser tu mesmo. [40]O bem-aventurado Senhor disse: Ó *Pārtha*, neste mundo nem no próximo ele se deparará com a destruição; ó meu amigo, aquele que faz o bem nunca terá um mau destino. [41]Ao atingir os mundos dos justos e permanecer nele por anos sem fim, aquele que se desviou do caminho do *yoga* renasce no lar de pessoas puras e justas, ou numa família próspera e aristocrática. [42]Ou então, ele nasce em um clã de *yogin* iluminados; sem dúvida, tal nascimento é raro neste mundo. [43]Daí ele recupera a consciência adquirida em sua vida anterior e, a partir daí, volta à perfeição. [44]O poder de sua prática anterior o atrai para o caminho do *yoga*, às vezes, até mesmo sem desejar, e ele deseja conhecê-lo; assim, ele transcende as palavras dos *Veda*. [45]Purificado de todos os males e alcançada a perfeição pela prática da restrição depois de muitos nascimentos, ele então segue para o objetivo supremo. [46]O *yogin* é superior aos ascetas, o *yogin* é superior aos intelectuais e o *yogin* é superior aos praticantes de rituais; portanto, ó *Arjuna*, sê um *yogin*! [47]E de todos os *yogin*, aquele cujo *eu* interior está absorto em mim e que me adora com fé e amor, eu considero ser o melhor de todos os *yogin*.

Comentário

Arjuna duvida da praticidade do sistema de *yoga*; já que o sucesso depende da restrição da mente, e como a mente é contida apenas com grande dificuldade, a missão exigida parece impossível. *Kṛṣṇa* concorda que a tarefa é difícil, mas argumenta que, com prática constante, acompanhada de renúncia e desapego, a tarefa pode ser realizada. *Arjuna* levanta ainda outra questão: qual é o destino de alguém que tenta seguir este caminho e renuncia ao mundo, mas mesmo assim se mostra fraco demais para atingir a perfeição; ele não perde os dois mundos? Em sua resposta empática *Kṛṣṇa* tranquiliza *Arjuna* e declara que aquele que faz o bem nunca se deparará com o mal. Portanto, alguém que tenha praticado *yoga* e não conseguiu libertar-se do *saṁsāra* viverá por muitos anos nos mundos celestiais e, depois disso, ele renascerá em uma boa família, talvez até em uma família de *yogin*. Neste momento, sua consciência espiritual adormecida desenvolvida na vida anterior despertará, e ele continuará seus esforços em direção à libertação a partir do ponto em que parou. Assim, ele obterá os dois mundos – este mundo, desfrutando dos mundos celestes e, depois, a libertação final. A estrofe de encerramento do capítulo é sem dúvida um dos pontos culminantes da *Bhagavad-gītā*: *Kṛṣṇa* exorta *Arjuna* a aceitar o caminho da devoção, levando em conta que o *yogin* devocional é o *yogin* mais elevado. Isso também responde às dúvidas de *Arjuna*, pois como um *yogin* devocional, ele imergirá sua mente na devoção à Pessoa Suprema, o que restringirá e pacificará sua mente; com a mente contida desta maneira, ele sem dúvida alcançará sucesso no caminho difícil do *yoga*.

7
A VISÃO DO SUPREMO

PARTE I

Introdução ao conhecimento mais elevado

[1]O bem-aventurado Senhor disse: Com tua mente absorta em mim, fixo no *yoga* e encontrando refúgio em mim, tu podes me conhecer inteiramente e além da dúvida; ouve agora. [2]Eu irei revelar a ti completamente o conhecimento acompanhado de compreensão; ao adquirir este conhecimento, nada mais neste mundo restará para ser conhecido. [3]Entre milhares de homens, dificilmente alguém busca a perfeição, e mesmo entre aqueles que se esforçaram e alcançaram a perfeição, quase ninguém me conhece na verdade.

Comentário

Agora começa a seção teológica central da *Bhagavad-gītā*, e continua até o final do capítulo 12. Nestes seis capítulos[148], *Kṛṣṇa* descreve sua divindade em detalhes e enfatiza o ideal de *bhakti* ou devoção a ele. A declaração de abertura que consiste em três estrofes é significativa e define a programação da discussão prestes a começar; *Kṛṣṇa* começa definindo o estado de espírito necessário para *Arjuna*, um estado de espírito que é um requisito para entender o conhecimento a

148. Com a ressalva de que o cap. 8 volta para o segundo nível.

ser revelado. O passo importante dado nesta breve seção é a elevação da discussão do segundo para o terceiro nível; este nível não mais propicia conhecimento de restrição dos sentidos, mas o conhecimento da Pessoa Suprema e devoção a ele. A primeira característica desse estado novo e superior é *mayyāsakta-manāḥ*, literalmente significando "com tua mente absorta em mim". A palavra *āsakta* é significativa e significa apego; em seu comentário sobre o primeiro verso, Zaehner se refere a isso e comenta:

> "Direciona tua mente para mim": isso é totalmente novo e aparentemente em desacordo com todo o conteúdo dos dois últimos capítulos. Lá nos foi dito quase *ad nauseam* que deveríamos nos desapegar de tudo: só pelo desapego total que a libertação poderia ser conquistada. "Medita em Deus certamente como um meio de concentrar a mente, como o *Yoga-sūtra* recomenda, mas não te conectes a ele ou a qualquer outra coisa, porque a "libertação" é claramente incompatível com qualquer tipo de apego". Aqui, no entanto, *Arjuna* é informado com toda a franqueza que isto não é assim: o verdadeiro atleta do espírito que conseguiu integrar sua personalidade e se tornar *Brahman* deve agora não apenas continuar seu exercício espiritual incessantemente, ele também deve atrelar toda a sua personalidade em toda a sua recém-encontrada plenitude e liberdade a *Kṛṣṇa*, que é Deus e, sendo Deus, transcende o imortal *Brahman* tanto quanto ele transcende o mundo fenomenal. O exercício espiritual contínuo que preserva a personalidade integrada intacta, o apego a Deus e a confiança total nele são o que *Kṛṣṇa* exige nesta estrofe[149].

Zaehner aponta para a mudança que ocorre aqui: em vez de praticar o desapego do mundo, como tem sido recomendado até agora, *Arjuna* agora é encorajado a praticar o apego à Pessoa Suprema. Em outras palavras, a fase de luta contra atração e repulsa pelos objetos sensoriais termina com o capítulo 6, e uma nova fase começa agora, segundo a qual *Arjuna* deve ver o mundo de um ponto de vista mais novo e mais elevado; consequentemente, o mundo não é mais percebido como uma ameaça, mas como uma manifestação da abundância divina. *Kṛṣṇa* enfatiza o significado do conhecimento que ele está

149. ZAEHNER, R.C. *The Bhagavad-Gītā*. Oxford, 1969, p. 244.

prestes a revelar, e aponta que a perfeição é alcançada por poucos, e menos ainda são aqueles que recebem o conhecimento do Supremo como pessoa.

Matéria, as almas eternas e a Pessoa Suprema

> 4Terra, água, fogo, ar, éter, mente, intelecto e ego – esses oito compõem minha natureza inferior separada. 5Mas tu deves saber que além desta natureza inferior, ó homem de braços poderosos, existe outra natureza superior que é minha, composta de almas eternas, pelas quais este mundo é sustentado. 6Deve-se entender que todas os seres vivos têm sua fonte nessas duas naturezas[150]. Eu sou a origem de todo este universo e da sua dissolução também. 7Ó *Dhanaṁjaya*, não existe nada maior que mim; tudo depende de mim como pérolas que estão ensartadas em um fio. 8Eu sou o gosto da água, ó *Kaunteya*, e eu sou a luz do sol e da lua; eu sou a sílaba sagrada *Om* em todos os *Veda*, o som no éter e a humanidade no homem. 9A fragrância pura da terra sou eu, e o esplendor do fogo; eu sou a vida de todos os seres vivos e a ascese dos ascetas. 10Fica sabendo, *Pārtha*, que sou a semente primordial de todas as criaturas, a sabedoria dos sábios e o esplendor do esplêndido. 11E do poderoso sou o poder desprovido de desejo incontrolável e paixão; esse desejo em todas as criaturas eu sou, que não é inconsistente com o *dharma*, ó *Bharatarṣabha*. 12Saiba que todos os estados de existência, sejam eles caracterizados por *sattva*, *rajas* ou *tamas*, têm sua fonte em mim somente; mas eu não estou neles – ao contrário, eles estão em mim. 13O mundo inteiro está iludido pelos três estados de existência produzidos pelos *guṇa*, e assim ele falha em me reconhecer, que estou eternamente acima deles.

---

150. Embora o texto não seja explícito em relação às duas naturezas, aparentemente, ele se refere às duas naturezas mencionadas nas estrofes 4 e 5. Tanto Śaṅkara como Rāmānuja se referem a duas naturezas. Cf. tb. EDGERTON, F. *The Bhagavad-gītā*. Cambridge, 1972, nota 2, cap. 7, p. 95-96.

Comentário

Kṛṣṇa apresenta agora um dualismo metafísico teísta; a natureza separada ou inferior constitui os aspectos físicos e sutis do mundo, e a natureza não separada ou superior é composta de almas eternas que sustentam o mundo ou causam sua existência contínua. Ao contrário do dualismo da escola *Sāṅkhya*, a doutrina apresentada aqui é teísta; dessa forma, ambas as naturezas dependem da Pessoa Suprema ou compõem sua natureza, e ele é a origem de tudo, seu mantenedor e a causa de sua dissolução final. Uma analogia é dada, segundo a qual *Kṛṣṇa* é como o fio sobre o qual as pérolas são amarradas; embora invisível, o fio compõe a fundação e sustenta as pérolas, mantendo-as unidas. *Kṛṣṇa* oferece vários exemplos tangíveis que demonstram a sensação de que ele está muito próximo e subjacente a tudo, como o sabor da água, a fragrância pura da terra e o esplendor do esplêndido. Uma questão pode ser levantada: por que o Supremo não é visto se ele está tão perto? A resposta está nos três *guṇa*, que funcionam como um véu ilusório; o próprio *Kṛṣṇa* é a fonte dos *guṇa* e está eternamente além deles, mas aqueles que não se entregaram a ele não podem escapar de seu controle rígido e, portanto, caem em ilusão e não podem ver o Supremo presente em toda parte.

É impossível superar a Ilusão a menos que o indivíduo se entregue a *Kṛṣṇa*

> [14]Divino, de fato, e difícil de ser penetrado é meu poder ilusório, que consiste em três *guṇa*; mas aqueles que se entregaram a mim apenas, podem transcendê-lo. [15]Os malfeitores, tolos iludidos e homens desprezíveis não se refugiam em mim; assim, a ilusão priva-os do conhecimento e, logo, eles se refugiam na existência demoníaca. [16]Quatro tipos de homens piedosos me adoram, ó *Arjuna*: o que passa por dificuldades, o buscador do conhecimento, o buscador da riqueza e o sábio. [17]O mais elevado entre eles é o sábio, que está dedicado somente a mim e está sempre absorto em mim, pois eu sou muito querido para ele, e ele é querido para mim. [18]Nobres, na verdade, são todos eles, mas o sábio considero ser eu mesmo, pois ele está firmemente estabelecido como uma alma absorta em

mim, e eu sou o seu objetivo mais elevado. [19]No final de muitos nascimentos, o sábio se entrega a mim, meditando que "*Vāsudeva* é tudo"; é difícil, na verdade, encontrar uma alma tão nobre.

Comentário

A ilusão é de origem divina; ela cobre e oculta o Supremo das almas encarnadas através do poder dos três *guṇa*, e não se pode superá-la sozinho. Além disso, ela priva os malfeitores do conhecimento do Supremo e os direciona a renascer em espécies demoníacas inferiores. Ao contrário dos malfeitores, os piedosos se abrigam no Supremo e se entregam a ele. Embora essas pessoas piedosas possam ainda manter algumas motivações ocultas, tais como aproximar-se do Supremo devido ao sofrimento ou por desejo de riqueza, todas elas são consideradas nobres e aparentemente queridas por *Kṛṣṇa*. O sábio, no entanto, é especialmente querido porque ele não tem outra motivação além de conhecer a Pessoa Suprema. Ele gradualmente adquire mais conhecimento do Supremo, e torna-se absorto na meditação através da qual ele vê *Vāsudeva* como tudo; este estado liberta-o da nova reencarnação. O tom expresso por *Kṛṣṇa* é notavelmente pessoal, já que seus devotos são de fato muito queridos para ele. O ponto de vista do segundo nível, pelo qual as almas eram vistas como aprisionadas no *saṁsāra*, e que promovia a indiferença e a contenção emocional, é agora abandonado em favor de um discurso de nível mais alto, pelo qual a realidade da Pessoa Suprema é revelada. Deste ponto de vista, o indivíduo vê o Supremo em toda parte e vê tudo em relação ao Supremo; essa visão é acompanhada por um estado emocional intenso, que é muito diferente do estado de espírito *yogin* calmo e transparente. O bem e o mal também ganham formas diferentes; não é mais sucesso mundano *versus* fracasso mundano, e não é mais libertação *versus* aprisionamento, pois, do ponto de vista atual, bem e mal são definidos em relação ao Supremo. Dessa forma, os bons são os devotos piedosos que adoram o Supremo, ao passo que os maus são os ímpios e demoníacos que não se refugiam nele. Vamos examinar o discurso atual; do ponto de vista ontológico, existe uma Pessoa Suprema que possui duas naturezas: a natureza inferior representada pelo mundo fenomenal, composta de oito elementos materiais físicos e sutis, e a natureza superior composta de almas encarnadas. Do ponto de vista epistemológico, refugiando-se na Pessoa Suprema por meio da devoção, adquire-se conhecimento, ao passo que, ao rejeitar a Pessoa Suprema, a pessoa é coberta pela ilusão e é privada de conhecimento. Do ponto de vista ético, é bom ser devotado à Pessoa Suprema e adorá-lo, porém é ruim rejeitá-lo. O discurso também subiu um passo além da "escada ética"; progrediu além do estado de júbilo interno e alcançou o estado de proximidade com a Pessoa Suprema por meio da devoção. Desse ponto de vista, *Arjuna* deve se entregar a *Kṛṣṇa* e, como uma expressão de devoção, seguir a vontade de *Kṛṣṇa* e lutar na batalha em um estado de espírito devocional.

Devoção a outros deuses representa um estado de ilusão

20Aqueles que são privados de sabedoria por vários desejos recorrem a outros deuses. Embora sigam várias observâncias religiosas, eles são, no entanto, compelidos por sua própria natureza. 21Quem quer que seja esse devoto, e seja qual for a forma divina que ele deseje adorar fielmente, sou eu que lhe concedo essa fé firme. 22Dotado dessa fé, ele se esforça para adorar essa divindade e, assim, seus desejos são satisfeitos; na verdade, só através de mim esses desejos são satisfeitos. 23Em todo caso, efêmero é o fruto que essas pessoas de pouca inteligência obtêm; aqueles que adoram os deuses irão aos deuses, enquanto meus devotos certamente virão a mim. 24O não inteligente considera-me o invisível que se tornou visível, sem saber que minha natureza superior é eterna e suprema. 25Nublado por meu poder ilusório não sou visível a todos, e assim o mundo iludido não me conhece, que sou não nascido e eterno. 26Ó *Arjuna*, eu conheço todas as criaturas, aquelas do passado, aquelas que agora existem e aquelas que virão a existir, mas a mim, ninguém conhece. 27Desde o seu nascimento, todos os seres vivos são cobertos pela ilusão com suas ondas de desejo e ódio, devido ao poder ilusório das dualidades. 28Mas aqueles que são piedosos, cujos males terminaram, são libertos desse poder ilusório e me adoram firmes em seus votos. 29Ao se abrigarem em mim, aqueles que se esforçam por se libertar da velhice e da morte conhecem o *Brahman* completamente, assim como o *eu* e as atividades. [30]Aqueles que me conhecem como mais elevado que os elementos da criação, como o chefe dos deuses e o princípio do sacrifício, eles, tendo sua consciência absorta no *yoga*, conhecem-me até na hora da morte.

Comentário

Os devotos de *Kṛṣṇa* são comparados aos devotos de outros deuses; *Kṛṣṇa* declarou que seus devotos se elevam acima da ilusão produzida pelos *guṇa*[151]; a questão aqui levantada é se os devotos de outras divindades também se elevam acima dos *guṇa*. *Kṛṣṇa* define os devotos de outros deuses como não inteligentes e os considera motivados por desejos mundanos; ele ressalta que, apesar de seguirem várias observâncias e restrições religiosas, eles são controlados por sua própria natureza e, dessa forma, não são capazes de superar os *guṇa*. *Kṛṣṇa* então faz a afirmação surpreendente de que ele mesmo os ajuda a adquirir a fé necessária para esse tipo de adoração; além disso, é ele quem lhes concede a satisfação de seus desejos, embora esses desejos sejam mundanos e seus frutos meramente transitórios. Em última análise, os devotos de outros deuses irão alcançá-los, aparentemente, na próxima vida, enquanto os devotos de *Kṛṣṇa* alcançarão *Kṛṣṇa*. A sublime natureza de *Kṛṣṇa* está escondida devido à ilusão que oculta o mundo; a ilusão cobre todos desde o nascimento, exceto aqueles que estão livres do mal. Aparentemente, estar sob ilusão e ser devotado a outros deuses são as características dos malfeitores, ao passo que estar livre de ilusões, livre de desejos mundanos e ser devotado a *Kṛṣṇa* são as características daqueles que estão livres do mal. Esta conclusão parece que eleva a discussão sobre o mal ao seu clímax, uma discussão que ocorreu especialmente durante os capítulos 2 e 3. Consequentemente, a completa libertação do mal é possível no estado de devoção sem mácula a *Kṛṣṇa*, um estado que só pode ser alcançado quando a liberdade da ilusão da dualidade é alcançada, juntamente com a liberdade dos desejos mundanos que acompanham tal ilusão.

---

151. *BG* 7.14.

8
Desencarnando

Os mundos efêmero e eterno

As oito perguntas de *Arjuna*

[1]*Arjuna* disse: ó Pessoa Suprema, o que é *Brahman*? O que é o *eu*? O que é atividade? Quais são os elementos que constituem a criação? O que é o divino? [2]Qual é o princípio subjacente ao sacrifício, e como ele reside neste corpo, ó *Madhusūdana*? E como pode o autocontrolado conhecer-te na hora da morte? [3]O bem-aventurado Senhor disse: O *Brahman* supremo é o imortal, e o *eu* é dito ser sua própria natureza; a força criativa da qual a natureza dos seres se origina é conhecida como ação. [4]Ó melhor entre os encarnados, os elementos que compõem a criação constituem apenas uma existência temporária; o divino é a Pessoa Universal e eu, residindo no corpo, sou o princípio subjacente ao sacrifício. [5]E aquele que no final da vida, na última hora, enquanto desencarna, lembra-se apenas de mim, alcançará meu ser; sobre isso não há dúvida.

Comentários

O capítulo 7 terminou com a afirmação de *Kṛṣṇa* de que "aqueles que me conhecem como mais elevado que os elementos da criação, como o chefe dos deuses e o princípio do sacrifício [...] conhecem-me até na hora da morte"[152]. Parece que essa lembrança

152. *BG* 7.30.

ou meditação em *Kṛṣṇa*, na hora da morte, é o ápice de um esforço bem-sucedido de libertação do ciclo reencarnatório; entretanto, é necessária uma explicação dos termos mencionados e, além dela, é necessária uma elaboração sobre o tema da lembrança do Supremo no momento da partida. As oito perguntas de *Arjuna* referem-se exatamente a isso: as primeiras sete perguntas dizem respeito aos termos importantes mencionados no final do capítulo 7; estas perguntas são respondidas aqui por *Kṛṣṇa* de forma resumida, embora sejam elaboradas em outras partes na *Bhagavad-gītā*. Assim, o *Brahman* é mencionado em muitos lugares ao longo do texto, o que constitui a natureza da pessoa é descrito no capítulo 17[153], uma discussão completa da atividade aparece nos capítulos 3 e 4[154], os elementos são descritos nos capítulos 7 e 13[155], a manifestação panteísta é descrita no capítulo 11 e de maneira diferente no capítulo 15[156], e o princípio do sacrifício é descrito nos capítulos 3, 4 e 9[157]. Todas essas questões são importantes e são amplamente examinadas na própria *Bhagavad-gītā* e, inclusive, na literatura das *upaniṣad*. Seguindo suas breves respostas que são reminiscentes do estilo *sūtra*, *Kṛṣṇa* responde a oitava e central pergunta em detalhe; a pergunta é "como pode o autocontrolado conhecer *Kṛṣṇa* na hora da morte?", e daí em diante o tópico servirá como tema central do capítulo. Após examinar a realidade no capítulo anterior do ponto de vista do terceiro nível, o discurso deste capítulo remonta e examina o campo do segundo nível. No entanto, como já se tem um ponto de vista mais elevado, o capítulo agora examina a luta pela libertação, de certa forma, "a partir de cima". O capítulo realmente mostra esse tema da melhor maneira possível, pois enfatiza, por um lado, os laços pelos quais a alma encarnada é aprisionada e, por outro, o esforço pela libertação.

---

153. *BG* 17.3.

154. P. ex., *BG* 3.21-24; 3.35; 4.16-18.

155. *BG* 7.4; 13.5-6.

156. *BG* 11.9-12; 15.1-2.

157. *BG* 3.9; 4.12; 9.15-16.

A lembrança da Pessoa Suprema ao desencarnar liberta o indivíduo do mundo

[6]Qualquer estado de lembrança nesse momento final, quando uma pessoa desencarna – para esse exato estado ele certamente irá, ó *Kaunteya*, através da transformação de seu próprio ser. [7]Portanto, em todos os momentos, lembra-te de mim e luta; com tua mente e inteligência absortas em mim, tu virás a mim sem dúvida. [8]Ó *Pārtha*, quem medita na Pessoa Suprema divina através da prática constante de *yoga*, com uma consciência inabalável, vai até ela. [9]Deve-se meditar nele como o antigo vidente, como o controlador, menor que o átomo, como o sustentador de todos, que tem uma forma inconcebível, tão brilhante quanto o sol e além da escuridão. [10]Com a mente inabalável, absorta em devoção, apoiada pela força do *yoga*, e com o ar vital entre as sobrancelhas – aquele que mantém esse estado na hora da morte, alcança aquela Pessoa Suprema divina. [11]Agora eu explicarei brevemente a ti o caminho que conduz à morada conhecida pelos sábios do *Veda* como a imperecível; ascetas que desejam esta morada praticam o celibato e, uma vez libertos da paixão, entram nela. [12]Quando todos os portões do corpo estão sob controle, quando a mente é contida no coração, quando o ar da vida é mantido dentro da cabeça, nesse momento, a pessoa fica estabelecida na concentração do *yoga*. [13]Aquele que desencarna enquanto pronuncia a única sílaba que é *Brahman*, o *Om*, enquanto medita em mim, alcança o objetivo supremo. [14]Ó *Pārtha*, eu sou facilmente alcançado pelo *yogin* que sempre se lembra de mim, que está constante e totalmente absorto em mim, e está assim sempre conectado. [15]Depois de chegar a mim, estas grandes almas não se submetem novamente ao nascimento na morada transitória da miséria, pois atingiram a mais alta perfeição.

Comentário

Um princípio fundamental é estabelecido aqui: o estado mental individual na hora da morte determina a próxima vida da pessoa. Assim, a alma deixa o corpo envolvida pelos elementos mentais sutis, que compõem a personalidade empírica. Os elementos mentais conhecidos também como o corpo sutil representam o estado da consciência individual; eles cristalizam-se durante a vida e aparecem de forma concentrada no momento da morte. O corpo sutil é feito de pensamentos, convicções e mentalidade, atrai elementos materiais correspondentes que se juntam em torno dele e formam o próximo corpo físico. Assim, a pessoa nasce em um novo corpo cujo exterior se adapta ao conteúdo interno que desenvolveu em sua vida anterior. O novo corpo não é necessariamente humano; pode ser menor, como o de uma planta ou de um animal, e, inclusive, pode ter um *status* mais elevado, como o corpo de um deus. De qualquer forma, seja um corpo superior ou um inferior, o princípio explicado aqui é que o novo corpo é um resultado natural do estado mental ou da consciência da vida anterior[158]. A lógica subjacente aqui é que, como o objetivo de *Arjuna* é ser libertado do *saṁsāra*, ele deve se lembrar de *Kṛṣṇa* na hora da partida do corpo, e como esta hora é desconhecida, *Arjuna* deve sempre se lembrar de *Kṛṣṇa*. De acordo com essa ideia[159], *Arjuna* deveria lutar e ao mesmo tempo lembrar de *Kṛṣṇa*; aparentemente, a lembrança de *Kṛṣṇa* pode ser alcançada não apenas através de um tipo de meditação *yogin* solitária, mas também através do cumprimento efetivo da ordem de *Kṛṣṇa*, como por meio de uma luta. Assim, agir para *Kṛṣṇa* ou sob suas instruções torna-se um tipo de "ação-*yoga*" ou *karma-yoga*; esse tipo de atividade é de natureza *yogin* e já foi discutida anteriormente[160]; aqui, no entanto, a ênfase está em lembrar-se de *Kṛṣṇa* como um componente essencial da prática do *karma-yoga*.

Ao trazer à tona o assunto da contemplação ou meditação sobre a Pessoa Suprema, o texto prossegue para elaborar como essa prática meditativa deve ser feita, e qual é o fruto dela[161]. A este respeito, é mencionado o termo *abhyāsa*; é um conceito central na escola de *yoga* que descreve o exercício repetido e se refere ao esforço que deve ser investido na lembrança do Supremo. Para facilitar este esforço, vários

---

158. Cf. tb. *BG* 15.7-11.

159. *BG* 8.7.

160. Como no cap. 3.

161. *BG* 8.8-10.

adjetivos da Pessoa Suprema são dados aqui. Como mencionado anteriormente, *Arjuna* inicialmente desejou evitar a luta e abandonar o campo de batalha, e desta forma indicou o desejo de se tornar um *yogin* e assim atingir a perfeição. O capítulo 6 ofereceu uma discussão aprofundada sobre *yoga*, e o presente capítulo desenvolve a discussão mais a fundo. Como já mencionado, o ponto apresentado é claro; a melhor maneira de praticar *yoga* é agir para *Kṛṣṇa* no espírito de devoção, enquanto estiver consciente dele como a Pessoa Suprema; assim, *Arjuna* cumprirá seu dever de lutar, tornar-se-á um *bhakti-yogin* e alcançará a perfeição. À medida que a discussão se concentra na situação individual ao deixar o corpo, *Kṛṣṇa* descreve a maneira desejável de fazê-lo; ela é alcançada pela prática de *yoga*, através do domínio do ar vital e da contemplação do sagrado *Om*. Contudo, os devotados não precisam praticar isto separadamente, pois, para eles, *Kṛṣṇa* será facilmente alcançável.

O mundo efêmero e o mundo eterno

[6]Todos os mundos, até o mundo de *Brahmā*, estão sujeitos a nascimentos repetidos, mas depois de chegar a mim, não há mais reencarnações. [17]Aqueles que conhecem dias e noites, sabem que o dia de *Brahmā* dura mil eras, e sua noite termina depois de mil eras. [18]Na aurora do dia, todos os seres emergem do estado invisível para se tornarem visíveis; ao cair da noite eles se dissolvem, retornando ao seu estado invisível. [19]Essa multidão de seres vivos se manifesta de forma cíclica, apenas para dissolver-se sem conseguir evitar com a queda da noite, ó *Pārtha*, e depois ela se surge novamente quando o dia amanhece. [20]No entanto, também existe um outro estado, invisível e eterno, que é mais elevado do que o estado invisível anterior; enquanto todos os seres perecem, esse estado não perece. [21]Dizem que é eterno e imortal, e declaram ser o destino supremo; ao alcançá-lo, ninguém retorna aqui – essa é a minha morada suprema. [22]Essa Pessoa Suprema é alcançável por devoção sincera; dentro dele todos os seres existem e, por ele, tudo está impregnado.

Comentário

Kṛṣṇa agora contrasta o mundo material com o mundo espiritual, aparentemente para convencer ainda mais *Arjuna* de que deixar este mundo e alcançar o outro mundo será para o bem final dele. Primeiramente, é apresentada a cosmologia básica purânica; consequentemente, o universo é composto de várias constelações em que o planeta mais alto é o de *Brahmā*, o criador do universo. O universo dura enquanto *Brahmā* vive; quando *Brahmā* nasce, o universo é criado e, depois de cem anos, no momento da morte dele, o universo é destruído. Durante a vida de *Brahmā*, ocorrem os ciclos parciais de criação e destruição universal, e estes correspondem aos dias e noites de *Brahmā*; quando a noite cai, ocorre uma destruição parcial e, quando vem a aurora, ocorre uma criação parcial. A duração de uma era ou *kalpa* é um ciclo de quatro *yuga*, em um total de 4.320.000 anos, e uma duração de mil *kalpa*, isto é, 4.320.000.000 anos, compõe um dia de *Brahmā*; uma duração similar compõe a noite dele. Durante todo o dia de *Brahmā*, todos os seres aparecem, aceitando corpos e agindo sob o domínio dos *guṇa*; ao cair da noite, no entanto, eles entram em um estado invisível em que os *guṇa* se tornam inativos. Assim, todos os seres retomam a atividade durante o raiar do dia, para continuar a luta dentro do *saṁsāra*, enquanto na noite de *Brahmā* eles entram sem poder evitar em um estado de inatividade e sono. Portanto, a situação de todos os seres é lamentável, pois eles lutam eternamente contra a natureza nesses enormes períodos. Em oposição a esse estado de existência, existe um estado diferente e ideal; este é o estado do viver na morada espiritual da Pessoa Suprema mencionada aqui apenas de modo breve. Aparentemente, este estado representa o objetivo mais elevado a ser aspirado e, voltando ao nosso modelo, denota o terceiro nível na íntegra.

Momentos desejáveis e indesejáveis para desencarnar

[23]Ó melhor dos *Bhārata*, falarei agora sobre os vários momentos para partida, nos quais os *yogin* retornam ou não retornam. [24]Os homens que conhecem o *Brahman* que partem pelo fogo, na luz, durante o dia, na quinzena lunar luminosa e durante os seis meses em que o sol perfaz seu

curso setentrional, vão ao *Brahman*. [25]No entanto, aqueles *yogin* que partem na fumaça, durante a noite, na quinzena lunar escura e durante os seis meses em que o sol perfaz seu curso meridional, obtendo assim a luz lunar, voltam a reencarnar. [26]Esses dois caminhos universais, a luz e a escuridão, são considerados eternos. Pelo primeiro, a pessoa não retorna; pelo segundo, ela retorna. [27]Conhecendo esses dois caminhos, o *yogin* não se confunde de forma alguma; portanto, em todos os momentos sê absorto em *yoga*, ó *Arjuna*. [28]Sabendo de tudo isso, o *yogin* transcende até os frutos da piedade alcançados pelo estudo dos *Veda*, por sacrifícios, ascese e doação, e vai para o estado original supremo.

Comentário

O capítulo conclui apresentando as duas maneiras pelas quais este mundo pode ser abandonado e o caminho da libertação é obviamente recomendado[162]. O capítulo termina com a palavra *ādi*, referindo-se ao "estado original supremo", que sugere que talvez a alma tenha chegado a este mundo depois de deixar o lar original, natural e supremo.

---

162. Essas duas formas também são descritas na *Bṛhadāraṇyaka-upaniṣad*, 6.2.1-16, e na *Chāndogya-upaniṣad*, 5.3.1-5 e 10.8.

9
A VISÃO DO SUPREMO

PARTE II

O conhecimento mais misterioso

[1]O bem-aventurado Senhor disse: Eu revelarei agora a ti que és desprovido de inveja, o maior mistério de todos; conhecimento e sua compreensão; sabendo disso, tu serás libertado de tudo que é desfavorável. [2]Esta é uma ciência régia, um mistério régio, a purificadora suprema, experimentada diretamente, está de acordo com o *dharma*, agradável de ser praticada e eterna. [3]Ó *Paraṁtapa*, os desprovidos de fé neste *dharma* não me alcançarão, mas retornarão ao caminho da transmigração e morte repetidos.

Comentários

Descendo até certo ponto durante o capítulo 8 do ponto de vista do "segundo andar", a discussão aqui retorna ao "terceiro andar". *Kṛṣṇa* começa por felicitar *Arjuna* por sua falta de inveja, a qualificação a partir da qual ele é capaz de adquirir o conhecimento que está prestes a ser entregue; ele é percebido ou compreendido diretamente, por meio do *pratyakṣa* ou da percepção direta. Pode ser que esse tipo de *pratyakṣa* seja uma experiência ou visão direta da divindade, como também pode ser expresso pelo termo *darśana*. Este conhecimento está em conformidade como o *dharma*, uma vez que promove o desempenho dos deveres no contexto da estrutura do *varṇāśrama*. No entanto, o *dharma* também é mencionado em um contexto diferente, adequado ao terceiro nível e, como tal, refere-se ao caminho da devoção ou *bhakti*. Há uma notável semelhança entre a estrutura do presente capítulo e a do capítulo 7; ambos os capítulos começam com uma pequena seção glorificando o conhecimento a ser transmitido, e ambas as segundas seções delineiam a natureza da divindade, sua onipresença e sua complexa relação com o mundo dos fenômenos. Ambas as terceiras seções diferenciam os não devotos dos devotos, e expandem a natureza do devotado, e ambas as duas seções enfatizam a igualdade de *Kṛṣṇa* para com todos. Do ponto de vista deste nível, existem aqueles que servem à Pessoa Suprema sem inveja e são devotados a ela, e, por outro lado, há os descrentes, céticos e cínicos, que estão condenados a se afogar no oceano do *saṁsāra*. Outra característica notável deste nível é que a identidade individual é construída pelas relações com a Pessoa Suprema. Isto é diferente do primeiro nível, onde a identidade é construída e definida através da adesão ao *dharma*, ou do segundo, onde a identidade é construída através do autocontrole e desapego. Como são as relações pessoais com a Pessoa Suprema que permitem que o indivíduo se estabeleça no "terceiro andar", aquele que não tem inveja da Pessoa Suprema, que tem fé nela e é dedicado a ela, aproxima-se dela, é libertado de tudo que é desfavorável e, finalmente, atinge o *mokṣa*. Naturalmente, o oposto também é verdadeiro.

A Pessoa Suprema é simultaneamente imanente e transcendente ao mundo material

> [4]Eu permeio o mundo inteiro na minha forma invisível; todos os seres dependem de mim, mas eu não dependo deles. [5]E, no entanto, todos os seres não dependem de mim; vê meu esplendor místico! Eu sustento os seres, mas não dependo deles; meu próprio eu é a causa do ser deles. [6]Como o grande vento que vai por toda parte está eternamente contido no espaço, saiba que da mesma forma todos os seres estão contidos em mim. [7]Ó *Kaunteya*, no final do vasto ciclo do tempo, todos os seres entram na minha natureza material e, com o início de um novo ciclo, eu os crio novamente. [8] Descansando em minha própria natureza, crio de novo e de novo toda essa hoste de seres, que é involuntariamente ativada por essa natureza. [9] Estas

ações não me prendem, ó *Dhanaṁjaya*, visto que sou indiferente e desapegado de todas essas atividades. [10]A natureza material cria todos os seres, móveis e imóveis, sob minha supervisão. Isso, ó *Kaunteya*, faz o mundo girar.

Comentário

A Pessoa Suprema é simultaneamente imanente e transcendente; sendo imanente, o Supremo está muito próximo; ele está presente em toda parte em sua forma invisível e todos os seres vivos não são apenas mantidos por ele, mas são controlados por ele através do controle da natureza que ele supervisiona. O mundo inteiro está contido dentro dele assim como o vento está contido no espaço, mas, ao mesmo tempo, os vários seres vivos não dependem dele diretamente, mas são controlados involuntariamente pela natureza. No entanto, ele mantém um modo de existência distinto e separado; enquanto depende apenas de sua natureza, indiferente e desapegado das atividades mundanas sob o controle dos *guṇa*, ele é inalcançável e velado do mundo por seu poder ilusório, que consiste nos três *guṇa*. Visto assim, o mundo é governado diretamente pela natureza, e somente indiretamente governado pelo Supremo. Estas declarações teológicas significativas apontam para o rico e complexo conceito de divindade aqui apresentado. Parece que nesta seção *Kṛṣṇa* oferece a *Arjuna* uma visão ou *darśana* através de uma experiência direta, deixando de apresentar argumentos racionais, e, aparentemente, os capítulos 7 e 9 desempenham um papel crucial na aceitação por *Arjuna* da mensagem de *Kṛṣṇa*. *Arjuna* não discute nem questiona mais, ao contrário, aparentemente, ele está fascinado pelo poder da visão divina revelada a ele, escuta cuidadosamente as palavras de *Kṛṣṇa* e simplesmente absorve o que ele ouve. Sua resposta a essa experiência reveladora aparecerá no início do capítulo 10.

Os demônios e as grandes almas

[11]Os tolos zombam de mim quando adoto uma forma humana, ignorando minha natureza superior como o grande senhor de todos os seres. [12]Vãs são suas aspirações, ações, conhecimento e ausência de entendimento. Assim, a natu-

reza deles é demoníaca, imersa no mal e na ilusão. [13]Mas aquelas grandes almas cuja natureza está imersa no divino adoram-me atentamente, sabendo que eu sou a fonte eterna de todos os seres. [14]Sempre se esforçando para me glorificar com firmeza, inclinando-se diante de mim em devoção, eles estão sempre absortos em me adorar. [15]Outros, oferecendo-me o sacrifício do conhecimento, adoram-me como unidade, como diversidade, ou como manifestado de diversas maneiras e voltado para todas as direções. [16]Eu sou o ritual, eu sou o sacrifício, eu sou a oferenda aos antepassados, eu sou a erva curativa, eu sou o mantra, eu sou o *ghee*[163], eu sou o fogo e eu sou a oblação. [17]O pai do mundo inteiro sou eu, a mãe, o sustentador, o avô, o objeto do conhecimento, o purificador, a sílaba sagrada *Om*, os *Veda Ṛc*, *Sāman* e *Yajus*. [18]Eu sou a meta, o sustentador, o mestre, a testemunha, a morada, o refúgio, o amigo generoso, a origem, a dissolução, o fundamento, o lugar de descanso e a semente eterna. [19]Eu irradio calor, eu recolho e envio a chuva, eu sou a imortalidade e a morte também, e eu sou o existente e inexistente, ó *Arjuna*. [20]Os conhecedores dos três *Veda*, que bebem o suco de *soma*, purificam-se de seus males e adoram-me através de sacrifícios cujo objetivo é alcançar o céu[164]. Ao alcançar o mundo meritório de *Indra*, o senhor dos deuses, eles desfrutam das alegrias celestes dos deuses. [21]Após então desfrutar do vasto mundo celestial, com o mérito exaurido, eles entram novamente no mundo dos mortais. Assim, aqueles que seguem o *dharma* védico, que anseiam por realizar seus desejos, obtêm desse modo apenas o temporário e o impermanente. [22]Mas aqueles cuja consciência está fixa somente em mim, adorando-me e sempre absortos em mim, eu supro o que lhes falta e preservo o que eles já possuem. [23]Mesmo aqueles devotados a outros deuses, que adoram essas divindades de boa-fé, na verdade, adoram unicamente a mim, ó *Kaunteya*, embora eles não sigam o procedimento correto. [24]Pois só eu sou o mestre e desfrutador de todos

---

163. Manteiga clarificada.

164. Aparentemente, a adoração a *Kṛṣṇa* mencionada aqui é indireta; isto também corresponde à seção paralela no cap. 7, onde se diz que aqueles que adoram os deuses os alcançam.

os sacrifícios; alguns não conseguem reconhecer, embora verdadeiramente me conheçam como tal e, portanto, caem. [25]Os devotados aos deuses vão aos deuses, os devotados aos antepassados vão aos antepassados, os devotados a fantasmas e espíritos vão aos fantasmas e espíritos, e aqueles que se devotam a mim certamente virão a mim.

Comentário

Sentimentos profundos devocionais são expressos aqui e estes são representativos do terceiro nível; consequentemente, aqueles que descartam a divindade de *Kṛṣṇa* possuem uma natureza demoníaca e, como tal, sua esperança de redenção está perdida. Por outro lado, há aqueles que são devotados à Pessoa Suprema, adoram-no com grande devoção e veem sua imanência de várias maneiras; além disso, eles conquistam relacionamentos íntimos com ele, tanto que ele supre o que lhes falta e preserva o que eles têm. Aparentemente, eles o alcançam após a morte e ganham libertação ao lado dele (*Kṛṣṇa*). *Kṛṣṇa* critica os sacrifícios védicos cujo objetivo é a mera satisfação dos desejos mundanos e, em oposição à libertação do ciclo de nascimento e morte, resultam em frutos meramente transitórios. Como estes sacrifícios produzem apenas prazeres celestiais, os executores desses sacrifícios retornam a este mundo de mortais depois que os prazeres celestiais terminam. Esta seção é de um caráter aparentemente relacionado às *upaniṣad*, uma vez que apresenta uma abstração dos ingredientes sacrificiais[165] e, além disso, no fato de que acentua o sacrifício do conhecimento. Contudo, aqui o Supremo em pessoa é ele mesmo o ritual, o sacrifício, a oferenda, o mantra, a manteiga clarificada, o fogo e a oblação, bem como os três *Veda* junto com a sílaba sagrada *Om*. Quem quer que alcance essa visão, adora o Supremo não apenas diretamente, mas também através da realização de sacrifícios védicos. Por outro lado, aqueles que consideram os sacrifícios védicos como meros meios de satisfazer seus desejos, servem ao Supremo indiretamente e sem entendimento completo e verdadeiro. Portanto,

---

165. Um exemplo da abstração de ingredientes sacrificiais pode ser encontrado na *Bṛhadāraṇyaka-upaniṣad* 1.1.1, onde o cavalo sacrificial recebe uma interpretação cosmogônica.

eles não conseguem a proximidade dele, nem a libertação, mas apenas os planetas celestiais dos deuses. Mesmo estes últimos são alcançados apenas por um tempo limitado, porque quando os resultados sacrificais se esgotam, os executores de sacrifício retornam à Terra. Esta seção também apresenta uma versão teísta, segundo as *upaniṣad*, dos caminhos aos ancestrais ou aos deuses; consequentemente, aqueles que seguem o *dharma* védico desfrutam do céu, mas depois retornam ao mundo humano dos mortais, enquanto aqueles que adoram a Pessoa Suprema vão a ele, para nunca mais retornar. No entanto, na versão das *upaniṣad*, aqueles que chegam aos ancestrais voltam para reencarnar, enquanto aqueles que chegam aos deuses progridem mais para alcançar o *Brahman* e a libertação[166]. O caráter desta seção segundo as *upaniṣad* também é expresso na crítica aos sacrifícios védicos, cuja natureza problemática é vista aqui sob uma nova luz: o problema não está no apego pelos frutos sacrificiais, mas no entendimento subjacente; quando alguém se sacrifica com o entendimento correto, isto é, sabendo que o ritual é idêntico ao próprio *Kṛṣṇa*, ele alcança a devoção por ele. No entanto, quando o indivíduo considera que o sacrifício védico é diferente de *Kṛṣṇa*, ele obtém meramente prazeres celestes temporários.

Devoção pura

> [26]Quando alguém me oferece em devoção uma folha, uma flor, uma fruta ou água, eu aceito essa oferenda amorosa, porque é feita por um coração puro. [27]O que quer que fizeres, comeres, ofereceres em sacrifício, deres e a ascese que praticares, ó *Kaunteya*, faze isso como uma oferenda a mim. [28]Assim, tu serás libertado do aprisionamento das ações, junto com seus frutos favoráveis e desfavoráveis. Totalmente absorto no *yoga* da renúncia, tu te tornarás liberto e virás a mim. [29]Eu sou equânime para com todos os seres, pois não odeio ninguém e ninguém é querido por mim; no entanto, aqueles que me adoram devotamente estão em mim e eu também estou neles. [30]Mesmo o malfeitor contumaz, quando fixo em devoção

166. P. ex., *Bṛhadāraṇyaka-upaniṣad* 6.2.15-16; *Chāndogya-upaniṣad*, 5.3.2.

a mim, deve ser considerado santo, pois sua convicção é correta. 31Muito em breve ele se estabelecerá no caminho do *dharma* e alcançará a paz eterna. Ó *Kaunteya*, fica sabendo que meu devoto nunca será destruído! 32Aqueles que se refugiam em mim, sejam de origem humilde, mulheres, mercadores ou até servos, até eles podem atingir o destino mais elevado. 33E ainda mais os brâmanes santos e os reis iluminados e devotados! Portanto, já que vieste a este mundo temporário e miserável, dedica-te a mim. 34Sempre pensa em mim e torna-te meu devoto, adora-me e honra-me; assim, unindo-te a mim e atento a mim como teu objetivo mais elevado, tu virás a mim.

Comentário

Esta seção inclui, sem dúvida, um dos pontos culminantes de toda a *Bhagavad-gītā*, levando em conta que apresenta o ideal de devoção ou *bhakti* à Pessoa Suprema como aberto a todos e como meio direto de estabelecer relações pessoais com ele. Aqui não é necessário conhecimento ou capacidade intelectual, nem desempenho sacrificial complexo, nem prática de *yoga* austera, mas tudo o que é necessário para alcançar estas relações pessoais com a Pessoa Suprema é um coração puro. *Kṛṣṇa* começa por declarar que aceita um sacrifício oferecido por uma pessoa de coração puro e dedicada, mesmo que seja tão simples quanto uma folha, uma flor, uma fruta ou água. Ele então solicita a *Arjuna* que realize todas as suas atividades mundanas como um serviço para si mesmo (*Kṛṣṇa*), e promete uma consequente libertação de todos os grilhões de ação, tanto bons quanto maus. *Kṛṣṇa* então garante que ele é equânime para com todos, mas, ao mesmo tempo, destaca suas relações pessoais com aqueles que são devotados e dedicados a ele. O poder da devoção é tão forte que até mesmo os malfeitores são transformados em pessoas corretas e, posteriormente, se estabelecem no caminho do *dharma*. Ao contrário dos caminhos do *karman*[167] e *jñāna*, este caminho está aberto a todos, incluindo mulheres, *vaiśya* e *śūdra*; o caminho de *bhakti* pode parecer mais fácil que o caminho do conhecimento, que requer uma capacidade

167. No sentido ritualístico védico em oposição ao *karma-yoga*.

intelectual, é mais fácil que o caminho do *yoga*, que requer austeridade, e mais fácil que o caminho do *karman*, que exige pureza ritualística; ao contrário desses três caminhos, *bhakti* parece não exigir mais do que um coração puro e sentimentos sinceros para com a Pessoa Suprema. Contudo, o caminho de *bhakti* é de certo modo mais difícil, uma vez que a capacidade intelectual, bem como a capacidade de realizar asceses ou sacrifícios, pode cobrir ou disfarçar várias emoções negativas dirigidas para a Pessoa Suprema. Consequentemente, a inveja, a raiva, o utilitarismo religioso e assim por diante tornam-se mais aparentes do que na prática dos outros caminhos e, dessa forma, pode ser difícil progredir nesse caminho sem desistir dele, passando por uma mudança de coração, uma tarefa que não é nada fácil, e que requer um enfrentamento profundo e real das profundezas da mente e do coração. A questão do mal[168], que, apesar de várias tentativas, até agora não recebeu uma solução satisfatória, recebeu aqui a sua resposta final e mais completa. Por conseguinte, a devoção à Pessoa Suprema alivia a pessoa das reações a todos os atos, tanto bons quanto ruins[169]. Isso porque o devoto realiza todas as suas atividades no espírito de serviço prestado à Pessoa Suprema, que, por sua vez, torna-se o protetor de seu devoto e, assim, aceita a responsabilidade pelos feitos de seu servo; naturalmente, esse último está isento de toda responsabilidade ou reação a seus atos, sejam eles bons ou maus. Assim, a prática de *bhakti* inclui o alívio do *karman* do indivíduo, que não apenas santifica o praticante, mas o estabelece no caminho do *dharma*. Uma questão pode ser levantada: a Pessoa Suprema não é afetada pelo *karman* que aceita do seu devoto? A resposta já dada é que o Supremo não é maculado nem limitado por ações e, aparentemente, não é afetado pelo *karman*[170]. Quanto à natureza da adoração delineada aqui, parece que isso não se refere ao culto litúrgico no templo, e sim a uma espécie de "culto prático" expresso através de tudo o que *Arjuna* faz; portanto, lutar também pode ser considerado um serviço prestado em devoção e dedicação à Pessoa Suprema. Pa-

---

168. *Pāpa*.

169. Essa ideia é muito significativa e, portanto, aparece novamente no epílogo; cf. *BG* 18.66.

170. *BG* 4.14.

rece que dois níveis de devoção poderiam ser explicados: o primeiro nível[171] refere-se a agir de acordo com a própria natureza e dedicar os frutos das ações ao Supremo, ao passo que o segundo nível, e superior, é o descrito na estrofe final do capítulo[172]; representa um estado de completa imersão na Pessoa Suprema, que é espontâneo e independente da natureza da pessoa, e parece representar um dos pontos culminantes de toda a *Bhagavad-gītā*. Isso é tão significativo que será citado novamente quase textualmente no final da *Bhagavad-gītā*[173]. A explicação de *bhakti*, como expressa na presente seção, que permite oferecer a *Kṛṣṇa* não apenas o trabalho prático, mas toda a própria vida, fornece razões concretas para a popularidade e ampla circulação da *Bhagavad-gītā*. Além disso, todos são convidados a praticar *bhakti*, incluindo aqueles de baixo nascimento. *Kṛṣṇa* declara que seus devotos não ficarão perdidos, e isso pode sugerir que seu devoto *Arjuna*, que é dedicado a ele, vencerá a batalha. Finalmente, *Kṛṣṇa* pede a *Arjuna* que se dedique completamente a ele, e promete que, subsequentemente, ele o alcançará.

171. *BG* 9.27.

172. *BG* 9.34.

173. *BG* 18.65.

10
A MUDANÇA NO CORAÇÃO DE *ARJUNA* E AS MANIFESTAÇÕES DIVINAS

Kṛṣṇa revela seu esplendor místico

1-2O bem-aventurado Senhor disse: Mais uma vez, ó *Arjuna* de braços fortes, como tu és querido por mim, por favor, ouve as minhas palavras supremas faladas em teu benefício; nem as hostes de deuses nem os grandes videntes conhecem minha origem, pois em todos os aspectos sou a fonte dos deuses e dos sábios. 3Aquele que me conhece como o não nascido, sem começo e como o grande mestre do mundo, que é o imortal entre os mortais, está livre de todos os pecados. 4-5Iluminação, conhecimento, liberdade da ilusão, tolerância, verdade, autocontrole, tranquilidade, felicidade, angústia, tornar-se e não tornar-se, medo e destemor, não violência, equanimidade, satisfação, ascese, doação, caridade, fama e infâmia. Essa diversidade de modos existenciais de ser nascem de mim sozinho. 6Os sete grandes videntes antigos e os quatro *manu* dos quais a população do mundo se origina têm sua origem em mim, nascidos de minha mente. 7Aquele que conhece de verdade meu esplendor e meu poder místico está fixo no *yoga* inabalável e, assim, uniu-se a mim; quanto a isso não há dúvida. 8Eu sou a fonte de tudo que existe; de mim tudo emana; os iluminados que assim me conhecem, adoram-me de todo coração. 9Aqueles cuja consciência está absorvida em mim, para quem eu sou tudo, iluminam-se uns aos outros a meu respeito, constantemente falando de mim; assim absortos, sentem muito prazer e satisfação. [10]Àqueles assim constantemente absortos em mim, que me adoram com amor, eu dou o entendimento pelo qual eles podem vir a mim. [11]Somente pela compaixão, eu, habitando em seus corações, destruo a escuridão da ignorância deles com a tocha brilhante do conhecimento.

Comentário

A Pessoa Suprema não pode ser empiricamente conhecida, já que ela é a fonte de tudo; portanto, deve-se confiar no próprio Supremo para conhecê-lo. *Kṛṣṇa* explica a *Arjuna* como ele pode ser conhecido; então, ele descreve vários estados de existência, bem como os antigos sábios e os *manu*, dos quais a população do universo foi gerada, todos originários dele. A aceitação da Pessoa Suprema como a fonte de tudo representa um estado de iluminação, e aqueles que são assim iluminados são inteiramente dedicados a ela. Parece que esse estado de percepção não é o resultado de uma investigação lógica ou acadêmica destacada, mas sim um tipo de conhecimento resultante da confiança e dedicação relacionadas à Pessoa Suprema. *Kṛṣṇa* observa o quanto seus devotos são felizes em sua devoção a ele e acrescenta que ele mesmo, vendo suas tentativas de se aproximar dele, toma a iniciativa e destrói-lhes a ignorância, concedendo-lhes a iluminação. Aparentemente, a Pessoa Suprema não confere conhecimento de si mesma livremente a todos, mas é uma bênção concedida àqueles que são devotados a ela. Além disso, conferir esse conhecimento é um meio de destruir a ignorância que cobre o devoto, uma bênção que aparentemente não é concedida aos não devotados. Parece que esta estreita relação entre devoção e conhecimento é um dos temas epistemológicos centrais da *Bhagavad-gītā*. É bem possível que as palavras de *Kṛṣṇa* sobre a remoção da ignorância tenham sido dirigidas às últimas dúvidas que *Arjuna* ainda pudesse ter. Dessa forma, esta discussão não é meramente teórica, mas pode ter levado *Arjuna* ao ponto de renunciar a qualquer outra questão ou argumento; pode bem ser que a hora de sua mudança de coração tenha chegado.

A mudança do coração de *Arjuna*

[12]*Arjuna* disse: Vossa Excelência é o *Brahman* supremo, a morada suprema, o purificador supremo, a pessoa divina eterna, o Deus primordial, o não nascido e onipresente. [13]Assim, todos os videntes declararam; o vidente divino *Nārada*, *Asita*, *Devala* e *Vyāsa* e, de fato, agora tu mesmo o declaras para mim. [14]O *Keśava*, eu acredito que tudo o que tu estás me dizendo é verdade. Ó Senhor, nem os deuses nem os demônios conhecem tua aparência. [15]Ó Pessoa Suprema, mantenedora de tudo, senhor de todos os seres, Deus entre os deuses, mestre do mundo, tu mesmo conheces a ti mesmo através de ti mesmo.

Comentário

Arjuna sofre uma conversão ou uma mudança de mentalidade; dessa forma, ele proclama que aceita como verdade e sem reservas tudo o que *Kṛṣṇa* disse, e subsequentemente aceita plenamente sua (de *Kṛṣṇa*) divindade. Como parte de sua declaração, *Arjuna* diz que *Kṛṣṇa* não apenas delineou sua divindade dessa maneira, mas que ela também foi declarada por fontes confiáveis para Arjuna como *Nārada*, *Asita*, *Devala* e *Vyāsa* e, portanto, essas fontes confiáveis acrescentam um peso adicional. Este parece ser o núcleo da conversão pela qual *Arjuna* está passando: os numerosos argumentos que foram gradualmente levantados levaram à manifestação da divindade de *Kṛṣṇa*. Uma vez que *Arjuna* tenha atingido essa fase, com a consciência fixa no terceiro nível, ele absorveu essa manifestação, aceitou-a como verdadeira e, nesse ponto, finalmente desistiu de todos os seus argumentos. De uma perspectiva mais ampla, parece que *Arjuna*, antes desse ponto, manteve numerosas objeções às ideias e doutrinas de *Kṛṣṇa*, e assim, não poderia ter aceitado a divindade dele. Gradualmente, no entanto, através da subida gradual da escada interna, *Arjuna* aceitou a divindade de *Kṛṣṇa*, ao mesmo tempo em que gradualmente renunciou a familiaridade em favor da devoção; parece que o amigo se transformou em discípulo e que o discípulo se transformou em devoto dedicado. Parece que a experiência de devoção e a consequente aceitação da divindade de *Kṛṣṇa* é de caráter menos importante, pois *Arjuna* já havia abandonado a abordagem argumentativa em favor de um estado de satisfação e imersão em uma visão divina. *Kṛṣṇa*, da sua parte, enquanto fazia revelações místicas a *Arjuna*, não mudou sua posição básica em relação à guerra; ele ainda pede a *Arjuna* para lutar, e parece agora que *Arjuna* aceita isso e fará tudo o que for solicitado a fazer.

As manifestações divinas no mundo

> 16Eu te imploro; descreve com detalhes as manifestações divinas de ti mesmo, nas quais tu habitas nos mundos e os permeia. 17Ó *Yogin*, como posso sempre meditar em ti e conhecer-te? Ó Senhor, em quais diversos estados de ser tu podes ser contemplado? 18*Janārdana*, por favor, descreve-me mais e com detalhes o teu poder supremo, pois nunca ficarei satisfeito em ouvir o néctar das tuas palavras. 19O bem-aventurado Senhor disse: Que assim seja; eu descreverei a ti minhas manifestações divinas principais, pois minha plenitude é infinita. 20Eu sou o *eu*, ó *Guḍākeśa*, que permanece no coração de cada ser; eu sou o começo, o meio e o fim de todos os seres. 21Entre os *Āditya* eu sou *Viṣṇu*, das luzes sou o sol radiante, dos *marut* sou *Marīci* e entre estrelas, eu sou a lua. 22Dos *Veda* eu sou o *Sāmaveda*, dos deuses eu sou *Indra*, entre os sentidos eu sou a mente, e dos seres eu sou consciência. 23Dos *rudra* eu sou *Śiva*, dos *yakṣa* e *rakṣasa* eu sou *Kuvera*, dos *vasu* eu sou o fogo, e entre as montanhas eu sou *Meru*. 24Ó *Pārtha*, dos sacerdotes fica sabendo como o principal, *Bṛhaspati*. Dos generais eu sou *Skanda*, e entre os corpos de água eu sou o oceano. 25Dos grandes videntes eu sou *Bhṛgu*, das expressões orais eu sou a sílaba *Om*, dos sacrifícios eu sou o sacrifício *japa*, e entre seres imóveis sou as montanhas *Himālaya*. 26De todas as árvores eu sou o *Aśvattha*, dos videntes divinos eu sou *Nārada*, dos *Gandharva* eu sou *Citraratha*, e entre os seres aperfeiçoados o sábio *Kapila*. 27Dos cavalos fica sabendo que sou *Uccaiśravas*, que nasceu do néctar do oceano, dos elefantes nobres eu sou *Airāvata*, e o rei entre os homens. 28Das armas eu sou o raio, das vacas eu sou a vaca que satisfaz desejos, na procriação sou *Kandarpa*, o deus do amor, e entre as serpentes eu sou *Vāsuki*. 29Dos *nāga* eu sou *Ananta*, dos

aquáticos eu sou *Varuṇa*, de antepassados que partiram sou Dos *daitya* e entre aqueles que domam eu sou *Yama*. 30Dos *daityas* eu sou *Prahlāda*, das coisas contáveis eu sou tempo, das bestas eu sou o leão, e entre pássaros sou *Garuḍa*. 31Dos purificadores eu sou o vento, dos guerreiros eu sou *Rāma*, de monstros marinhos eu sou o *makara*, e entre rios eu sou o Ganges, conhecido como *Jhannavī*. 32Das criações eu sou o começo, fim e meio também, ó *Arjuna*. De todos os tipos de conhecimento, eu sou o conhecimento do *eu* e entre os teóricos sou a lógica. 33De letras eu sou a letra "a", e dos compostos nominais sou o composto chamado *dvandva*; só eu sou o tempo eterno e sou o criador, que está voltado para todas as direções. 34Eu sou a morte, que arrebata tudo e a origem das coisas que ainda estão para acontecer; entre as mulheres sou fama, fortuna, eloquência, memória, sabedoria, perseverança e paciência. 35Dos cantos védicos eu sou o *Bṛhatsāman*, dos metros sou a *gāyatrī*, dos meses eu sou *mārgaśīrṣa*[174], e entre as estações a primavera florida. 36Dos meios de trapacear sou a jogatina, e eu sou o esplendor do esplêndido; eu sou a vitória, sou o espírito de aventura e sou a coragem dos corajosos. 37Dos *Vṛṣṇi* sou *Vāsudeva*, dos filhos de *Pāṇḍu* sou *Dhanaṁjaya*; além disso, dos eremitas contemplativos eu sou *Vyāsa*, e dos sábios eu sou o sábio *Uśanas*. 38Dos governantes eu sou a vara do castigo, dos que desejam a vitória, sou a arte de governar; das coisas secretas, sou o silêncio e sou o conhecimento dos sábios. 39Ó *Arjuna*, a semente de todos os seres sou também eu; de fato, nada que se move ou não se move existe sem mim. 40Ó *Paraṁtapa*, não há fim para minhas manifestações divinas; descrevi a extensão da minha plenitude apenas através de exemplos. 41Qualquer que seja a criação que manifeste um esplendor celestial, tu deves entender que ela se origina de meu esplendor. 42Mas qual é a utilidade para ti desta extensa descrição? Eu sustento todo este mundo com apenas um fragmento meu!

174. Nov.-dez.

Comentário

Kṛṣṇa descreve suas várias manifestações neste mundo em resposta ao pedido de *Arjuna*. Esta é uma revelação adicional apresentada na *Bhagavad-gītā*, uma revelação da divindade imanente como representativa da essência e do auge de todos os fenômenos. Em última análise, *Kṛṣṇa* afirma, esses detalhes são menores, pois ele mantém o universo inteiro com apenas um fragmento do seu poder.

11
A REVELAÇÃO CÓSMICA

O pedido de *Arjuna*

[1]*Arjuna* disse: Tu revelaste para o meu benefício esse segredo supremo, a natureza do *eu*; depois de ouvir tuas palavras, minha ilusão foi dissipada. [2]Ó *Kṛṣṇa* de olhos de pétalas de lótus, ouvi de ti com detalhes o surgimento e a dissolução de todas as criaturas e de tua própria grandeza eterna. [3]Agora eu desejo ver tua forma celestial, assim como tu descreveste a ti mesmo, ó Senhor Supremo, ó Pessoa Suprema. [4]Ó Senhor, se tu achas que eu posso suportar esta visão, revela teu eu eterno para mim, ó mestre do poder místico. [5]O bem-aventurado Senhor disse: "Vê minhas formas, em centenas e milhares, variedade infinita, divina e repleta de cores e formas. [6]Ó *Bhārata*, contempla os *āditya*, *vasu*, *rudra*, os dois *Aśvin*, os *marut* e contempla muitas formas maravilhosas nunca vistas antes! [7]Agora, observa em meu corpo todo o universo, junto com seus seres móveis e imóveis, tudo em um lugar, e tudo o que tu desejas ver. [8]Mas tu não podes me ver com teus próprios olhos; eu, portanto, concedo-te uma visão divina. Eis meu majestoso esplendor!

Comentário

Arjuna aceitou agora a divindade de *Kṛṣṇa* e declarou claramente isso[175]; depois disso, ele ouviu falar das várias manifestações de

---

175. *BG* 10.12-15.

Kṛṣṇa no mundo. *Arjuna* está naturalmente curioso para experimentar uma demonstração mais tangível da divindade de *Kṛṣṇa*, uma revelação mais direta ou a que pode ser considerada "uma teofania clássica". No entanto, ele simplesmente expressa uma preocupação, e pergunta se ele será capaz de suportar tal exibição sem perder seu equilíbrio mental. O discurso um tanto formal de *Arjuna* em que ele se dirige a *Kṛṣṇa* como "Senhor" também avisa de antemão os eventos vindouros, já que diante do espetáculo da divindade de *Kṛṣṇa*, *Arjuna* não será capaz de manter o relacionamento de amigo, mantido até então, nem mesmo o relacionamento de mestre e discípulo. *Kṛṣṇa* está prestes a satisfazer o pedido de *Arjuna* e, para esse fim, ele lhe proporciona um órgão de visão especial místico, que lhe permitirá ver o universo inteiro, bem como as várias manifestações divinas, todas em seu próprio corpo, estando ele próximo de *Arjuna*.

A revelação

[9]*Saṁjaya* disse[176]: Ó rei, após falar assim, o grande mestre dos místicos *Hari* revelou a *Pārtha* sua forma majestosa e sublime. [10]De incontáveis bocas e olhos, de incontáveis revelações maravilhosas, de incontáveis ornamentos divinos, de incontáveis armas divinas prontas para a batalha. [11]Vestido com guirlandas e vestes celestiais, ungido com perfumes divinos, Deus cujo ser inteiro é maravilhoso, infinito e voltado para todas as direções. [12]Se mil sóis se levantassem de uma só vez no céu, o esplendor deles teria se assemelhado ao brilho daquela grande forma. [13]Naquele momento, o filho de *Pāṇḍu* viu todo o universo com sua diversidade e variedade unidas no corpo do Deus dos deuses. [14]Então, arrebatado pelo espanto e com os cabelos arrepiados, *Dhanaṁjaya* inclinou a cabeça sobre as mãos postas diante da Pessoa Suprema e falou: [15]*Arjuna* disse: Ó Senhor, eu vejo todos os deuses em teu corpo, e uma variedade de criaturas reunidas, o soberano deus *Brahmā* sentado em seu assento de lótus, todos os videntes, bem como as serpentes divinas. [16]Vejo-te em toda parte em uma forma infinita com braços, barrigas, bocas e olhos ilimita-

---

176. Dirigindo-se a *Dhṛtarāṣṭra*.

dos; não vejo em ti fim algum, nem meio e nem começo, ó Senhor de todos, cuja forma é o mundo inteiro. [17]Por mais difícil que seja contemplar-te, vejo-te claramente adornado com um diadema, armado com uma clava e um disco, e espalhando nuvens de esplendor por todos os lados; teu sol ardente como radiância cor de fogo é incomensurável! [18]Tu és o supremo objeto eterno do conhecimento; tu és o alicerce último de tudo, e tu és o protetor eterno do *dharma* eterno. De fato, eu considero que tu és a pessoa eterna. [19]Sem princípio, meio ou fim, de poder infinito, de braços ilimitados, o sol e a lua são os teus olhos, assim te contemplo, cuja boca resplandece como fogo de sacrifício; com teu esplendor, tu queimas o mundo inteiro. [20]Tu por ti mesmo preenches o espaço entre o céu e a terra e permeia todas as direções; ó grande, os três mundos tremem ao ver esta tua forma terrível e maravilhosa. [21]As hostes dos deuses entram em ti, alguns aterrorizados, louvando-te com as mãos postas; as multidões de grandes videntes e seres aperfeiçoados te glorificam com cânticos védicos, bradando, "Salve!" [22]Os *rudra*, os *āditya*, os *vasu* e os *sādhya*, os *viśvadeva*, os dois *Aśvin*, os *marut* e os ancestrais, as multidões de *gandharva*, *yakṣa*, *asura* e os seres aperfeiçoados, todos os contemplam com espanto. [23]Ó pessoa de braços poderosos, à vista de vossa grande forma, de muitas bocas e olhos, de muitos braços, coxas e pés, de muitas barrigas e de muitas presas terríveis, os mundos tremem, e eu também. [24]Ó *Viṣṇu*, vendo-te tocar o céu, flamejando com muitas cores, tua boca enorme escancarada e teus olhos enormes brilhando, todo o meu ser treme; não consigo encontrar firmeza nem paz mental. [25]Observando tuas bocas de muitos dentes terríveis como o fogo da destruição que causa o fim do mundo, eu perco a direção e não encontro refúgio. Ó Senhor dos deuses! Ó refúgio dos mundos, tem misericórdia! [26-27]Os filhos de *Dhṛtarāṣtra*, acompanhados por exércitos de reis, soberanos da terra, e *Bhīṣma*, *Droṇa*, *Karṇa* com nossos principais guerreiros, correm para dentro de tuas bocas cheias de dentes terríveis. Alguns são vistos entre os dentes, com suas cabeças esmagadas. [28]Da mesma forma que muitos rios fluem em fúria para o oceano, também os heróis do mundo entram em tuas bocas ardentes. [29]Da mesma forma com que as mariposas se apressam rumo à destruição no fogo ardente, similarmente estas pessoas apressam-se rumo a tuas bocas para encontrar a ruína. [30]Ó *Viṣṇu*! Tu ferozmente lambes teus lábios por todos os lados, engolindo todos os mundos em tuas bocas flamejantes! Teu resplendor ardente queima o mundo inteiro, cheio da tua glória! [31]Quem és tu com essa forma terrível? Revela para mim, eu suplico! Eu caio a teus pés e imploro por tua misericórdia, ó melhor dos deuses. Ó primordial entre os seres, eu desejo entender Vossa Excelência, visto que teu propósito não é claro para mim. [32]O bem-aventurado Senhor disse: "Eu sou o tempo, o grande destruidor dos mundos, e vim aniquilar todos os que estão reunidos aqui; mesmo sem ti, esses guerreiros agrupados em posições opostas não sobreviverão. [33]Portanto, levanta-te e aceita a glória! Com teus inimigos conquistados, tu desfrutarás do reino próspero. Por mim apenas eles já estão mortos; portanto, sê apenas um instrumento em minhas mãos, ó *Savyasācin*. [34]*Droṇa*, *Bhīṣma*, *Jayadratha*, *Karṇa* e outros heróis já foram destruídos por mim. Luta! Destrói a todos sem hesitar! Tu conquistarás teus inimigos nesta batalha.

Comentário

Temos aqui a apresentação de uma teofania em sua plenitude; sem dúvida, esta seção é uma das seções mais emocionantes da *Bhagavad-gītā* e é uma revelação importante no vasto cenário das religiões do mundo. *Kṛṣṇa*, o amigo íntimo de *Arjuna* que se tornou seu guru, agora se transforma no poderoso deus universal *Viṣṇu*; como tal, o discurso amigável e descontraído entre os dois se transforma em exclamações e declarações fervorosas de *Arjuna*. Vendo a incrível, enorme e aterrorizante exibição do poder divino, *Arjuna* sente dificuldade em manter sua compostura e determinação. Durante essa demonstração, *Arjuna* vê como a maioria dos guerreiros presentes deve ser morta por essa figura panteísta. *Viṣṇu* declara que ele é o tempo e, como tal, aniquilou tudo; uma vez que sua previsão e plano é que a maioria dos guerreiros será morta, *Arjuna* é ordenado a desempenhar o papel de um mero instrumento em suas mãos, lutar e alcançar a vitória.

A fala de *Arjuna*

[35]*Saṁjaya* disse: após ouvir as palavras de *Keśava*, assustado e trêmulo, oferecendo reverências a *Kṛṣṇa* repetidamente com as mãos postas, *Arjuna* falou em estado de tumulto mental. [36]*Arjuna* disse: é perfeitamente apropriado, ó *Hṛṣīkeśa*, que o mundo se alegre e se deleite em teu louvor, que os demônios fujam em todas as direções, e que todas as multidões de seres perfeitos se curvem diante de ti. [37]Ó grande alma, por que não deveriam se curvar diante de ti? Tu és o criador primordial e mais importante até mesmo que *Brahmā*! Tu és infinito! Senhor dos deuses, refúgio do universo! Tu és eterno, aquilo que existe, aquilo que não existe e aquilo que está além de ambos! [38]Tu és o Deus original, a pessoa primordial; para o mundo todo tu és o supremo local de descanso. Tu és o conhecedor, o conhecido e a morada suprema. Tu, cuja forma não tem limites, permeias o mundo inteiro. [39]Tu és *Vāyu* o deus do vento, *Yama* o deus da morte, *Agni* o deus do fogo, *Varuṇa* o deus dos oceanos, o deus da Lua, *Brahmā*, o senhor das criaturas, e o avô primordial. Eu caio a teus pés repetidamente, mil vezes e mais uma vez! [40]Minha homenagem de frente! Minha homenagem de trás! Eu ofereço minha homenagem a ti de todas as direções! Tu és de vigor ilimitado e poder infinito! Tu permeias tudo e assim tu és tudo! [41]De forma descuidada pensei que tu eras meu camarada, eu te chamei de "ó, *Kṛṣṇa*, ó *Yādava*, ó meu amigo" sem conhecer tua grandeza. Eu fiz isso por distração, ou talvez por puro carinho. [42]Às vezes, brinquei, às vezes, eu te tratei com desrespeito, às vezes, nós nos divertimos juntos, deitamo-nos na mesma cama, sentamo-nos juntos ou jantamos juntos; e não apenas em particular, ó *Kṛṣṇa*, mas também com os outros. Ó Imensurável, peço-te perdão! [43]Tu és o pai universal tanto do móvel como do imóvel; tu és um guru muito venerável, inigualável e adorado por todos. Como alguém poderia superar-te, ó Senhor de poder imensurável! [44]Portanto, prostrando-me a teus pés, presto reverência e imploro tua misericórdia. Ó venerável Senhor, perdoa-me como um pai perdoa o filho, como um amigo desculpa seu amigo, ou como um amante perdoa sua amada. Ó Deus, tem paciência para

comigo! [45]Após ter visto aquilo que nunca foi visto, estou emocionado, mas meu coração treme de medo; por favor, revela-me novamente a forma que eu conheci, ó Senhor dos deuses, repouso do mundo. [46]Eu imploro para vê-lo novamente, como antes, coroado com um diadema, armado com a maça e disco na mão; eu suplico que tu assumas mais uma vez tua forma de quatro mãos, ó Senhor de mil braços, ó encarnação de tudo.

Comentário

Arjuna já não só satisfez sua curiosidade quanto à divindade de *Kṛṣṇa*, mas se sente exultante ao ver aquela manifestação maravilhosa de poder supremo. Ao mesmo tempo, ele está em um estado emocional perturbado e pede para ver *Kṛṣṇa* como ele o conhecia antes da revelação – como um amigo em uma forma humana. Aparentemente, a revelação causou uma transição de um relacionamento amigável para um de respeito e medo em relação a *Kṛṣṇa* em sua forma superior. No ambiente amistoso, *Arjuna* e *Kṛṣṇa* expressaram informalmente sua amizade mútua, mas, após a revelação, o estado de amizade foi substituído, por parte de *Arjuna*, por espanto, admiração, medo, reverência, submissão, perda de identidade, confusão e turbulência mental precariamente controlável. *Arjuna* deseja reverenciar a Pessoa Suprema repetidamente e louvar sua grandeza e poder; além disso, ele lamenta o comportamento familiar e informal anterior em relação a *Kṛṣṇa*, não percebendo quem ele realmente era e implora seu perdão. Aparentemente, tanto *Arjuna* quanto *Kṛṣṇa* preferem a troca informal e amistosa com um estado de espírito reverencial formal, e, além disso, esse último é um tanto estranho ao estado de espírito predominante da *Bhagavad-gītā*, que é relativamente pacífico e discursivo. De fato, as emoções despertadas em *Arjuna* em face da revelação divina não eram de afeição, amor ou devoção, mas de reverência e respeito distantes. Neste estado emocional, *Arjuna* lamenta e pede desculpas por seus procedimentos informais anteriores com *Kṛṣṇa*, que eram uma expressão de fraternidade e companheirismo. *Arjuna* cumpriu seu desejo, mas é duvidoso se ele solicitaria essa experiência novamente.

Conclusão: A Pessoa Suprema pode ser vista como Ela é e ser alcançada apenas pela devoção

[47]O bem-aventurado Senhor disse: Por minha misericórdia para contigo, *Arjuna*, e por meu próprio poder misterioso, manifestei esta forma suprema. Essa minha forma panteísta, de esplendor, ilimitada e primordial, nunca foi revelada a outra pessoa a não ser a ti mesmo. [48]Não é pela realização de sacrifícios védicos ou canto de hinos, atos de doação, rituais cerimoniais ou asceses impressionantes, que alguém, além de ti, entre os humanos, pode me ver em tal forma, ó herói *Kuru*. [49]Não te perturbes ou fiques confuso ao ver esta minha forma terrível. Alegra-te novamente, não te preocupes e vê novamente a minha forma que tu conheceste. [50]*Saṁjaya* disse: tendo assim falado com *Arjuna*, *Vāsudeva* revelou novamente sua própria forma conhecida por *Arjuna*; voltando à sua gentil aparência, aquela grande alma acalmou o assustado *Arjuna*. [51]*Arjuna* disse: vendo sua bela e benevolente forma humana, ó *Janārdana*, estou agora calmo e minha mente se recuperou. [52]O bem-aventurado Senhor disse: é realmente difícil ver a forma que tu viste; na verdade, até mesmo os deuses estão ansiosos para obter uma visão dela. [53]Não é pelo estudo dos *Veda*, nem por ascese, nem por doação, nem por sacrifício, que posso ser visto da maneira como tu me viste. [54]Somente pela devoção exclusiva, ó *Arjuna*, eu posso ser conhecido e visto como eu sou na verdade, e assim ser alcançado. [55]Aquele que age em meu interesse, que me aceita como o Supremo, que é dedicado a mim, que abandonou tanto o apego como a inimizade para com todas as criaturas, virá a mim, ó *Pāṇḍava*.

Comentário

O capítulo termina reforçando o tema central da *Bhagavad-gītā* de *bhakti* ou devoção. *Kṛṣṇa* diz que as atividades ritualísticas e ascéticas costumeiras são insuficientes para conhecê-lo e alcançá-lo, e aparentemente, experimentar uma revelação como a que *Arjuna* acabou de experimentar também não é um método recomendado. A conclusão é que a devoção pessoal é a melhor maneira de conhecer *Kṛṣṇa*, para vê-lo e alcançá-lo. Dessa forma, o capítulo em andamento se volta para o tópico da devoção.

12
FASES DA DEVOÇÃO

Qual é melhor: a adoração à Pessoa Suprema ou a adoração ao *Brahman*?

[1]*Arjuna* disse: Há aqueles que te adoram, dedicados a ti e constantemente absortos em ti, enquanto há outros que adoram o *Brahman* eterno e invisível; quem entre eles é o mais avançado em *yoga*? [2]O bem-aventurado Senhor disse: Aqueles cuja mente está fixa em mim, que estão constantemente absortos em mim, e me adoram com fé profunda, eu os considero os mais avançados em *yoga*. [3-4]Mas aqueles que adoram o eterno, o inexplicável, o invisível, o onipresente e inconcebível, o estável, fixo e firme – aqueles, após subjugar os vários sentidos, alcançaram completa equanimidade e estão voltados para o bem-estar de todos –, eles realmente me alcançam. [5]As dores sentidas por aqueles cuja mente é absorta no invisível são maiores, pois o objetivo invisível é realmente difícil de ser alcançado para aqueles que habitam em um corpo. [6-7]Por outro lado, aqueles que me consideram o Supremo e oferecem todas as suas atividades para mim, que meditam em mim e me adoram através de *yoga* sem distrações, para eles eu sou o salvador do oceano do *saṁsāra* e da morte. Ó *Pārtha*, eu me apresento para eles sem demora, pois eles me deram seu coração.

Comentário

Arjuna pede explicitamente uma comparação entre o caminho da devoção e o caminho da experiência do *Brahman* impessoal, e pergunta qual dos dois é melhor. A tensão entre os dois caminhos da experiência espiritual é um tema básico no pensamento moderno, e encontra sua expressão, entre outras coisas, na disputa medieval entre Śaṅkara e Rāmānuja, ou entre as tradições *advaita* e *vaiṣṇava*. Aqueles que aceitam a concepção pessoal da divindade como suprema, consideram a experiência do *Brahman* como uma experiência espiritual válida que conduz à libertação, mas ainda inferior à experiência completa pessoal em relação à Pessoa Suprema por meio da devoção. Por outro lado, aqueles que aceitam o conceito impessoal da divindade como supremo consideram a devoção à Pessoa Suprema como uma fase espiritual preliminar destinada a capacitar aqueles que ainda estão precisando de objetos concretos de adoração, para gradualmente alcançarem o *Brahman* invisível, sutil, onipresente e impessoal. Como a *Bhagavad-gītā* simultaneamente promove os dois caminhos, e levando em conta que os últimos capítulos foram centrados na divindade e devoção pessoais, uma comparação dos dois caminhos se torna pertinente. A questão é clara, e assim é a resposta dada; *Kṛṣṇa* começa dizendo que aqueles devotados a ele como a Pessoa Suprema são mais avançados do que aqueles que aderem ao conhecimento do *Brahman* impessoal. Aqueles que visam a perfeição espiritual através do conhecimento de *Brahman* também serão bem-sucedidos, mas seu caminho é mais árduo, uma vez que seu objetivo é vago, e uma vez que o *Brahman* impessoal é difícil de ser concebido por aqueles condicionados pelo corpo físico. *Kṛṣṇa* enfatiza que, para os seus devotos, ele é o salvador do *saṁsāra* e prossegue para aprofundar a discussão da devoção pessoal ao apresentar a "escada da devoção".

A escada ética da devoção

> 8Fixa tua mente somente em mim e absorve tua consciência em mim; assim tu certamente habitarás em mim. 9Se tu não puderes fixar tua consciência firmemente em mim, então aspira a alcançar-me através da prática repetida do *yoga*, ó *Dhanaṁjaya*. 10Se és incapaz mesmo disso,

abraça o caminho da ação, para o qual eu sou o objetivo mais elevado, já que, agindo por mim, tu alcançarás a perfeição. [11]Mas se tu és incapaz de seguir este caminho do refúgio em mim através de atos dedicados a mim, então desiste dos frutos de todas as tuas ações, dessa forma, restringindo a ti mesmo. [12]O conhecimento é superior à prática, a meditação é superior ao conhecimento e a renúncia aos frutos das ações é superior à meditação, já que a tranquilidade vem logo em seguida após tal renúncia.

Comentário

Esta seção explica o princípio da escada subjacente a toda a *Bhagavad-gītā*, compondo sua estrutura juntamente com os três níveis de realidade. A descrição vai de cima para baixo, em oposição à escada apresentada a partir do capítulo 2, representando as fases da escada de baixo para cima. Em termos dos três níveis ou camadas, a discussão atual começa no terceiro nível, representando a imersão na experiência da divindade, até o segundo nível, representando o esforço feito por aqueles que ainda estão ligados à matéria em sua luta pela libertação, e, daí em diante, para o primeiro nível. O estado mais elevado[177] é o da imersão na Pessoa Suprema e, como é espontâneo, não requer restrições externas; portanto, pode ser chamado de fase de devoção espontânea. O estado inferior[178] é o de *abhyāsa* ou prática contínua, e em oposição ao estado mais elevado, é caracterizado por vários princípios, regras e restrições do *yoga*. Como *bhakti* aqui toma a forma de uma prática de *yoga*, ela pode ser considerada a fase de *bhakti-yoga*. A próxima fase[179] é uma atividade dedicada a *Kṛṣṇa*; esta atividade parece ser uma atividade de acordo com o *dharma*; portanto, é realizada de acordo com a natureza do praticante, e seus frutos são oferecidos ao Supremo. Pode ser considerada *karma-yoga*, e os capítulos 3 e 5 tratam do assunto detalhadamente. A fase

177. *BG* 12.8.

178. *BG* 12.9.

179. *BG* 12.10.

inferior a seguir[180] promove a renúncia aos frutos da ação; este é um tipo de autocontrole e, naturalmente, traz tranquilidade. Ao contrário da fase superior, que promove o oferecimento dos frutos da ação ao Supremo, essa fase promove uma renúncia geral e, como tal, é considerada inferior. Uma fase inferior ainda é a da meditação, e a do conhecimento é a próxima e, eventualmente, existe a prática. Ela não parece ser a prática de *yoga* mencionada no segundo degrau da escada, e pode muito bem ser a prática do *Veda*[181]. Podemos ter aqui uma declaração inequívoca em relação à supremacia do *karma-yoga* sobre *jñāna-yoga*[182]; isso é consistente não apenas com o clima geral da *Bhagavad-gītā*, mas também com o capítulo atual, segundo o qual o caminho do trabalho ou serviço ativo é recomendado no caminho da contemplação abstrata.

O devoto que é querido pela Pessoa Suprema

> [13-14]Aquele que não odeia ser vivo algum, é amável e compassivo, é desprovido de possessividade e egoísmo, equânime na aflição ou felicidade, tolerante para com os outros, um *yogin* que está sempre contente, autocontrolado e firme, cuja mente e consciência está absorta em mim e é meu devoto, é querido por mim. [15]Aquele que não perturba alguém sequer, nem é perturbado por alguém, que está livre de alegria, impaciência, medo e angústia, é querido por mim. [16]Aquele que não depende de nada, é puro, eficiente, neutro, livre de sofrimento e ansiedade, que abandonou a ambição pessoal e é um devoto meu, é querido por mim. [17]Aquele que não se regozija nem se enoja, nem lamenta nem anseia, renunciando tanto ao promissor como ao não promissor, e se enche de devoção, é querido por mim. [18-19]Aquele que é equânime em relação ao amigo ou inimigo, e enfrenta da mesma forma honra ou desonra, frio ou calor, felicidade ou aflição, livre de

180. *BG* 12.11.

181. Cf. VAN BUITENEN, J. *The Bhagavadgītā in the Mahābhārata*. Chicago/Londres, 1981, nota 4, cap. 12, p. 168.

182. No lugar citado.

apego, para quem insultos ou aplausos são a mesma coisa, satisfeito em qualquer circunstância, sem lar, de uma mente firme e cheia de devoção, essa pessoa é querida para mim. [20]Aqueles que se dedicam a mim, que se consagram a este caminho eterno do *dharma* assim descrito, fiel e que me aceita como o Supremo, são muito, muito queridos por mim.

Comentário

Kṛṣṇa descreve aqueles devotados a ele de forma muito detalhada, elogia suas virtudes e enfatiza como eles são queridos para ele. Por um lado, os devotos renunciam ao mundo, pelo menos internamente, e desenvolvem indiferença e equanimidade em relação a ele, ao passo que, por outro, desenvolvem relações pessoais com a Pessoa Suprema e tornam-se muito queridos por ela. Esta seção resume a seção e a seção intermediária da *Bhagavad-gītā* que é composta pelos capítulos 7 ao 12 e que trata extensivamente da divindade e do ideal de devoção. Os capítulos seguintes apoiam a ideia de devoção através da proposição de conhecimento em termos das tradições *Sāṅkhya* e *Vedānta.*

13
A VISÃO DO SUPREMO NO CORAÇÃO

As seis perguntas, o campo e o conhecedor do campo

0 *Arjuna* disse: Ó *Keśava*, eu gostaria de saber sobre a natureza material[183], o ser vivo consciente[184], o campo e o conhecedor do campo, o conhecimento e o objeto do conhecimento[185]. 1 O bem-aventurado Senhor disse: Este corpo é conhecido como o campo, ó *Kaunteya*, e aquele que o conhece é declarado pelos sábios como o conhecedor do campo. 2 Tu deves me conhecer como o conhecedor do campo também, situado em todos os campos, ó *Bhārata*. Eu considero que o conhecimento do campo e do conhecedor do campo seja realmente conhecimento. 3 Ouve-me em resumo o que é este campo e sua natureza, como ele se transforma e surge, quem é o conhecedor do campo e quais são seus poderes. 4 Os videntes cantaram isso em muitos hinos védicos de várias maneiras, bem como nos aforismos do *Brahmasūtra*, todos eles de fontes confiáveis e bem embasados. 5-6 Os grandes elementos, o conceito de ego, a inteligência e o invisível, os dez sentidos e o sentido

---

183. *Prakṛti*.

184. *Puruṣa*.

185. A primeira estrofe não está presente em algumas edições da *BG* e usei o texto de Zaehner como referência, marcando a ausência como 0.

adicional, os cinco objetos dos sentidos, atração e repulsão, felicidade e angústia, o agregado, consciência e convicção interior – todos servem para resumir a natureza do campo e suas transformações.

Comentário

Depois de lidar detalhadamente com o tema da devoção nos seis capítulos anteriores, a discussão assume agora um caráter diferente; torna-se mais teórica e mais próxima do modo discursivo do *Vedānta* ou *Sāṅkhya*. Em certo sentido, o texto agora desce do terceiro nível que ocupou os capítulos anteriores para o segundo nível; assim, a presente discussão está mais voltada para o envolvimento do ser vivo no *saṁsāra* e os meios de sua libertação. Após examinar a realidade nos capítulos anteriores a partir da perspectiva superior do terceiro nível, o texto foi agora enriquecido com um ponto de vista mais elevado; por conseguinte, atingiu um estado de maturidade que estava ausente nos seis primeiros capítulos. O capítulo começa com as seis perguntas de *Arjuna*[186] e, na seção atual, a terceira e quarta perguntas são abordadas; estas duas perguntas estão voltadas para o campo e o conhecedor do campo. Consequentemente, a alma requer um campo de atividade pelo qual possa se expressar na vida mundana, e esse campo é o corpo que dita um tipo particular de envolvimento no mundo terreno. Normalmente, as sementes são semeadas no campo e depois produzem frutos; da mesma forma, o desempenho de uma ação humana se assemelha ao plantio de uma semente, conforme produz frutos segundo o *karman* na forma de reações futuras. O termo campo refere-se não apenas ao corpo físico, mas também aos aspectos sutis ou psicológicos, e as estrofes 5 a 6 listam os vários componentes que compõem o campo. A resposta direta à pergunta sobre o conhecedor da identidade do campo é relativamente simples: é o *eu*, ou seja, o *ātman*. Mas, *Kṛṣṇa* acrescenta uma observação interessante e diz que ele também é o conhecedor do campo e, além disso, está situado em todos os campos[187]. Parece que ele está se referindo ao *paramātman*,

186. *BG* 13.0.

187. *BG* 13.2.

também conhecido como *antaryāmin*, que é a Pessoa Suprema que habita junto com cada alma em cada corpo, e a acompanha através de sua jornada através do *saṁsāra*. Essa forma de divindade representa uma posição intermediária entre a Pessoa Suprema totalmente pessoal, distinta por características únicas, e a divindade impessoal, ou o *Brahman*, que é indiferenciada e onipresente.

Conhecimento

> [7]Ausência de orgulho e arrogância, não violência, tolerância, honestidade, serviço ao guru, pureza, firmeza, autocontrole, [8]ausência de atração pelos objetos dos sentidos, ausência de noção do ego, visão do sofrimento e do mal do nascimento, morte, velhice e doença, [9]desapego, distanciamento dos filhos, esposa, lar e afins, constante equanimidade em relação aos eventos desejados e indesejados, [10]devoção sincera a mim apoiada pelo *yoga*, preferir lugares solitários e evitar as multidões, [11]contemplação constante do conhecimento do *eu*, imaginar o propósito do conhecimento preocupado com a verdade – tudo isso é declarado como conhecimento, enquanto tudo o mais é ignorância.

Comentário

Em resposta ao pedido de *Arjuna* para saber sobre o conhecimento[188], *Kṛṣṇa* apresenta uma lista de características internas; elas representam conhecimento e sua ausência significa a ausência de conhecimento ou ignorância. O tipo de conhecimento em discussão não é conhecimento quantitativo, intelectual ou enciclopédico, mas sim um conhecimento de um tipo diferente, adquirido através de transformação interior, e obtido através de um treinamento ético e construção de caráter. De acordo com o nosso modelo, ele pode ser considerado conhecimento do segundo nível, pois ele apoia o desapego e o desenvolvimento de uma visão segundo o *yoga*. A imagem da pessoa com conhecimento que nos vem à tona é a de um asceta solitário, ocupado em

188. *BG* 13.0; a quinta pergunta.

meditação e dedicado à Pessoa Suprema. Isso levanta uma questão: Como *Kṛṣṇa* pode ligar este ideal de um asceta solitário ao ideal do guerreiro vigoroso e violento que ele espera que *Arjuna* seja? A resposta deve ser encontrada no conceito *yogin* mencionado na estrofe 10; consequentemente, cumprir o próprio dever como uma forma de servir ativamente à Pessoa Suprema através de uma luta constitui uma forma de *yoga*. Esse *yoga* devocional ou *bhakti-yoga* envolve os componentes clássicos do *yoga*, mas estes são praticados não através de posturas de *yoga* solitárias e coisas semelhantes, e sim através da adesão ao dever no espírito de serviço e devoção ao Supremo. Assim, a paciência será manifestada pela restrição de *Arjuna* a seus próprios desejos para a realização dos desejos de *Kṛṣṇa*. A ausência de ego será expressa por ele aceitar o papel de servo de *Kṛṣṇa* e aceitar a luta da guerra como serviço a *Kṛṣṇa*. Da mesma forma, o esforço para ser libertado do *saṁsāra* será praticado pela renúncia ao apego aos objetos dos sentidos, em prol de oferecer os frutos da luta ao Supremo. Ainda assim, como pode *Arjuna* praticar a não violência? A solução parece ser encontrada na instrumentalidade subjacente ao conceito de devoção: em certo sentido, a Pessoa Suprema é quem realmente age, enquanto *Arjuna* é apenas um instrumento em suas mãos; assim, a responsabilidade recai inteiramente no Supremo, que assume a responsabilidade pelas ações de seu servo realizadas de acordo com suas instruções. Essa ideia aparece no capítulo 11, em que *Arjuna* foi convidado a ser apenas um instrumento nas mãos do Supremo[189], e é discutida no capítulo 18, que afirma que aquele que mata sem manter uma falsa concepção de si mesmo como o fazedor, na verdade, não mata[190]. É de notar que, enquanto em geral o método tradicional requer que o estudante passe por um processo de treinamento e construção de caráter, um caminho diferente de eventos em que o conhecimento precede a autocorreção é possível sob circunstâncias excepcionais, como iluminação súbita ou revelação divina. Um exemplo para este último é a revelação observada por *Arjuna* e descrita no capítulo 11, resultando em sua humildade, que é desprovida da noção de ego e assim por diante.

---

189. *BG* 11.33.

190. *BG* 18.17.

O objeto do conhecimento

[12]Falarei agora sobre o objeto de conhecimento, conhecendo o qual tu deves alcançar o eterno. Este é o *Brahman* sem começo e está subordinado a mim[191], diz-se que ele não tem existência nem inexistência. [13]Em toda parte estão suas mãos e pernas, seus olhos, cabeças e rostos, e da mesma forma, suas orelhas que existem em toda parte no mundo; portanto, ele é abrangente e consciente de tudo[192]. [14]Embora desprovido de características perceptíveis, ele parece possuí-las. Embora ele mantenha tudo, ele é desapegado de qualquer coisa; ele está liberto dos *guṇa*, mas, mesmo assim, experimenta os *guṇa*. [15]Ele existe dentro e fora de todas as criaturas, ele está imóvel e em movimento, sua sutileza o torna difícil de ser compreendido; ele é ao mesmo tempo remoto e próximo. [16]Embora pareça estar dividido entre todos os seres, na verdade ele é indiviso; ele deve ser conhecido como o mantenedor, devorador e criador de todas as criaturas. [17]Dizem que ele é a luz das luzes situada além da escuridão, ele é o conhecimento, o objeto do conhecimento e a meta do conhecimento; ele habita no coração de todos. [18]Assim, o campo, o conhecimento e o objeto do conhecimento foram descritos brevemente; sabendo disso, meu devoto alcança minha natureza.

Comentário

Quanto à questão "qual é o objeto do conhecimento"[193], *Kṛṣṇa* afirma que é a divindade. A resposta começa apontando diretamente para o *Brahman*, mas logo muda para uma descrição do *Paramātman*, que é

---

191. Śaṅkara segmenta o trecho como *anādimat param*, que é traduzido como "*Brahman* sem começo", ao passo que Rāmānuja segmenta como *anādi matparam*, traduzido como "sem começo e tendo-me como o mais elevado". Optei pela segunda possibilidade de segmentação. Cf. *The Bhagavad Gītā with the Commentary of Ādi Śaṅkarācārya*. Chennai, 1995, p. 344. • Cf. tb. *Śrī Rāmānuja Gītā Bhāṣya*. Madras, 1991, p. 437-439.

192. O gênero masculino é aplicado até o final da seção para enfatizar o *Paramātman* como objeto, embora o texto use o gênero neutro.

193. *BG* 13.0. A sexta pergunta.

uma forma pessoal da divindade que reside dentro do coração[194], conhecida também como *Antaryāmin*, e que acompanha a alma encarnada em sua viagem pelo mundo do *saṁsāra*[195]. Essa ideia interessante também é encontrada nas *upaniṣad*, e dá uma contribuição importante aos diversos conceitos de divindade encontrados na *Bhagavad-gītā*. Essa forma é geralmente associada à contemplação *yogin* ou mística, e naturalmente evoca estados de espírito serenos e pacíficos, que são representativos dos estados mentais quietistas e místicos. Segundo a teologia *vaiṣṇava*, o *Antaryāmin* ou "regulador interno" é uma forma da divindade que habita no coração humano, guia-o e acompanha-o pelas experiências do céu e do inferno[196]. A *Kaṭha-upaniṣad*, capítulo 4, descreve a divindade personalizada explicitamente:

> 4.12 Uma pessoa do tamanho de um polegar reside dentro do corpo (ātman)
> O Senhor do que foi e do que será – Dele ele não se esconde. Então, de fato é isso!
> 4.13 A pessoa do tamanho de um polegar
> É como um fogo sem fumaça;
> O Senhor do que foi e do que será;
> O mesmo hoje e amanhã
> Então, de fato é isso![197]

A *Śvetāśvatara-upaniṣad*, capítulo 4, descreve as relações das duas almas, a diminuta e a suprema como dois pássaros aninhados na mesma árvore:

> 6 Dois pássaros, companheiros e amigos, situados na mesma árvore. Um deles come um figo saboroso; o outro, sem comer, olha. 7 Preso na mesma árvore, alguém sofre, iludido por ela que não é o Senhor. Mas quando ele vê o outro, Senhor contente – e a majestade do Senhor – sua tristeza desaparece[198].

---

194. *BG* 13.17.

195. Descrito tb. na *BG* 13.22.

196. KLOSTERMAIER, K.K. *A Concise Encyclopedia of Hinduism*. Oxford, 1998, p. 23.

197. OLIVELLE, P. *Upaniṣads*. Oxford, 1996, p. 242.

198. No mesmo cap., p. 259. Uma parábola semelhante aparece na *Muṇḍaka-upaniṣad*, 3.1.1-3.

O *Paramātman* é uma espécie de "providência pessoal" que governa, guia e acompanha o homem em sua jornada pelo *saṁsāra*. Enquanto ele acompanha cada ser vivo separadamente e testemunha seus atos, diz-se que ele possui milhares de braços e pernas; como ele é sutil e invisível, diz-se que ele é muito próximo, mas ao mesmo tempo difícil de se alcançar. A alma aspira desfrutar dos frutos da árvore ou desfrutar deste mundo e, como tal, experimenta felicidade e angústia; o Supremo, no entanto, não tem interesse nos frutos da árvore e é indiferente, ele apenas acompanha a alma. Ainda assim, ele parece estar esperando ou até mesmo na esperança de que a alma se volte para ele, embora pareça que a alma está mais ocupada com os frutos da árvore e, na grande maioria das vezes, não lhe dá atenção. A pessoa dentro do coração é uma manifestação divina que abrange traços pessoais e impessoais; o parâmetro é pessoal no sentido de ter características pessoais como uma forma majestosa, enquanto seu aspecto impessoal é expresso por ser onipresente. Isso não quer dizer que ele seja impessoal, mas que sua aparência nesta forma possibilita que alguém que possua uma visão impessoal o admire, contemple, busque identidade com ele ou até deseje se unir a ele; isto está em contraste com as relações mais próximas ou emoções intensas que são despertadas pela presença de uma forma pessoal do divino. Ao concluir a seção, *Kṛṣṇa* apresenta um resumo provisório das perguntas respondidas até o momento[199], e relaciona isso à devoção dizendo que quem se dedica a ele e adquiriu esse conhecimento pode alcançar sua natureza.

A natureza, o ser vivo e a Pessoa Suprema no coração

> [19]Fica sabendo que a natureza material e o ser vivo consciente são ambos sem começo; fica sabendo também que as transformações, assim como os *guṇa*, originam-se da natureza material. [20]É dito que a natureza material é a causa no que diz respeito às causas de produção e efeitos, e que o ser vivo é a causa no que diz respeito a sentir prazer

---

199. *BG* 13.18. É importante notar que a estrofe 18 menciona apenas três tópicos discutidos, ou seja, o campo, o conhecimento e o objeto do conhecimento. O quarto tópico, isto é, o conhecedor do campo, também foi discutido; cf. *BG* 13.1-2.

e dor. [21]O ser vivo situado na natureza material experimenta os *guṇa* que são produtos da natureza material. Enquanto seu contato com os *guṇa* é a causa do nascimento em um ventre bom ou ruim. [22]Diz-se que a Pessoa Suprema conhecida como *Paramātman* existe neste corpo; ele é a testemunha observadora e o consentidor, ele é o sustentador, ele percebe tudo e é o grande Senhor. [23]Aquele que assim conhece o ser vivo, a natureza material e os *guṇa*, não importa qual seja o seu modo de existência, não voltará a nascer.

Comentário

As duas perguntas restantes são agora discutidas, a saber, a pergunta sobre *prakṛti* ou natureza material, e a questão concernente ao ser vivo ou *puruṣa*. Os *guṇa* incluem *prakṛti*, são eternos e fornecem o quadro de ações e reações, dentro dos quais o ser vivo experimenta seu *karman*. A estreita associação com os *guṇa* é a causa do *saṁsāra*; de acordo com a interação com os *guṇa*, o ser vivo nascerá em um ventre bom ou ruim. A estrofe 22 acrescenta um terceiro elemento adicional ao dualismo *puruṣa* e *prakṛti*; este terceiro elemento é o *Paramātman* descrito como *puruṣaḥ paraḥ* ou a Pessoa Suprema. Ele reside dentro do corpo como testemunha e sustentador e, ao mesmo tempo, compartilha com o ser vivo diminuto suas experiências na vida encarnada. Esta versão do *Sāṅkhya* não é composta de dois, mas é composta de três elementos: *prakṛti*, *puruṣa* e o *puruṣa* supremo, que é o ser vivo supremo que reside dentro de todos os corpos; dessa forma, é uma versão teísta do *Sāṅkhya*. Esta seção oferece uma apresentação do que há de melhor em termos de *Sāṅkhya*; ambos *puruṣa* e *prakṛti* são descritos como eternos e sem começo; os *guṇa* atuam no cenário de *prakṛti* e causam mudanças contínuas e transformações[200] infinitas na vida de cada indivíduo, assim como na vida de todo o universo. De certo modo, os *guṇa* fornecem a estrutura geral, enquanto o *puruṣa*, conduzido por seus desejos, atravessa o "deserto", experimentando assim o prazer e a dor[201]. A infinita variedade de experiências percebidas pelo ser vivo

---

200. *Vikāra*.

201. *BG* 6.20.

encarnando no *saṁsāra* é vista como nada além da experiência dos três *guṇa* em várias combinações; enquanto o ser vivo estiver envolvido em experimentar os *guṇa*, ele permanecerá no *saṁsāra* e nascerá em vários tipos de ventres. A seção é concluída relacionando esse conhecimento à libertação, afirmando que aquele que entende as relações entre o *puruṣa* e a *prakṛti* não nascerá novamente.

Conclusão e descrição de várias visões

[24]Alguns veem o *eu* por si mesmos através da meditação e da contemplação interior, outros através do *sāṅkhya-yoga*, enquanto outros através do *karma-yoga.* [25]Ainda outros, apesar de não saberem tudo isso, reverenciam por ouvir de outras pessoas. Dedicados ao que ouviram, eles também fazem a travessia além da morte. [26]Ó touro entre os *Bhārata*, fica sabendo que cada ser vivo, seja inerte ou móvel, é apenas uma combinação do campo e do conhecedor do campo. [27]Aquele que vê o Senhor Supremo, que está igualmente situado em todos os seres, que não é aniquilado quando estes são, verdadeiramente vê. [28]Aquele que vê o Senhor como situado igualmente em todos os lugares, não é degradado por sua mente e, portanto, vai para o destino supremo[202]. [29]Aquele que vê que todas as atividades são realizadas somente pela natureza, e que o *eu* não age de forma alguma, realmente vê. [30]Quando alguém vê os vários estados de existência dos seres como situados na unidade, e que a partir dessa unidade tudo se expande, ele então alcança o *Brahman.* [31]O *Paramātman* eterno, a Pessoa Suprema que reside no coração, apesar de residir no corpo, nada faz e nunca é maculado, por ser sem princípio e além dos *guṇa.* [32]Como o éter se espalha por toda parte sem ser contaminado por causa de sua sutileza, similarmente, o *eu* que habita em cada corpo nunca é maculado. [33]Como o sol sozinho ilumina todo o universo, similarmente o dono do campo ilumina todo o campo

---

202. A frase *ātmanātmānam* pode ser entendida de maneiras diferentes, pois a palavra "*ātman*" pode ser entendida como "eu" no sentido de "alma", ou "mente", e eu combinei as duas. Embora a palavra *hinasti* seja geralmente traduzida como "prejudica", "fere" ou "dói", entendi que a tradução "degrada" seja mais apropriada aqui.

(com consciência), ó *Bhārata*. [34]Aqueles que, com o olho do conhecimento, podem distinguir entre o campo e o conhecedor do campo, e entender o processo de libertação dos seres vivos da natureza, irão para o Supremo.

Comentário

O capítulo é resumido por suscitar uma perspectiva mais ampla do conhecimento divulgado; são oferecidas quatro opções através das quais esse conhecimento pode ser alcançado[203]: meditação[204], estudo teórico[205], atividade *yogin*[206] e ouvir das fontes confiáveis[207]. Depois disso, ocorre uma transição de um modo teórico e racional de discussão para uma visão ou *darśana*, e nas estrofes de 27 a 33 *Kṛṣṇa* dota *Arjuna* com várias visões; não se trata de uma apresentação de uma tese sistemática, mas sim de uma *darśana* ou de uma experiência direta de verdades até agora apresentadas teoricamente. A primeira visão é a do Supremo presente em todos os lugares, embora não contaminado[208], a estrofe 26 é a segunda visão e diz respeito ao funcionamento dos *guṇa*, contrastando com a passividade do *eu*[209]. A próxima é uma visão de unidade[210], e depois vem uma visão explícita do *Paramātman*[211]. A pureza e sutileza do *eu* é então comparada ao éter[212], e o *eu* é mais comparado ao sol, que ilumina todo o universo[213]. A estrofe que

---

203. Estrofes 24-25.

204. *Dhyāna*.

205. *Sāṅkhya*.

206. *Karma-yoga*.

207. Aparentemente, de um guru ou *ṛṣi*.

208. *BG* 13.27-28.

209. *BG* 13.29.

210. *BG* 13.30.

211. *BG* 13.31.

212. *BG* 13.32.

213. *BG* 13.33.

resume a seção também resume o capítulo[214]; portanto, aqueles que veem com os olhos do conhecimento podem distinguir entre o campo e o conhecedor do campo. Eles entendem o processo pelo qual o conhecedor do campo pode ser liberto do campo, e é esse entendimento que os liberta, e os capacita a alcançar o Supremo por si mesmos.

214. *BG* 13.34.

14
OS TRÊS *GUṆA*

A Pessoa Suprema, o *Brahman*, a natureza e os *guṇa*

[1]O bem-aventurado Senhor disse: Mais uma vez, eu te darei a mais elevada de toda a sabedoria, o melhor do conhecimento, que, depois de alcançado, todos os videntes atingiram a suprema perfeição. [2]Aqueles que recorrem a esse conhecimento, atingem uma natureza semelhante à minha; portanto, eles não nascem no momento da criação cósmica e não são perturbados no momento da dissolução cósmica. [3]O grande *Brahman* me serve como um ventre no qual planto a semente e, assim, ó *Bhārata*, todos os seres vivos são gerados. [4]As várias formas dos seres vivos são produzidas em vários ventres; em última análise, *Brahman*, que é a natureza material[215], é o grande ventre e eu sou o pai que dá as sementes. [5]A bondade, a paixão e a escuridão são os três *guṇa* originados da natureza material; eles aprisionam o ser vivo eterno encarnado, ó poderoso *Arjuna* de braços poderosos. [6]Entre eles a bondade, porque é imaculada, ilumina e purifica, e ata a pessoa através do apego à felicidade e ao conhecimento, ó impecável *Arjuna*. [7]Saiba que a paixão é caracterizada pelo desejo; ela surge do desejo e do apego, e liga a alma encarnada através do apego à ação, ó *Kaunteya*. [8]Saiba que a escuridão nasce da ignorância e que ilude todas as almas encar-

215. Optei pelo comentário de Rāmānuja ao igualar *Brahman* com *prakṛti* ou a natureza material. Cf. o comentário à *BG* 14.3 em: *Śrī Rāmānuja Gītā Bhāṣya*. Madras, 1991, p. 462-463.

nadas. Ó *Bhārata*, ela prende pela negligência, indolência e sono. [9]A bondade faz com que o indivíduo se apegue à felicidade, a paixão faz com que o indivíduo se apegue à atividade, ó *Bhārata*, enquanto a escuridão, que oculta o conhecimento, causa apego à negligência e à loucura.

Comentário

Este capítulo lida com o assunto dos três *guṇa* e, portanto, pode ser entendido como uma elaboração ou exposição da filosofia *Sāṅkhya*. *Kṛṣṇa* começa afirmando que o conhecimento que ele está prestes a introduzir é de natureza soteriológica; portanto, ele liberta o indivíduo do aprisionamento na matéria e concede uma natureza espiritual semelhante à dele (de *Kṛṣṇa*). Ele então passa a descrever a origem dos seres através do exemplo do feto no ventre; quando a alma entra no ventre através do sêmen do pai e ali desenvolve seu corpo, similarmente, o Supremo impregna a natureza material com sementes ou almas eternas e, dessa forma, as várias formas de corpos são formadas. Nesse sentido, a Pessoa Suprema é o pai de todos, enquanto a natureza é a mãe[216]. Em seguida, descreve-se a natureza material ou *prakṛti* composta pelos três *guṇa*; embora o termo *guṇa* seja às vezes traduzido como "qualidade", um olhar mais profundo revelará que o conceito de *guṇa* é um tanto sutil, e que estes *guṇa* são entidades ou substâncias e não meras qualidades. Os *guṇa* não apenas caracterizam a natureza sutil e física do ser vivo, mas também o limitam ativamente nos vários tipos de vínculos. Assim, cada *guṇa* aprisiona a entidade viva de uma maneira particular; bondade – através do apego ao conhecimento –, e felicidade, paixão – através do apego à atividade e seus frutos –, e escuridão – através da ilusão, indolência e loucura. Os *guṇa* não apenas limitam, mas pavimentam uma espécie de caminho existencial para todo e qualquer ser vivo individual; assim, cada ser vivo progride em um caminho mais ou menos predeterminado, em conformidade com os *guṇa* pelos quais está vinculado. Dessa forma, ele age de uma certa maneira, e recebe o *karman* consequente que o mantém preso dentro da mesma combinação de *guṇa*.

---

216. *BG* 14.4.

As características dos *guṇa* e como transcendê-los completamente

[10]A bondade prevalece quando ela supera a paixão e a escuridão, ó *Bhārata*. Da mesma forma, a paixão prevalece quando vence a bondade e a escuridão, e a escuridão quando supera a bondade e a paixão. [11]Quando todos os portões do corpo estão iluminados pelo conhecimento, é de se saber que a influência da bondade aumentou e prevalece. [12]Ó touro entre os *Bhārata*, quando a paixão prevalece, surgem ganância, atividade vigorosa, aventura, inquietação e anseio. [13]Ó descendente de *Kuru*, quando a escuridão prevalece, surgem obscuridade, inércia, insanidade e confusão. [14]Quando a alma encarnada encontra a morte influenciada pela bondade, alcança os mundos puros daqueles que possuem o mais elevado conhecimento. [15]Quando ela encontra a morte sob a influência da paixão, ela renasce entre aqueles ligados à atividade, e quando ela encontra a morte sob a influência da escuridão, ela renasce entre os animais ignorantes. [16]Diz-se que uma ação bem executada resulta em um fruto imaculado da natureza da bondade, mas a ação passional traz sofrimento, e a ação da natureza das trevas traz consigo ignorância e tolice. [17]Da bondade surge o conhecimento, da paixão surge apenas a ganância, e da escuridão só surgem negligência, ilusão e ignorância. [18]Os que estão estabelecidos na bondade se elevam, os estabelecidos na paixão permanecem no estado intermediário, e os que estão estabelecidos na mais baixa condição de *guṇa*, na escuridão, descem. [19]Quando o sábio não vê nenhum outro agente que realiza ações exceto os *guṇa*, e sabe o que está acima dos *guṇa*, ele alcança meu estado de ser. [20]Quando a alma encarnada transcende esses três *guṇa* que se originam no corpo, ela se liberta do nascimento, da morte, da velhice e do sofrimento, e alcança o néctar da imortalidade.

Comentário

O trabalho dos *guṇa* é um tanto instável, e em tempos diferentes várias combinações de *guṇa* prevalecem. O domínio de um *guṇa* particular pode ser determinado de acordo com vários sinais; dessa forma, quando "os portões do corpo" são controlados, aparentemente de uma maneira *yogin*, entende-se que o *guṇa* de bondade prevalece. A inquietação e o desejo são um sinal da paixão, e a preguiça, a confusão e a insanidade indicam a presença da escuridão. O estado da pessoa no momento da morte também é determinado pelos *guṇa* e, consequentemente, o próximo nascimento também é determinado; a bondade leva aos planetas superiores, a paixão leva ao nascimento entre aqueles que trabalham com uma profunda expectativa pelos frutos do trabalho, e a escuridão leva a um nascimento animal, que é naturalmente mais ignorante e obscuro. É possível obter uma perspectiva diferente do tópico examinando a ação através do fruto ou resultado dela: uma ação que produz um resultado impecável é, por natureza, influenciada pela bondade, uma ação que resulta em algum tipo de sofrimento é uma ação na paixão, a ação que resulta em loucura deve ter sido realizada sob a influência do *guṇa* mais baixo, o da escuridão. Outra maneira de examinar os *guṇa* é dizer que o conhecimento surge do *guṇa* da bondade, a cobiça surge como resultado do *guṇa* da paixão, e a ignorância surge como resultado do *guṇa* da escuridão. O princípio do progresso universal é novamente confirmado ao declarar que os que estão na bondade progridem para cima, aparentemente para os planetas superiores ou para nascimentos mais elevados, os que estão na paixão permanecem no meio e os que estão na escuridão descem para espécies inferiores ou planetas inferiores. A seção termina evocando uma visão mais ampla, segundo a qual o mundo inteiro age sob a influência dos *guṇa*, tanto que não há outro agente atuando. Manter essa visão parece ser uma pré-condição para a libertação; além disso, ao transcender completamente os *guṇa*, a pessoa alcança a libertação do nascimento e da morte e ganha a imortalidade.

Qual é a conclusão aparente dessa discussão? Conclui-se, portanto, que o caminho de ação recomendado está dentro da jurisdição do *guṇa* da bondade; além disso, essa discussão tem a ver com dissipar as dúvidas de *Arjuna*, pois *Kṛṣṇa* visa convencer *Arjuna*, desta vez através do conceito de guṇa, de que ele deveria pegar em armas e lutar. O argumento principal de *Kṛṣṇa* é que a recusa de *Arjuna* a participar da guerra está sob a influência da paixão e da ignorância, e que ele deve superar sua fraqueza e agir no campo de atuação da bondade. Por mais surpreendente que pareça, a luta é, na opinião de *Kṛṣṇa*, um ato de bondade, enquanto a abstenção de lutar é uma ação ou um curso de paixão e ignorância. Um ponto adicional que precisa de esclarecimento é a questão do que deve ser encontrado além dos *guṇa*, um ponto mencionado por *Kṛṣṇa*; isso será mencionado nas próximas estrofes, ao ser dito que o *Brahman* está situado além dos *guṇa* e que o *Brahman* depende do próprio *Kṛṣṇa*. Em outras palavras, o conhecimento de *Kṛṣṇa* é o conhecimento daquilo que deve ser encontrado além dos *guṇa*. *Arjuna* parece aceitar o estado de libertação dos guṇa como sendo o estado ideal e, portanto, a próxima seção é iniciada com a indagação dele a respeito de transcender os *guṇa*.

Características de quem transcendeu os *guṇa*, *bhakti* e a posição da Pessoa Suprema

21 *Arjuna* disse: Ó Senhor, por quais sinais alguém sabe que transcendeu estes três *guṇa*? Como tal pessoa age e como ela os transpõe? 22 O bem-aventurado Senhor disse: Ele não despreza a presença da iluminação, atividade e ilusão, nem anseia por elas em sua ausência, ó *Pāṇḍava*. 23 Ele está assentado como se não estivesse envolvido, que não está perturbado pelos *guṇa*, considerando que apenas os *guṇa* estão agindo, e assim permanece firme e inabalável. 24 Situado no *eu*, ele contempla a felicidade e angústia, circunspecto, em relação a barro, pedra e ouro, para ele, o agradável e desagradável são os mesmos, firme e equânime para com o louvor e o insulto. 25 Por considerar honra e desonra com equanimidade, e, similarmente, ser o mesmo para com os amigos e inimigos, renunciar a toda iniciativa ambiciosa, diz-se que ele transcendeu os *guṇa*. 26 E aquele que me serve constantemente através do *yoga* da devoção (*bhakti*), inabalável e sem se desviar, transcende esses *guṇa* e alcança o estado de *Brahman*. 27 Pois eu sou a base subjacente do *Brahman*, o imortal, o eterno, o *dharma* eterno e a felicidade absoluta.

Comentário

Kṛṣṇa apresenta o ideal de equanimidade como se caracterizasse o estado de libertação dos *guṇa* e descreve-o com detalhes, incluindo a menção de indiferença em relação a amigos e inimigos. Ele afirma que o caminho de *bhakti*, ou devoção a si mesmo, é o caminho para a libertação dos laços dos *guṇa*, que leva ao nível espiritual de *Brahman*; além disso, ele se apresenta como a base sobre a qual *Brahman* se apoia. Parece que *Kṛṣṇa* aborda o problema de convencer *Arjuna* a lutar em dois níveis: no primeiro, ele argumenta que *Arjuna* deveria lutar baseado no conceito de *guṇa*, e no segundo ele incentiva *Arjuna* a lutar como uma expressão de devoção. O desafio enfrentado por *Kṛṣṇa* no decorrer do primeiro argumento é convencer *Arjuna* unicamente através do conceito dos *guṇa*. Nesse tipo de argumento, *Kṛṣṇa* não pode levantar o argumento de sua divindade, e sim estabelecer que a luta representa a bondade e evitá-la representa a paixão e a escuridão. O desafio não é fácil, mas o ganho argumentativo esperado para *Kṛṣṇa* é considerável, pois isso fortaleceria a lógica subjacente a toda *Bhagavad-gītā*, na medida em que estenderia a escada ética até o mais baixo nível de *guṇa*. Assim, a ação passional é melhor que a ação na escuridão, enquanto a ação em bondade ainda é melhor; agir em bondade significa aderir ao dever segundo o *dharma*, e isso completa a formação das fases inferiores da escada e permite a construção de uma escada completa, que conduz desde o nível mais baixo até o *mokṣa*. Ao apresentar o segundo argumento, *Kṛṣṇa* diz que é preciso abandonar o mundo junto com os três *guṇa* através do *bhakti-yoga* ou devoção *yogin* ao próprio *Kṛṣṇa*. O argumento subjacente a esta ideia é que *Kṛṣṇa* é a Pessoa Suprema e está situado acima dos *guṇa* e que o *Brahman* depende dele. Se *Arjuna* satisfizer o desejo de *Kṛṣṇa* e lutar, ele alcançará uma natureza divina como *Kṛṣṇa* e alcançará *mokṣa*. A luta é percebida aqui como uma prática de *bhakti-yoga*, e sua justificativa é o fato de que *Kṛṣṇa* deseja a batalha por suas próprias razões divinas.

15
A JORNADA DO APRISIONAMENTO À LIBERTAÇÃO

A parábola da árvore invertida

[1]O bem-aventurado Senhor disse: Dizem que existe uma árvore eterna chamada *aśvattha*, cujas raízes estão voltadas para cima e seus ramos estão para baixo; suas folhas são os hinos védicos e seu conhecedor é o conhecedor dos *Veda*. [2]Os galhos da árvore, que têm os objetos dos sentidos como seus brotos, estendem-se para cima e para baixo e são nutridos pelos *guṇa*; as raízes da árvore que se estendem para baixo também estão ligadas às atividades no mundo humano. [3-4]Neste mundo não se pode perceber a forma da árvore, nem seu fim, nem sua origem nem sua base de sustento; assim, esta árvore *aśvattha* profundamente enraizada deve ser cortada com determinação pelo machado do desapego. Então, deve-se procurar aquele lugar, o qual, depois de alcançado, o indivíduo nunca mais volta, e ali refugiar-se na Pessoa Primordial, de quem emanou a atividade cósmica desde tempos imemoriais. [5]Aqueles que estão livres de orgulho e ilusão, que conquistaram o apego, o qual é uma falha, e estão constantemente absortos no *Eu Supremo*, cujas concupiscências diminuíram, que estão libertos da dualidade conhecida como felicidade e angústia, que não estão confusos, eles vão para esse lugar eterno. [6]Esse lugar não é iluminado

pelo sol nem pela lua nem pelo fogo; após alcançá-lo, ninguém retorna. Essa é a minha morada suprema.

Comentário

A parábola da árvore invertida, o conhecimento dos *Veda*, a libertação do mundo, a busca da Pessoa Suprema e a busca de refúgio nela – tudo isso pode ser encontrado nesta rica seção, com apenas seis estrofes. A seção começa descrevendo a parábola da árvore invertida – uma árvore incrivelmente complexa que representa toda a existência material, ou o envolvimento da alma no mundo do *saṁsāra*. É dito que aquele que conhece os *Veda* conhece ou entende esta árvore complexa; esse comentário é um tanto surpreendente, tendo em vista as várias críticas dos rituais védicos apresentadas anteriormente[217]. No entanto, parece que os *Veda* são entendidos aqui em um sentido mais completo e holístico, como um conhecimento propositivo que leva à libertação ou como *śruti*, em oposição aos rituais dirigidos ao sucesso mundano ou celestial. A própria árvore é muito complexa para a compreensão humana e, dessa forma, qualquer tentativa de conceituar ou racionalizar isso é infrutífera; portanto, é preciso superá-la cortando-a decisivamente por meio do desapego. No entanto, mesmo isso é insuficiente por si só, já que, mesmo depois de renunciar ao mundo, é preciso encontrar uma situação ou local alternativo onde, tendo lá chegado, nunca se retorna. Tal lugar realmente existe e é a morada da Pessoa Suprema Primordial, *Śrī-Kṛṣṇa*. Para permanecer nessa morada suprema, deve-se estabelecer um relacionamento com ele buscando o abrigo dele; isso é possível apenas para aqueles que estão livres das falhas que caracterizam as almas encarnadas, como o orgulho e a ilusão. Se me pedissem para resumir toda a *Bhagavad-gītā* em seis estrofes, eu teria citado esta breve seção, que sintetiza o conjunto do tratado; a seção começa descrevendo o profundo entrelaçamento na existência material, e então prossegue para a luta pela libertação através do corte da árvore, enquanto se procura por um local ou situação alternativa, e termina em encontrar esse lugar e estabelecer relações permanentes com a Pessoa Suprema.

---

217. P. ex., *BG* 2.42-43.

A alma coberta pelos sentidos

[7]A alma eterna existente neste mundo de almas é de fato um fragmento meu; atrai para si os seis sentidos, incluindo a mente, que estão todos enraizados na natureza material. [8]Ao aceitar ou abandonar um corpo, a alma predominante leva consigo os seis sentidos, assim como o ar carrega fragrâncias de suas fontes. [9]Através da audição, visão, tato, paladar e olfato, bem como da mente, ela experimenta os objetos dos sentidos. [10]Às vezes, ela permanece dentro do corpo, às vezes, afasta-se dele e em outras vezes sente prazer sob o encanto dos *guṇa*; os iludidos não podem ver tudo isso, exceto aqueles que possuem a visão do conhecimento. [11]Os *yogin* que se esforçam veem isto como situados no *eu*; no entanto, os insensatos que não alcançaram a autorrealização não verão isso, ainda que se esforcem.

Comentário

Uma novidade oferecida aqui é que a minúscula alma é apenas um fragmento da Pessoa Suprema; as relações entre os dois parecem assemelhar-se às relações de pai e filho ou filha[218], e esse conceito parece despertar o sentimento do pai com desejo de reencontrar seus filhos perdidos. Os seis sentidos se reúnem em torno da alma e a acompanham em sua jornada no *saṁsāra*; aparentemente, a forma física é moldada em torno da alma e é baseada na forma sutil, uma vez que, quando a alma migra de um corpo para outro, os sentidos que a acompanham moldam o novo corpo. A alma experimenta o mundo através dos sentidos que percebem seus objetos, ao passo que o prazer extraído do mundo depende dos *guṇa*. Essa visão é um pouco mística e, como tal, não está aberta a todos; somente os *yogin* autocontrolados podem alcançá-la, ao passo que outros, em princípio, aqueles que estão sob a influência dos *guṇa* inferiores, são incapazes de ver tudo isso.

---

218. Cf. tb. *BG* 14.4.

[12]O esplendor do sol ilumina todo o universo e parece estar também na lua e no fogo; fica sabendo que esse esplendor é meu. [13]Permeando a terra, eu mantenho os seres pelo meu poder, e me tornando *Soma*[219], cuja essência é repleta de gosto, e eu nutro todas as plantas. [14]Por me tornar o fogo da digestão que habita nos corpos de todos os seres vivos, digiro os quatro tipos de alimento com a ajuda dos ares que entram e saem. [15]Eu moro no coração de todos; de mim vem a memória, o conhecimento e o raciocínio. De todos os *Veda*, eu sou o único que deve ser conhecido; eu também sou seu conhecedor e, na verdade, sou eu quem compilou o *Vedānta*. [16]Há dois tipos de identidades pessoais neste mundo: o perecível e o imperecível; todos os seres são perecíveis, ao passo que aquele que é estável e firme é considerado imperecível[220]. [17]Mas há outra pessoa, que é a mais elevada de todas, e é chamada O Ser Supremo (*Paramātman*), que é o Senhor eterno onipresente nos três mundos e que os mantém. [18]Porque eu estou além do perecível e transcendo até mesmo o imperecível, eu sou famoso no mundo, assim como nos *Veda*, como a Pessoa Suprema. [19]Quem não se deixa enganar e me conhece como a Pessoa Suprema sabe tudo o que deve ser conhecido, e se dedica a mim com todo o seu ser, ó *Bhārata*. [20]Assim, revelei a ti a mais misteriosa doutrina, ó irrepreensível *Arjuna*; aquele que percebeu isso, concluiu sua tarefa e tornou-se iluminado.

Comentário

Esta seção final aborda diretamente a divindade de *Kṛṣṇa* e, sem dúvida, é um dos pontos culminantes da *Bhagavad-gītā*.

---

219. *Soma* refere-se a uma bebida celestial e à lua.

220. Eu entendi esta estrofe segundo a interpretação de Rāmānuja; consequentemente, as almas encarnadas condicionadas pela matéria e que transmigram de um corpo a outro são as perecíveis. Inversamente, as imperecíveis são as almas desencarnadas que alcançaram a libertação e, como tais, se libertaram do aprisionamento na matéria. Cf. RĀMĀNUJA. *Śrī Rāmānuja Gītā Bhāṣya*. Madras, 1991, p. 499.

Começa com a descrição de vários aspectos da divindade imanente de *Kṛṣṇa*, incluindo a declaração de *Kṛṣṇa* de que ele está situado no coração de todos[221]. Em seguida, *Kṛṣṇa* se volta para o conhecimento védico e afirma que, na verdade, este é o conhecimento dele mesmo; além disso, ele declara que é o autor do *Vedānta*[222]. No final da seção, *Kṛṣṇa* descreve os seres encarnados, juntamente com os libertos, e aponta para si mesmo como estando além de todos eles, e termina com a declaração de que o conhecimento verdadeiro realmente leva à devoção. A ideia de que este capítulo resume todo o tratado é reforçada na estrofe final; assim, aquele que entendeu estes fatos em relação ao envolvimento da alma no mundo, o processo de libertação dos grilhões do *saṁsāra*, e a verdade em relação à divindade de *Śrī-Kṛṣṇa*, completou sua missão e se tornou iluminado.

---

221. Cf. o comentário em *BG* 13.12-18, p. 106-107.

222. *Vedānta* pode se referir ao *Brahmasūtra*, mas também às *upaniṣad*.

16
O DIVINO E O DEMONÍACO

Os dois tipos de seres

[1]O Bem-aventurado Senhor disse: destemor, purificação de todo o ser, firmeza no conhecimento espiritual, generosidade, autocontrole e sacrifício, estudo dos *Veda*, austeridade, retidão, [2]não violência, veracidade, ausência de raiva, renúncia, tranquilidade, evitar difamação; compaixão por todos os seres, ausência de cobiça, mansidão, modéstia, confiabilidade, [3]vigor, tolerância, fortaleza, pureza, ausência de inveja e orgulho – estes são os traços de personalidade de alguém que nasceu com um destino divino, ó *Bhārata*. [4]Hipocrisia, arrogância, presunção, raiva, dureza e ignorância – este são os traços de personalidade de quem nasceu com um destino demoníaco, ó *Pārtha*. [5]Os traços de personalidade divinos levam à libertação, ao passo que os traços de personalidade demoníacos levam à escravidão; não tema, pois tu nasceste com um destino divino. [6]Neste mundo existem seres criados[223] de dois tipos – o divino e o demoníaco. Como o divino já foi amplamente descrito, ouça de mim agora sobre o demoníaco, ó *Pārtha*.

Comentário

Neste capítulo continua a discussão da natureza humana, uma discussão iniciada no capítulo 13 e que continua até o capítulo 14.

---

223. Literalmente, criações de seres.

Nós agora ouvimos sobre dois tipos de seres humanos opostos um ao outro – o divino e o demoníaco. A natureza divina leva à libertação, enquanto a natureza demoníaca leva a um confinamento mais profundo no mundo material. Este princípio já foi mencionado no capítulo 14, onde os *guṇa* foram descritos como uma espécie de caminhos a serem percorridos pela alma em sua jornada universal. Consequentemente, aquele que progride no caminho da bondade acabará por alcançar a libertação e, inversamente, aquele que está preso pelos caminhos opostos da paixão e da escuridão, gradualmente cairá em formas inferiores de vida. Já que ao longo de toda a *Bhagavad-gītā* os traços de personalidade da pessoa ideal foram apresentados[224], parece natural lidar com a natureza demoníaca também. Uma questão pode ser levantada: a distinção entre o divino e o demoníaco é uma distinção ontológica? Há realmente algumas pessoas que são totalmente demoníacas, enquanto outras são totalmente divinas ou pelo menos piedosas? O mais provável é que o forte contraste entre os dois tipos de seres seja mais um artifício didático do que uma afirmação ontológica ou uma descrição da realidade em termos antropológicos, e isso pode ser afirmado considerando vários pontos. A escada ética, que é a estrutura central da *Bhagavad-gītā*, aconselha a transição e a ascensão gradual; de acordo com essa lógica, quem está destinado a um certo destino ou à natureza demoníaca também pode subir pela escada e purificar sua existência. Este princípio é reforçado no final do capítulo 9, onde se afirma que mesmo aqueles nascidos de origem inferior podem alcançar o destino supremo[225]. A aparente associação entre a natureza divina e o *guṇa* da bondade, e entre a natureza demoníaca e os *guṇa* da paixão e escuridão, levanta a suposição de que a escada ética se estende em um *continuum* a partir do ponto mais baixo, o *guṇa* da escuridão, por todo o caminho até o ponto mais alto que é o libertar-se deste mundo. Já foi mencionado no capítulo 14 que os *guṇa* competem entre si[226], de modo que parece que não há posição de bondade pura, nem de paixão e escuridão totalmente desprovidas de bondade, mas toda combinação é uma mistura de várias propor-

---

224. P. ex., *BG* 13.7-11.

225. *BG* 9.32.

226. *BG* 14.10.

ções. Além disso, no contexto épico mais amplo da *Bhagavad-gītā*, o *Mahābhārata*, é aparente que nenhuma figura é inteiramente pura, e que os demônios, também, têm traços positivos. Considerando todos esses pontos, pode ser que a distinção nítida entre o divino e o demoníaco seja mais didática que ontológica.

O mundo dos demônios

[7]As pessoas demoníacas não sabem quando agir e quando evitar agir; nem pureza, nem conduta adequada nem verdade são encontradas nelas. [8]Elas afirmam que este mundo é irreal, carecendo de um fundamento sólido, que não é controlado pelo Supremo, e que se origina não da sucessão causal, mas sim que somente o desejo incontrolável é sua causa. [9]Mantendo tal visão, estas almas perdidas de pouca inteligência, inimigas de todos, iniciam atos horríveis com o objetivo de destruir o mundo. [10]Recorrendo ao desejo incontrolável insaciável, cheias de hipocrisia, orgulho e inebriamento e aceitando falsas ideias por ilusão, elas prosseguem com seu modo de vida impuro. [11]Sujeitas à ansiedade ilimitada que termina apenas com a morte, elas estão convencidas de que não há nada mais elevado do que a satisfação dos desejos. [12]Estando presas e presos por centenas de esperanças, absortas em desejo e raiva, elas buscam acumular riquezas por meios impróprios para se entregarem às suas concupiscências. [13]"Isso eu acumulei hoje, e esse desejo vou satisfazer mais tarde. Essa riqueza já é minha, enquanto essa outra riqueza se tornará minha. [14]Eu matei esse inimigo e os outros serão igualmente mortos; eu sou o senhor, eu sou o desfrutador, sou perfeito, poderoso e feliz! [15]Sou rico e de família rica e aristocrata; quem mais se iguala a mim? Sacrificarei, farei doações e regozijar-me-ei". Esta é a mentalidade e a visão daqueles a quem a ignorância confunde. [16]Levadas ao erro por uma multidão de pensamentos, capturadas na rede da ilusão e viciadas em desfrutar de desejos incontroláveis, essas pessoas caem no inferno abominável. [17]Centradas em si mesmas e teimosas, arrogantes e inebriadas pela riqueza, hipocritamente oferecem sacrifícios apenas de nome, sem seguir as injunções das escrituras.

Comentário

Esta seção critica fortemente os demônios, e destaca os pressupostos básicos subjacentes à visão demoníaca do mundo: nesse sentido, este mundo é irreal e não tem uma base sólida, não é controlado pelo Supremo e surge apenas da luxúria[227]. Com quem o texto está discutindo, ou, dito de outra forma, quem detém e difunde esses princípios? Pode ser que os *cārvāka* sejam aqueles para quem não se cogita a existência de algum poder divino no controle, o texto pode estar insinuando possivelmente os *mīmāṁsaka* para os quais, de alguma forma, é irrelevante se o mundo é controlado pelo Supremo ou não, e também pode insinuar os budistas, que consideram que o mundo, em um sentido, é irreal. A análise psicológica é penetrante e bem formulada; a personalidade da pessoa demoníaca que está cheia de anseios e desejos é retratada de maneira mais crítica, indicando o emaranhado de medos aos quais o indivíduo está sujeito devido a seus desejos sem fim. O esforço perpétuo da glorificação de si mesmo, um esforço destinado a esconder a condição absurda do sujeito que mantém sua própria superioridade, é bem descrito[228]. A crítica também se refere à falsa religiosidade e hipocrisia, em nome da qual a pessoa demoníaca realiza sacrifícios e faz doações; dessa forma, esta seção apresenta uma breve, porém, profunda análise da personalidade demoníaca. Poderia essa descrição ter a intenção de fazer com que *Arjuna* refletisse se algo disso se refere a ele também? Possivelmente, esta seção também pode ter seu papel no processo de purificação de *Arjuna*, voltando a atenção dele para dentro e permitindo-lhe refletir profundamente sobre seus princípios e convicções internas.

As relações da Pessoa Suprema com os demônios

> [18]Influenciados pelo egoísmo, agressividade, insolência, desejo incontrolável e raiva, essas pessoas invejosas me odeiam, que estou presente em seus próprios corpos, assim como nos corpos dos outros. [19]Eu incessantemente lanço

227. *BG* 16.8.

228. *BG* 16.13-15.

essas pessoas odiosas, cruéis, infelizes e agourentas em ventres demoníacos, mais profundamente no ciclo de nascimento e morte. [20]Ao entrar no ventre demoníaco, nascimento após nascimento, essas pessoas iludidas não me alcançam, *Kaunteya*, daí elas procedem rumo ao pior destino. [21]O desejo incontrolável, a ira e a ganância são as três portas do inferno e os destruidores do *eu*; eles devem, portanto, ser abandonados. [22]Ó *Kaunteya*, aquele que está liberto destas três portas para a escuridão age em benefício do *eu*, e assim segue para o destino mais elevado. [23]Aquele que ignora as injunções escriturais e segue seus próprios caprichos concupiscentes, não alcança a perfeição, nem a felicidade, nem o destino supremo. [24]Portanto, deixa o *śāstra*[229] guiar-te no discernimento entre o que deve ser feito e o que não deve ser feito; por conheceres o que as escrituras recomendam, deves aderir ao teu dever.

Comentário

A seção examina a interação entre a Pessoa Suprema e a pessoa demoníaca; esta última odeia a Pessoa Suprema que, por sua vez, lança-a ainda mais longe no *saṁsāra*. Desejo incontrolável, raiva e ganância são retratados como portas para o inferno e *Arjuna* é aconselhado a abandoná-los completamente. *Kṛṣṇa* sugere então a *Arjuna* o *śāstra* como meio para o discernimento entre os caminhos demoníaco e divino. Sob uma perspectiva mais ampla, este capítulo traz, sem dúvida, uma contribuição significativa para a discussão da natureza humana, ao lidar com o modo de vida demoníaco até então pouco discutido. Além disso, a ocupação com um dos tópicos centrais levantados na *Bhagavad-gītā* – o tópico do mal e a queda subsequente a formas inferiores de existência – merece menção. Anteriormente, *Arjuna* argumentou contra a luta, declarando que aqueles que destroem a dinastia viverão no inferno, imersos no mal[230]. No presente capítulo, *Kṛṣṇa* confronta ainda mais a questão, apresentando dois tipos de pessoas que tomam dois caminhos diferentes: o divino, que

229. Escrituras sagradas.

230. *BG* 1.43-44.

segue os códigos das escrituras e assim está progredindo em direção à libertação, em oposição aos demoníacos, que agem de acordo com as loucuras do coração, que são avessos à Pessoa Suprema e, dessa forma, progridem rumo ao inferno. *Kṛṣṇa* considera *Arjuna* como pertencente ao primeiro grupo e, como tal, ele deve seguir as escrituras ao aderir ao dever e lutar; assim, ele evitará o destino demoníaco.

17
A MANIFESTAÇÃO DOS TRÊS *GUṆA* NA VIDA HUMANA

A natureza essencial do indivíduo é a sua fé

[1]*Arjuna* disse: Ó *Kṛṣṇa*, aqueles que deixaram de lado as injunções das escrituras, ainda estão imbuídos de fé e ainda fazem sacrifícios, qual é a situação deles? É de bondade, paixão ou escuridão? [2]O bem-aventurado Senhor disse: as almas encarnadas têm três tipos de fé originários de sua natureza, e estes são bondade, paixão e escuridão; ouve então sobre eles. [3]Ó *Bhārata*, a fé do indivíduo é de acordo com a sua natureza essencial, visto que o ser humano é composto de fé; de fato, qualquer que seja sua fé – e é isso o que ele é.

Comentários

A questão da libertação abordada e parece que *Arjuna* aceita que a libertação pode ser alcançada por seguir os códigos das escrituras sagradas e pela elevação acima dos *guṇa*. Agora ele pergunta sobre a condição daqueles que não seguem as escrituras e, aparentemente, não estão estabelecidos no caminho que leva à libertação. Eles ainda atuam no mundo de várias maneiras, oferecem alguns sacrifícios, comem este ou aquele alimento, fazem doações etc., e assim, ele pergunta sobre o estado existencial dele. *Kṛṣṇa* começa sua resposta evocando a visão superior do corpo e da alma[231] e diz que as almas encarnadas estão vinculadas pelos *guṇa* ou são controladas por eles. A terceira estrofe descreve o escopo da discussão; a natureza essencial do indivíduo é sua fé, que é caracterizada apenas pelos *guṇa*; parece que a palavra "fé" aqui não se refere a uma fé religiosa no Supremo, mas refere-se aos gostos ou inclinações individuais, representando a natureza, ou a constituição da pessoa segundo os *guṇa* e, portanto, a seguinte discussão está confinada nos limites dos *guṇa*. Dito de forma diferente, é uma discussão da natureza humana considerada de um ponto de vista mais mundano[232]; isto é, sem considerar a dualidade metafísica entre o corpo e a alma, sem considerar quaisquer relações com a Pessoa Suprema e sem considerar a libertação.

Adoração, alimento e ascese demoníacos

[4]Pessoas na bondade adoram os deuses, pessoas na paixão adoram os *yakṣa* e *rākṣasa*[233], ao passo que aqueles que estão na escuridão adoram fantasmas e espíritos. [5]O coração daqueles que praticam asceses terríveis não ordenadas pelas escrituras estão cheios de hipocrisia e egoísmo, pois são motivados por desejo incontrolável e apego. [6]Esses tolos, que torturam o agregado de elementos em seus corpos, assim como eu mesmo, que habito lá, sabem que eles têm uma determinação demoníaca. [7]Além disso, o alimento de que todos gostam é de três tipos e, da mesma forma, estão divididos o sacrifício, a ascese e a caridade; ouve também sobre esses. [8]Os alimentos preferidos pelas pessoas da bondade aumentam o tempo de vida, a força, a saúde, a felicidade e a satisfação; é saboroso, suave, substancial e agradável ao coração. [9]O alimento desejado pelos homens da paixão é pungente, azedo, salgado, muito quente e seco – queimado e picante, e causa sofrimento, miséria e doença. [10]O alimento desejado pelas pessoas da escuridão é velho, insípido e pútrido, consiste de sobras e abominações.

---

231. A visão do "segundo andar".

232. Ou seja, a visão do "primeiro andar".

233. Tipos de demônios.

Comentário

Uma discussão mais detalhada dos *guṇa* e suas expressões em vários aspectos da vida humana começam agora; aparentemente, a prática religiosa não é necessariamente sempre além dos *guṇa* e, como tal, a adoração é dividida de acordo com os três *guṇa*.

Em seguida, as práticas de ascese são examinadas e conclui-se que nem toda ascese realizada está na bondade, mas também há prática ascéticas na paixão e na escuridão. A crítica do ascetismo também pode se referir a *Arjuna*, que considerou abandonar a batalha, abandonar o dever segundo o *dharma* como guerreiro e se tornar um asceta. Tal afirmação sobre a ascese se deve ao fato de que várias formas de práticas ascéticas severas são consideradas como demoníacas e não são necessariamente espirituais ou feitas na bondade. O tema do alimento fornece uma referência básica para caracterizar a natureza humana de acordo com os *guṇa*, uma vez que todos comem algum tipo de alimento. De acordo com o conceito de *guṇa*, o alimento da natureza da bondade é composto de legumes, feijões, leite fresco e frutas; o alimento na paixão também é vegetariano, mas é apimentado e menos delicado, como frituras, tipos de queijo e nozes mistas, enquanto o alimento classificado como obscuro é composto de carne, peixe, ovos e bebidas alcoólicas.

Sacrifício, ascese e doações

> 11O sacrifício oferecido sem interesse nos frutos, realizado de acordo com as escrituras e com um senso profundo de dever e convicção de que deve ser realizado, é da natureza da bondade. 12Mas há o sacrifício realizado levando em conta os frutos dele, por hipocrisia e com o propósito de ostentação; fica sabendo que esse sacrifício é da natureza da paixão, ó melhor dos *Bhārata*. 13O sacrifício realizado em negligência das injunções escriturais, sem distribuir alimento, sem o canto de mantras ou doações

para os brâmanes, e sem fé é dito ser da natureza da escuridão. [14]A adoração aos deuses, aos brâmanes, aos mestres e sábios, bem como a pureza, honestidade, celibato e não violência, são considerados asceses do corpo. [15]As palavras que não perturbam os outros, e que são verdadeiras, agradáveis e benéficas, assim como a constante recitação das escrituras são consideradas asceses da fala. [16]A paz de espírito, a gentileza, o silêncio, o autocontrole e a purificação da existência são considerados asceses da mente. [17]Essa ascese tripartida é dita como sendo da natureza da bondade quando realizada com profunda fé por pessoas disciplinadas através do *yoga*, sem esperar frutos em troca. [18]Diz-se que a ascese é da natureza da paixão quando realizada de forma hipócrita para ganhar reverência, honra e distinção; é efêmera e instável. [19]Diz-se que a ascese é da natureza da escuridão quando realizada a partir de noções obscuras e de autotortura, ou com o objetivo de prejudicar os outros. [20]A doação é considerada da natureza da bondade quando é feita a alguém que não realizou um serviço anterior, com um senso de dever e convicção de que deveria ser feita e quando oferecida no lugar apropriado, no momento adequado e para uma pessoa apropriada. [21]Mas quando a doação é feita na expectativa de algum ganho, levando em conta os frutos dela ou oferecida com relutância, é considerada como sendo da natureza da paixão. [22]Essa doação dada na hora e local errados, a uma pessoa inapropriada, sem prestar respeito e com desprezo, é dita da natureza da escuridão.

Comentário

Kṛṣṇa agora enfatiza os aspectos internos dos *guṇa* em oposição aos externos subjacentes à descrição inicial, a descrição dada era que a bondade é serena, a paixão é ativa e a escuridão é sonolenta; agora, a descrição enfatiza a atitude interna do agente que executa a ação, em vez das características externas mencionadas. A questão não é se devemos oferecer sacrifícios, submetermo-nos a práticas ascéticas ou fazermos doações, mas, em vez disso, como esses atos devem ser realizados internamente e de que modo; em outras palavras, a questão agora levantada é "por qual motivação a ação deve ser executada?" Inicialmente, *Kṛṣṇa* falou dos *guṇa* a partir de uma atitude de renúncia ao mundo, descrevendo o mundo dos *guṇa* enquanto característica do *saṁsāra* e que, portanto, deve ser renunciado; aqui ele adota uma abordagem diferente e utiliza a discussão dos *guṇa* como um convite a uma atitude de internalização. Assim, toda e qualquer ação pode ser realizada de três maneiras diferentes: na bondade, na paixão ou na escuridão. Cada modo de ação tem suas implicações e a conclusão é que agir na bondade é o modo de ação recomendado. A lógica parece clara: a luta na bondade será de acordo com o *dharma*, por dever e realizada para o bem do próprio indivíduo; a luta na paixão será com o objetivo de ganhar frutos como honra ou sucesso, e a luta em um estado de escuridão se dará no tempo e lugar errados, contra o inimigo errado e por ilusão. A lista que descreve as asceses do corpo, da fala e da mente nos lembra do *Yoga-sūtra* de *Patañjali*, em que o *yogin* pratica o celibato, o estudo das escrituras e a fala veraz[234].

Oṁ **tat sat**

23O trinômio *oṁ tat sat* indica o *Brahman*. Ele tem sido usado desde a Antiguidade para ordenar os brâmanes, os *Veda* e os sacrifícios. 24Portanto, os atos de sacrifício, doação e ascese empreendidos por aqueles que aspiram o *Brahman* são iniciados pelo entoar de *Om* como a tradição ordena. 25O termo *tat* inicia vários atos de sacrifício, ascese e doação realizados por aqueles com desejo de libertação, que não têm interesse nos frutos desses atos. 26*Sat* é usado para indicar o "real", assim como o "bom". Assim, a palavra *sat* é usada em toda ação louvável, ó *Pārtha*. 27Além disso, a firmeza em relação ao sacrifício, ascese e doação é chamada de sat; toda ação com esse objetivo também é chamada de *sat*. 28Quando realizado sem fé, o oferecimento de oblação, de presente e a prática de ascese são chamados *asat*[235]: eles não têm valor neste mundo, nem no próximo, ó *Pārtha*.

---

234. Cf. *Yogasūtra de Patañjali*, 2.29-32.

235. Irreal.

Comentário

Ao discutir sacrifício, doação e ascese do ponto de vista dos *guṇa*, a presente seção conecta esses três tipos de atividades ao nível transcendente. Assim, o significado mais profundo desses três tipos de atividades é uma busca de libertação e uma tentativa de alcançar o *Brahman*. Portanto, o desempenho da doação e ascese é precedido pelas palavras *oṁ*, *tat* e *sat*.

18
Resumo e conclusão: Refugiar-se apenas em *Kṛṣṇa*

Distinção entre *saṁnyāsa* e renúncia

[1]*Arjuna* disse: Ó *Hṛṣīkeśa* de braços poderosos, desejo saber o significado de *saṁnyāsa*, o significado de renúncia (*tyāga*) e a diferença entre ambos[236]. [2]O bem-aventurado Senhor disse: O abandono das ações motivadas pelo desejo é conhecido pelos sábios como *saṁnyāsa*, enquanto abandonar os frutos de todas as ações, os videntes declaram ser renúncia. [3]Alguns homens sábios argumentam que todas as ações devem ser abandonadas, pois são inerentemente defeituosas, enquanto outros argumentam que as ações de sacrifício, doação e ascese não devem ser abandonadas. [4]Ó melhor dos *Bhārata*, ouve agora a minha opinião decisiva em matéria de renúncia; ó *Arjuna*, é dito que a renúncia é de três tipos. [5]Os atos de sacrifício, doação e ascese não devem ser abandonados, mas devem ser feitos, pois sacrifício, doação e ascese purificam até os sábios.

---

236. Os termos *saṁnyāsa* e *tyāga* não são apenas similares, mas ambos podem ser traduzidos de várias maneiras. Com base no próprio texto, mantive o termo *saṁnyāsa* sem alteração, tomando-o como a quarta ordem social (*āśrama*) e traduzindo o termo *tyāga* como renúncia.

Comentário

Arjuna já havia perguntado se a ação deveria ser adotada ou abandonada em favor da iluminação, e *Kṛṣṇa* recomendou o modo de ação iluminada ou a ação *yogin*[237]. O assunto é certamente complexo, pois *Kṛṣṇa* parece não apenas indicar a expressão ação *yogin*[238], mas propor tanto a renúncia quanto a ação, termos que parecem estar em contraste um com o outro. *Arjuna* agora aprofunda a questão, pedindo uma diferenciação clara entre a ordem *saṁnyāsa* e a renúncia, a implicação é que a dicotomia não está entre o caminho do conhecimento e o caminho da ação, mas entre a renúncia à ação e a mera renúncia de seus frutos. A orientação que surge é que a ordem de *saṁnyāsa* representa a renúncia à ação, enquanto a renúncia (*tyāga*) representa a mera renúncia aos frutos da ação. *Kṛṣṇa* pretende empregar a doutrina dos *guṇa* e recomendar o curso de ação na bondade como um modo de ação puro ou renunciado. Ele parece aplicar o termo "ações motivadas pelo desejo" para diferenciar o *āśrama* de *saṁnyāsa* do *āśrama* de *gṛhastha*; consequentemente, este último é motivado pelo desejo, enquanto o primeiro não tem essa motivação. O dono da casa executa várias atividades, sustentadas por um desejo de vida mundana; como tal, ele age pela manutenção da família e da sociedade, realiza sacrifícios com o objetivo de alcançar a prosperidade e a satisfação de desejos neste mundo e no próximo. Ao contrário, o *saṁnyāsin* abandona todas essas ações e realiza apenas ações visando a libertação, como o estudo das escrituras ou a realização de asceses variadas. Tendo dito isso, *Kṛṣṇa* reconhece a controvérsia sobre a renúncia à ação: uma abordagem argumenta que o caminho da ação deve ser abandonado por completo, devido às suas falhas inerentes; aparentemente, de acordo com essa visão, o *saṁnyāsa*, ou a renúncia, é necessário para se obter a libertação. Essa visão é repetidamente apresentada por *Arjuna*, ao considerar a opção de lutar visando a felicidade pessoal às custas dos outros e, portanto, contaminada pelo egoísmo[239]. A abordagem alternativa sustenta que

---

237. *BG* 3.1-8; 5.1-6.

238. *Karma-yoga*.

239. P. ex., *BG* 1.45.

se deve aderir ao sacrifício, à doação e à ascese, que são todos discutidos no capítulo anterior. *Kṛṣṇa* apoia essa posição e diz que essas ações purificam até os sábios; logo, ele atribui a característica da purificação à ação e, portanto, ela torna-se uma ação *yogin*[240]. Parece que as falhas inerentes à ação são aceitas e, para superar essas falhas, a pessoa deve realizar ações como sacrifício, doação ou ascese. Esse desempenho resultará em autopurificação e elevará o agente cada vez mais na "escada ética". Dessa forma, em vez de se tornar uma força degradante, aprisionando o indivíduo cada vez mais fundo no *saṁsāra*, quando corretamente executada no modo da bondade, a ação pode e deve elevar o indivíduo assim como a realização do sacrifício, a doação e a prática de ascese. O tema sacrifício, doação e ascese já foi discutido no capítulo anterior[241]. Por conseguinte, o sacrifício é da natureza da bondade quando "executado de acordo com as injunções das escrituras, e com um profundo senso de dever e convicção de que o sacrifício deve ser realizado"[242]. A ascese é da natureza da bondade quando "realizada com fé profunda pelas pessoas disciplinadas através do *yoga*"[243], e a doação é considerada como sendo da natureza da bondade quando "a dádiva é concedida àquele que não realizou um serviço anterior, com um sentido de dever e convicção de que deveria ser feita"[244]. Estes três atos são realizados de acordo com as injunções das escrituras, com a convicção de que devem ser realizados com fé e disciplina e com um profundo senso de dever. Portanto, parece que o desempenho do sacrifício, ascese e doação, realizado no modo da bondade, é idêntico ao aderir ao *dharma* em um sentido profundo e essencial. Essa identificação entre o *guṇa* da bondade e o *dharma* é um dos fundamentos estruturais da *Bhagavad-gītā*; ele conecta a estrutura do *dharma* com a metafísica de *Sāṅkhya* e *Yoga*, e cria uma estrutura unificada e sólida que cobre todas as esferas da vida humana, levando à libertação do

---

240. Existe uma ligação direta entre *yoga* e purificação; p. ex., *BG* 6.12.

241. *BG* 17.11-22.

242. *BG* 17.11.

243. *BG* 17.17.

244. *BG* 17.20.

saṁsāra. A lógica subjacente é que é melhor realizar uma ação no modo da paixão do que no modo da escuridão, e uma ação no modo da bondade é preferível à ação no modo da paixão. Agir no modo da bondade é idêntico a aderir ao *dharma* por si mesmo e, a partir desta posição, recomenda-se progredir mais e elevar-se à fase da ação em prol do bem maior, da ação como prática do *yoga* e, em última análise, a ação como um serviço amoroso direto à Pessoa Suprema.

Os tipos variados de renúncia

> [6]Minha opinião final, *Pārtha*, é que essas ações devem ser realizadas por dever, abandonando o apego e o interesse em seus frutos. [7]O dever prescrito não deve ser renunciado; quando alguém renuncia ao próprio dever por ilusão, essa renúncia deve ser considerada da natureza da escuridão. [8]Quando se renuncia ao próprio dever por medo de dificuldades corporais, achando-o muito problemático, essa renúncia é considerada como sendo da natureza da paixão e, portanto, o indivíduo não colhe o fruto de sua renúncia. [9]Quando alguém executa seu dever prescrito, abandonando qualquer apego e desejo por qualquer fruto, considerando apenas que ele deve ser feito, sua renúncia é da natureza da bondade, ó *Arjuna*. [10]Aquele cuja renúncia é da natureza da bondade é uma pessoa sábia cujas dúvidas foram destruídas; ele não rejeita a ação indesejada e não está ligado à ação desejada. [11]Uma alma encarnada não é capaz de desistir completamente de agir, mas é dito que aquele que renuncia aos frutos da ação, verdadeiramente, já renunciou. [12]Para aquele que não renunciou, as ações carregam três tipos de frutos com os quais terá que lidar após a morte: o indesejado, o desejado e o misto. No entanto, para aquele que realmente renunciou, não existem tais frutos.

Comentário

A presente seção aprofunda a relação entre a instituição do *dharma* e os *guṇa*; consequentemente, o *dharma* é apoiado pela doutrina dos *guṇa*, uma vez que ela representa o estado de bondade. *Kṛṣṇa* expressou claramente sua opinião de que é preciso realizar ações de sacrifício, doação e ascese, ações que representam o núcleo do *dharma*; essas ações devem ser realizadas por dever, que é a principal força motriz para o ser humano dentro da estrutura da instituição do *dharma*. Três abordagens em relação à realização do *dharma* são apresentadas e estão de acordo com os três *guṇa*; o não desempenho do dever devido à ilusão está no modo da escuridão, o não desempenho do dever devido ao medo do sofrimento está no modo da paixão e o desempenho do dever por si só, sem interesse em seus frutos, caracteriza o modo de bondade. *Kṛṣṇa* repete um argumento já mencionado, de acordo com o qual a atividade é forçada sobre o encarnado[245]. A lógica subjacente é clara; como não é possível deixar de agir, a questão não é se alguém deve agir ou se abster de agir, mas de que modo deve agir: na escuridão, paixão ou bondade. Aparentemente, atuar no modo da bondade representa a atitude apropriada e desejável em relação à renúncia. O assunto do *karman* é então trazido à tona por se falar dos frutos a serem encontrados após a morte por alguém que não é renunciado; estes frutos são o desejável, o indesejável e o misto. Este ponto nos convida à discussão da questão de saber se a bondade também aprisiona o indivíduo; embora tenha sido previamente afirmado que a bondade condiciona o indivíduo à felicidade e ao conhecimento[246], parece que, de acordo com a presente seção, a ação na bondade, sem apego à ação ou a seus frutos, não vincula a pessoa às suas reações. Dessa forma, se alguém age na bondade, apenas por dever, indiferente à própria ação, sem interesse em seus frutos, ele será considerado renunciante nesta vida assim como na próxima, e não sofrerá reações por seus feitos. Esta seção também dialoga com *Arjuna*, que afirmou anteriormente que a luta iria fazê-lo sofrer reações e mandá-lo para o inferno na próxima vida[247]. A resposta dada é que *Arjuna* deve aderir ao dever de lutar no modo da bondade; assim, ele deve lutar por lutar, por dever e sem interesse nos frutos da luta. A renúncia à luta para evitar possíveis sofrimentos representa o modo da paixão e resultará em frutos correspondentes

245. *BG* 18.11; 3.5.

246. *BG* 14.6.

247. *BG* 1.44.

nesta e na próxima vida. Abandonar a batalha por ilusão a respeito da morte da alma eterna junto com o corpo é uma forma de ignorância que representa o *guṇa* da escuridão. *Kṛṣṇa* irá agora elaborar sobre a ligação entre o interesse pessoal de cada um nos frutos da ação e as reações que podem ocorrer após a execução dessa ação, através da discussão das cinco causas da ação.

As cinco causas de uma ação bem-sucedida

13Ó *Arjuna* de braços poderosos, fica sabendo através de mim as cinco causas descritas no *Sāṅkhya*, para a realização bem-sucedida de todas as ações. 14Elas são o corpo que consiste na base para a ação, o agente, os vários órgãos de ação, os tipos de esforço e a providência. 15Qualquer que seja a ação que alguém realiza com o corpo, a fala ou a mente, seja adequada e correta ou imprópria e errada, é causada por esses cinco fatores. 16Sendo assim, aquele que, devido à compreensão incompleta, se vê como o único agente, é um tolo que na verdade não vê. 17Aquele que não é condicionado por uma concepção falsa de si mesmo como o realizador da ação, e cuja inteligência não é maculada, mesmo que ele possa matar esses homens, na verdade não mata e não está preso por esta ação.

Comentário

Cinco fatores são subjacentes à ação; o primeiro é o agente e os outros quatro são externos; estes são o corpo, os vários órgãos de ação, os vários tipos de esforço e a providência. Parece que o agente é considerado a alma e, portanto, é diferente do corpo, dos órgãos, do esforço e, claro, da providência. Portanto, aquele que se considera ser o único realizador está iludido, enquanto aquele que não está sob tal ilusão, não mata nem mesmo se ele lutar e matar. Como assim? Parece que o agente não é responsável pelos quatro fatores, pois estes são todos externos e não estão sob seu controle direto[248]; este deixa

248. Pode-se argumentar que o corpo, os órgãos e o esforço são controlados pelo próprio indivíduo, ou pelo menos representam o *karman* individual, mas parece que

responsabilidade apenas até o quinto fator ou o próprio agente. No entanto, acaba de ser afirmado que, se o executor da ação renunciou aos frutos de sua ação, ele não experimentará reações boas, ruins ou mistas em sua próxima vida[249]. Esta renúncia é baseada no conhecimento, pois, para renunciar profundamente, é preciso abandonar identidade falsa com o corpo e a mente, considerar-se uma alma não material, e que o indivíduo perceba que ele não tem nada a ver com os vários objetos sensoriais, sejam eles sutis ou físicos. Assim, a conclusão é que "aquele que não é condicionado por uma falsa concepção de si mesmo como o realizador da ação e cuja inteligência não está maculada, mesmo que ele possa matar esses homens, na verdade não mata e não está preso por esta ação"[250]. O argumento é aproximadamente este: você, *Arjuna*, está deliberando se deve lutar ou desistir da guerra, já que você acredita que o resultado da sua decisão afetará a realidade. Na verdade, você está errado, já que você realmente não governa as suas ações como você pensa; existem cinco fatores, quatro dos quais são externos para si mesmo, e apenas um fator é essencialmente você mesmo. Quanto aos quatro, você não é realmente responsável por eles e apenas com o quinto você se envolve diretamente. Em relação ao quinto, que é o agente ou você mesmo, você deve agir da maneira correta, manter a compreensão adequada da ação e desconsiderar os frutos dela. Como sua ação será motivada pela adesão ao dever em si, e como será realizada no modo da bondade, você não será afetado pelos *guṇa*, não matará alguém sequer e naturalmente não sofrerá tipo algum de reação. Dito de outra forma, por agir de uma maneira pura, com pleno conhecimento, desapego e senso de dever, *Arjuna* aderirá ao *dharma* e até mesmo sua morte não o aprisionará em nenhum tipo de reação cármica[251]. Essas ideias só podem ser aceitas supondo-se que a alma seja eterna e inteiramente separada do corpo. Somente a partir de tal posição desapegada *Arjuna* pode observar tanto a si mesmo quanto aos vários guerreiros

---

a lógica subjacente é que a alma é radicalmente diferente desses três e, nesse sentido, não existe ligação direta entre eles.

249. *BG* 18.12.

250. *BG* 18.17.

251. Cf. tb. *BG* 4.16-22.

como almas encarnadas, enquanto examina introspectivamente a si mesmo, seus apegos e suas motivações sutis.

Três tipos de conhecimento, ações e agentes

[18]O conhecimento, o objeto do conhecimento e o conhecedor são os três incentivos que motivam a ação. O instrumento, o ato e o agente são os três componentes da ação. [19]O conhecimento, a ação e o agente são de fato de três tipos, divididos de acordo com os *guṇa*; ouve agora como esta divisão é descrita através da doutrina dos *guṇa*. [20]Há o conhecimento da natureza da bondade, através do qual se vê uma única realidade imperecível em todos os seres, unificada no diversificado. [21]Há o conhecimento da natureza da paixão, através do qual se vê pela divisão uma realidade variada de muitos tipos em todos os seres. [22]Conhecimento que ata o indivíduo a um tipo de atividade, como se ela fosse tudo, que não é baseado em uma causa razoável, que não visa a verdade, e que é minúsculo e escasso, é dito que é da natureza da escuridão. [23]É dito que uma ação é da natureza da bondade quando realizada de acordo com as injunções do *dharma*, sem apego, desprovida de atração ou repulsa, por alguém que não deseja seus frutos. [24]Mas a ação realizada para satisfazer os próprios desejos, realizada com grande esforço ou acompanhada de uma noção exagerada do ego, é dita como sendo da natureza da paixão. [25]Uma ação realizada sem considerar as consequências futuras, perda ou dano aos outros, desconsiderando a capacidade de realizá-la, e realizada por ilusão, é considerada da natureza da escuridão. [26]Diz-se que um agente é da natureza da bondade quando está livre do apego e do egocentrismo, é determinado, corajoso e entusiástico, e imutável no sucesso ou no fracasso. [27]Um agente é considerado de natureza da paixão quando é passional, cobiça os frutos de suas ações, é ganancioso, prejudicial, impuro e absorto em alegria e tristeza. [28]Aquele agente que é indisciplinado, vulgar, teimoso, corrupto, vil, indolente, desanimado e procrastinador, é dito ser da natureza da escuridão.

Comentário

Esta seção aborda, mais uma vez, a questão central da *Bhagavad-gīṭā*: o que é melhor – conhecimento ou ação? Do ponto de vista dos *guṇa*, realmente não há uma dicotomia real entre conhecimento e ação, ao contrário, os dois são complementares. Tanto o conhecimento quanto a ação podem ser praticados no modo de bondade, paixão ou ignorância (escuridão). Dessa forma, o conhecimento, a ação e o agente estão todos divididos em três categorias, de acordo com os três *guṇa*, e o caminho recomendado é viver na esfera da bondade, evitando as esferas da paixão e da escuridão. O agente que vive dentro da esfera da bondade está livre do apego e do egocentrismo, é determinado, corajoso e mantém um entusiasmo constante no sucesso e no fracasso. Seu conhecimento é tal que ele vê a unidade na diversidade, ou uma única realidade imortal em todos os seres. Seu modo de ação está de acordo com as injunções do *dharma*, sem apego, acima da atração sensória ou repulsão, e desprovido de um desejo pelos frutos de suas ações. O agente que vive dentro da esfera da paixão é ganancioso pelos frutos da ação, nocivo, passional, impuro e afetado pela alegria e tristeza. O conhecimento dele é tal que ele vê a realidade dividida de maneiras variadas. As ações dele são realizadas com o objetivo de satisfazer seus desejos e são acompanhadas por um grande esforço e uma sensação exagerada de ego. O agente que vive dentro da esfera da escuridão é indisciplinado, vulgar, teimoso, indolente, desanimado e procrastinador; seu conhecimento é minúsculo e escasso, não se baseia em uma causa razoável e não visa a verdade. Ele realiza ações sem considerar consequências futuras, perda ou prejuízo para os outros e desconsidera sua capacidade de realizá-las. De certo modo, o direcionamento desenvolvido ao longo da *Bhagavad-gītā* foi concluído; a dicotomia entre conhecimento e ação foi substituída por uma nova dicotomia, entre o modo superior de ação que está na bondade e o modo de ação inferior encenado na esfera da paixão e da escuridão. Portanto, a escada ética está agora concluída; conhecimento e ação estão agora interligados. Dessa forma, aquele que possui o entendimento correto, ou tem o conhecimento correto, age no modo de bondade, de acordo com o *dharma* e sem levar em conta os frutos da ação. Esse modo de ação compreende a base para um tipo de compreensão mais profundo, o tipo de compreensão segundo as *upaniṣad*, segundo o qual várias verdades espirituais são reveladas através do desempenho do dever, articuladas esquematicamente através da "escada ética".

Inteligência, determinação, felicidade e as quatro classes sociais

29Inteligência e determinação são divididas de acordo com os três *guṇa*; ouve agora uma explicação detalhada completa, ó *Dhanaṁjaya*. 30A inteligência que discrimina entre o envolvimento ativo e a inatividade, entre o que é dever e o que não é, entre o que deve ser temido e o que não deve ser temido, entre o que prende e o que liberta, é da natureza da bondade. 31A inteligência que falha em distinguir entre *dharma* e *adharma*[252] e entre o que deveria ser feito e o que não deveria ser, é da natureza da paixão. 32Essa inteligência obscura que aceita *adharma* como *o dharma*, e percebe todas as coisas de uma maneira pervertida, é da natureza da escuridão, ó *Pārtha*. 33A determinação que sustenta as funções da mente, do ar vital e dos sentidos por meio de uma firme prática de *yoga* é da natureza da bondade, ó *Pārtha*. 34A determinação que adere ao *dharma*, *kāma* e *artha*[253], ó *Arjuna*, motivada pelo apego e um desejo pelos frutos, é da natureza da paixão, ó *Pārtha*. 35A determinação com a qual uma pessoa estúpida se recusa a abandonar o sono, o medo, a tristeza, o abatimento e a intoxicação, é da natureza da escuridão, ó *Pārtha*. 36Ó touro entre os *Bhārata*, ouve de mim agora sobre os três tipos de felicidade; aquilo que, seguindo uma prática constante, produz tanto alegria quanto o fim do sofrimento, 37o que começa como veneno, mas é gradualmente transformado para se assemelhar ao néctar, que brota da tranquilidade do coração e da alma, é a felicidade que é dita ser da natureza da bondade. 38A felicidade que emana do contato dos sentidos com seus objetos, que começa exatamente como o néctar, mas é gradualmente transformada para se

---

252. *Adharma*: aquilo que é contrário ao *dharma*.

253. *Kāma*: satisfação de desejos; *artha*: sucesso mundano.

parecer com veneno, é conhecida por ser da natureza da paixão. 39A felicidade que ilude o *eu* do começo ao fim, e surge do sono, da indolência e da negligência, é dita como sendo da natureza da escuridão. 40Não há ser nem na terra, nem entre os deuses celestes, livre destes três *guṇa* nascidos da natureza material. 41Ó *Paraṁtapa*, as atividades dos *brāhmaṇa*[254], *kṣatriya, vaiśya* e *śūdra* são divididas de acordo com os *guṇa* e nascem da própria natureza deles. 42Tranquilidade, autocontrole, ascese, pureza, tolerância, honestidade, conhecimento, sabedoria e piedade religiosa caracterizam o *brāhmaṇa* porque surgem da própria natureza dele. 43O heroísmo, o ardor, a determinação, a perícia, o espírito de luta, a generosidade e a liderança caracterizam o *kṣatriya* porque surgem da própria natureza dele. 44A agricultura, a proteção às vacas e comércio caracterizam o *vaiśya*, pois surgem da própria natureza dele, e os atos de serviço caracterizam a natureza do *śūdra* porque surgem da própria natureza dele.

Comentário

A inteligência dentro da esfera da bondade serve ao propósito de libertação do *saṁsāra*; assim, discrimina entre o envolvimento mundano e seu oposto ou a extinção dos assuntos mundanos. Do mesmo modo, ela discrimina entre o que deve ser temido, isto é, o *saṁsāra*, e aquilo que não deve ser temido, isto é, aquilo que leva à libertação, e também discrimina entre o dever de acordo com o *dharma*, e aquilo que existe fora da estrutura do *dharma*. A inteligência dentro da esfera da paixão acha difícil discriminar entre o *dharma* e o *adharma*, e a inteligência dentro da esfera da escuridão percebe a realidade de um modo pervertido, tomando assim o *dharma* como *adharma* e vice-versa. A determinação que sustenta as funções psicofísicas de uma pessoa através de uma prática firme de *yoga* é considerada como estando na bondade. A determinação necessária para alcançar os três objetivos da vida – *dharma*, *kāma* e *artha* – com o propósito de prazer é considerada como paixão, enquanto a determinação que não pode ir além de sono, medo, tristeza, depressão e intoxicação é considera-

254. Sânscrito: *brāhmaṇa*. Português: brâmane.

da como estando na escuridão. Embora a felicidade na bondade comece com algum sofrimento devido ao fardo da prática, esta prática torna-se gradualmente mais gratificante e, finalmente, transforma-se em felicidade profunda. A felicidade na paixão é fundamentalmente diferente e baseia-se na satisfação sensória e mental imediata, que depois é transformada em sofrimento. A felicidade na escuridão é caracterizada pela ilusão do começo ao fim e é baseada no prazer derivado de indolência, sono e negligência. Esta seção conclui a discussão dos *guṇa*, estabelecendo uma conexão clara entre os *guṇa* e a estrutura social subjacente à instituição do *dharma*. As quatro classes sociais são definidas de acordo com os *guṇa* que dominam a natureza delas; os *brāhmaṇa* são dominados pela bondade, os *kṣatriya* são dominados por uma maior quantidade de paixão, os *vaiśya* por uma mistura mais baixa dos *guṇa*, aparentemente por paixão e escuridão, e os *śūdra* são dominados predominantemente por uma mistura ainda mais baixa dos *guṇa*. Parece que a lógica subjacente é que cada um desses grupos funciona em um reino diferente de consciência; os *brāhmaṇa* contemplam o *Brahman* ou a mais alta verdade, os *kṣatriya* são adeptos de liderar as massas e controlá-las por meios políticos e militares, os *vaiśya* são orientados por sua natureza a criar animais domésticos e cultivar a terra e a negociar o excedente, enquanto o horizonte dos *śūdra* é ainda mais limitado e, portanto, o serviço sob a direção de outros é mais adequado à natureza deles. A seção termina com a declaração de que os *guṇa* são onipresentes; isso destaca a importância do conceito de *guṇa* e o transforma em uma filosofia universal e abrangente.

A escada ética dos valores: um resumo

> [45]Sendo inspirado a realizar seu próprio dever segundo o *dharma*, o indivíduo alcança a perfeição; ouve agora como ele se torna bem-sucedido através do contentamento ao seguir seu próprio dever. [46]Pela adoração através da adesão ao próprio dever àquele de quem todos os seres se originaram e por quem todo este universo é permeado, atinge-se a perfeição. [47]Melhor cumprir o próprio dever de forma imperfeita a cumprir o dever alheio perfeitamente, pois quando alguém executa os deveres prescritos por sua

própria natureza, ele não incorre em mal algum. [48]Embora a ação seja por natureza deficiente, ela não deve ser abandonada, pois o defeito acompanha todo empreendimento, pois até mesmo a fumaça cobre o fogo. [49]Aquele cuja inteligência é desapegada em todos os aspectos, que conquistou a si mesmo e cujos desejos se foram, atinge a mais alta perfeição da ausência de ação através da renúncia. [50]Ó *Kaunteya*, ao atingir a perfeição, aprende de mim de forma breve como ele também alcança o *Brahman*, o estado supremo de conhecimento. [51]Absorto na mais elevada realidade com a ajuda do intelecto purificado, restringindo-se com determinação, abandonando os objetos dos sentidos como o som e os outros, deixando de lado a atração e a repulsão, [52]residindo na solidão, comendo frugalmente, restringindo a fala, corpo e mente, constantemente absorto em meditação, refugiando-se no desapego, [53]livre do egoísmo, agressividade, orgulho, luxúria, raiva e ganância, considerando que nada é dele e em paz, ele se torna apto para perceber o *Brahman*. [54]Quando todo o seu ser se torna uno com o *Brahman*, ele é tomado por uma paz profunda, ele não se aflige nem anseia, torna-se imparcial para com todas as criaturas e alcança devoção suprema por mim. [55]Através da devoção, ele vem a me conhecer como eu verdadeiramente sou; ao realmente se tornar consciente de mim, ele imediatamente me alcança. [56]Embora sempre envolvido em várias atividades, refugiando-se em mim ele alcança, por minha graça, a morada eterna e indestrutível.

Comentário

A discussão terminou e agora *Kṛṣṇa* começa a resumir toda a *Bhagavad-gītā*; a presente seção destaca a estrutura da *Bhagavad-gītā* – a escada ética entrelaçada com os três níveis de realidade. Esta seção primeiro resume a filosofia de ação representando o primeiro nível[255], então resume a fase do desapego *yogin* representando o se-

255. *BG* 18.45-48.

gundo nível[256] e, finalmente, resume a fase mais elevada da escada que consiste em alcançar o *Brahman* representando o terceiro nível[257]. A filosofia da ação apresentada em poucas palavras é um resumo dos tópicos discutidos em várias seções da *Bhagavad-gītā*, e especialmente nos capítulos 3 e 5 e, assim, a estrofe 47 da presente seção é uma paráfrase da estrofe 3.35. O estado de distanciamento da existência mundana e o desenvolvimento do apego em direção ao *Brahman*, em conjunto, também compreendem um resumo de várias seções da *Bhagavad-gītā*, e especialmente dos capítulos 4 e 6. A chegada à morada suprema, que consiste na fase mais elevada, tanto nesta vida como na próxima, é em grande parte um resumo dos capítulos 7 e 9. Esta seção exemplifica de forma adequada como o dever segundo o *dharma* é gradualmente sublimado, e finalmente se transforma em serviço devocional à Pessoa Suprema.

Você lutará de qualquer maneira

> 57 Apenas confia em mim em todas as atividades[258], mantendo-me como o Supremo; refugiando-te no *yoga* da iluminação, sê constantemente absorto em mim. 58 Absorto em mim, tu vencerás todas as dificuldades por minha graça. Se, no entanto, estiveres sob a influência do ego, não escutares, estarás perdido. 59 Se, superado pelo ego, tu pensares "eu não lutarei", esta decisão seria em vão, já que tua própria natureza obrigar-te-ia a fazê-lo. 60 Ó *Kaunteya*, uma vez limitado pelas características do trabalho que emanam de tua própria natureza, tu farás mesmo contra a própria vontade aquilo que tu tentas evitar por ilusão.

Comentário

Após resumir brevemente a *Bhagavad-gītā* na seção anterior, o tom de *Kṛṣṇa* se torna mais pessoal, e ele incentiva *Arjuna* a con-

256. *BG* 18.49-53.

257. *BG* 18.54-56.

258. Literalmente, "abandone mentalmente todas as atividades para mim".

fiar nele ou mentalmente dedicar todas as suas atividades para ele (*Kṛṣṇa*). Esta ideia foi anteriormente apresentada[259] e parece que agora, no ponto culminante da *Bhagavad-gītā*, *Kṛṣṇa* convida *Arjuna* a receber sua graça pessoal, para transcender assim os *guṇa* e superar todos os obstáculos no caminho difícil rumo à libertação. *Kṛṣṇa* aborda o obstáculo à confiança nele, que é o ego, o qual pode impedir *Arjuna* de receber este conselho. Ao dizer isso, chama a atenção para a natureza de *Arjuna* que o obrigará a lutar; já foi dito anteriormente que a atividade é imposta à alma encarnada[260], e que essa atividade surge da natureza individual[261]. *Arjuna* será compelido a agir e, como sua natureza é a de um guerreiro, ela o obrigará a lutar em vez de ensinar, cultivar ou servir. Portanto, o argumento de *Kṛṣṇa* é que é melhor lutar pela causa dele, e assim receber a graça dele e obter a libertação do *saṁsāra* e alcançar a morada suprema dele, a deixar de ouvir conselho dele por egoísmo e, consequentemente, ver a si mesmo lutando por alguma outra causa que mais o aprisionará no ciclo de nascimento e morte. Na próxima seção, *Kṛṣṇa* recorrerá a um tom ainda mais pessoal e, dessa forma, ela compreende em grande parte o ponto culminante da *Bhagavad-gītā*.

Renuncia tudo e refugia-te apenas em mim

> [61]O Senhor habita no coração de todos os seres vivos, ó *Arjuna*, que estão instalados em aparatos como máquinas, e faz com que eles vagueiem através do poder mágico dele. [62]Ó *Bhārata*, refugia-te nele de corpo e alma! Pela graça dele tu alcançarás a paz suprema e a morada eterna. [63]Assim, apresentei a ti o conhecimento, o mistério dos mistérios; reflete profundamente e faze o que desejares fazer. [64]Ouve novamente minha mensagem suprema, o maior segredo de todos; é o teu bem-estar que tenho em mente, pois tu és realmente querido por mim. [65]Sempre pensa em mim, torna-te meu devoto, adora-me e apresenta tua homenagem a mim e assim, sem dúvida, tu virás

---

259. Cf. *BG* 3.30; 8.7; 9.27.

260. *BG* 3.5; 18.11.

261. *BG* 18.41.

a mim; eu te prometo isso, pois tu és querido por mim. [66]Abandona todos os *dharma* e refugia-te apenas em mim, e eu libertar-te-ei de todos os males; não temas.

Comentário

A seção primeiro oferece um breve resumo do capítulo 13; menciona a divindade pessoal no coração e as relações complexas da entidade viva com a natureza. A presente descrição tem um tom um pouco mais pessoal, visto que enfatiza o envolvimento da Pessoa Suprema através de sua natureza mágica, bem como um chamado para *Arjuna* se refugiar no Supremo de corpo e alma. O discurso se torna ainda mais pessoal, e *Kṛṣṇa* agora fala com *Arjuna* de amigo para amigo, em oposição ao Senhor Supremo que formalmente se dirigia a uma alma encarnada[262]. *Kṛṣṇa* primeiro pediu a *Arjuna* que considerasse o que foi dito e que agisse como bem entendesse; parece que a entrega completa oferecida é considerada como tal apenas quando feita por livre-arbítrio, com plena razão, conhecimento e compreensão da cosmovisão apresentada por *Kṛṣṇa* em toda a *Bhagavad-gītā*. Antes de pronunciar as duas estrofes centrais de todo o tratado, *Kṛṣṇa* expressa abertamente sua afeição por *Arjuna* e pede que ele preste muita atenção às suas palavras para o próprio bem dele. Ele então faz a primeira declaração, que é quase uma réplica da estrofe que resume o capítulo 9, e pede a *Arjuna* para se tornar devoto dele, adorá-lo e prestar-lhe homenagens; *Kṛṣṇa* promete a *Arjuna* que, como resultado, ele deveria alcançá-lo[263]. Depois disso, *Kṛṣṇa* faz a famosa declaração conhecida tradicionalmente como *carama-śloka*[264]; ele estende o apelo à devoção pedindo a *Arjuna* que rejeite todos os *dharma* e que simplesmente se refugie apenas nele. *Kṛṣṇa* garante a *Arjuna* que, ao fazer isso, ele o libertará de todos os males. *Kṛṣṇa* agora sugere que *Arjuna* rejeite os vários caminhos que ele mesmo ofereceu ao longo de toda a *Bhagavad-gītā*; *Arjuna* deveria simplesmente se entregar completamente a ele, e *Kṛṣṇa*, por sua vez, libertaria *Arjuna* de todos os males.

262. Ponto culminante do tom formal foi exemplificado no cap. 11.

263. *BG* 18.65; 9.34.

264. *BG* 18.66. *Carama-śloka*: a estrofe definitiva ou final.

Este final devocional da *Bhagavad-gītā* oferece uma solução para um dos problemas mais difíceis do tratado, isto é, o problema do mal. A solução oferecida é que, pela entrega a *Kṛṣṇa* com um estado de espírito de devoção, *Kṛṣṇa* pessoalmente libertaria *Arjuna* de todos os males e, consequentemente, concederia a ele a libertação trazendo *Arjuna* para junto de si. Aqui termina o diálogo entre os dois amigos, e a próxima seção trata do ensino e divulgação da *Bhagavad-gītā*.

Propagação dos ensinamentos e o resumo de *Arjuna*

> [67]Nunca se dirá isto a quem não é austero e dedicado a mim, a quem não quer ouvir isto, ou a quem fala mal de mim. [68]Aquele que explica este segredo supremo aos meus devotos, realizando assim o mais elevado serviço devocional a mim, sem dúvida, virá a mim. [69]Não há entre os humanos alguém que desempenhe uma tarefa mais preciosa para mim do que esta, e nunca haverá na terra alguém mais querido do que ele para mim. [70]E eu considero que aquele que estuda e recita isto, nosso diálogo sagrado, adorar-me-á através do sacrifício do conhecimento. [71]E quem ouve isto fielmente e sem inveja também alcançará a libertação e alcançará os mundos auspiciosos daqueles cujos atos são piedosos. [72]Ó *Pārtha*, ouviste isso com concentração total? Tua ignorância desapareceu e tua ilusão foi dissipada, ó *Dhanaṁjaya*? [73]*Arjuna* disse: Por tua graça, ó *Acyuta*, minha ilusão se foi e eu recuperei minha razão; eu estou firme e livre de dúvidas, e agirei conforme tu disseres.

Comentário

Kṛṣṇa agora se refere à *Bhagavad-gītā* como um todo; é para ser ouvida apenas por pessoas austeras e devotadas que desejam ouvir e não por aqueles que são hostis ao Supremo. Aqueles que irão disseminá-la alcançarão a mais alta devoção à Pessoa Suprema, tornar-se-ão muito queridos por ele e deverão alcançá-lo sem sombra de dúvida. Quem ensina ou recita esta discussão adorará o Supremo através do sacrifício do conhecimento, e ganhará naturalmente os frutos piedosos desta oferenda.

Agora é hora de *Arjuna* resumir; em resposta à pergunta de *Kṛṣṇa*, *Arjuna* declara que ele entendeu as palavras de *Kṛṣṇa*, aceitou-as e está prestes a agir de acordo com as instruções de *Kṛṣṇa* e lutar por ele. Para testemunhar isso *Arjuna* declara: "*kariṣye vacanaṁ tava*" – "eu agirei conforme tu disseres". Aqui termina a conversa entre *Kṛṣṇa* e *Arjuna*, juntamente com o resumo interno dela, bem como o resumo de segunda ordem. Como todo o tratado foi proferido por *Saṁjaya* a *Dhṛtarāṣṭra* em resposta à pergunta do rei[265], chegou a hora do resumo.

Conclusão de *Saṁjaya* – Os Filhos de *Pāṇḍu* serão vitoriosos

> 74*Saṁjaya* disse: "Assim ouvi a conversa de *Vāsudeva* e do magnânimo *Pārtha*, que é tão surpreendente que meu cabelo está arrepiado". 75Pela graça de *Vyāsa* ouvi esse supremo segredo do *yoga* diretamente de *Kṛṣṇa*, o mestre do *yoga*, que o falou pessoalmente. 76Ó rei, ao refletir continuamente sobre este colóquio maravilhoso e virtuoso de *Keśava* e *Arjuna*, eu estou emocionado e me regozijo sem parar. 77Ó rei, ao recordar repetidamente a forma surpreendente de *Hari*, meu encantamento é imenso, e uma alegria me emociona novamente e, então, mais uma vez. 78Onde quer que esteja *Kṛṣṇa*, o mestre do *yoga*, e onde quer que esteja *Pārtha*, o portador do arco, certamente haverá fortuna, vitória, prosperidade e justiça. Nisto eu realmente acredito.

Comentário

Saṁjaya agora resume sua própria experiência de ter ouvido e recitado a *Bhagavad-gītā*; ele está passando por um estado de profundo espanto, alegria e felicidade. A conclusão dele é que a vitória é certa para os Filhos de *Pāṇḍu*, já que onde quer que estejam *Kṛṣṇa* e *Arjuna*, certamente haverá fortuna, vitória, prosperidade e justiça.

Assim termina a *Bhagavad-gītā*.

---

265. A pergunta que dá início à *Bhagavad-gītā*; cf. *BG* 1.1.

Glossário

ācārya – Professor, preceptor.

Acyuta – Um nome de *Kṛṣṇa* que significa infalível.

adharma – Aquilo que é contrário ao dharma, impróprio, imoral, ilegal.

adhikāra – Elegibilidade, qualificação.

Adhokṣaja – Nome de *Viṣṇu* e *Kṛṣṇa*, significa "além da percepção dos sentidos".

āditya – Os doze deuses que são filhos de *Aditi* e seus descendentes.

advaita – Não dual.

Advaita Vedānta – Uma escola de *Vedānta* não dual cujo expoente mais famoso é *Śaṅkara*.

ahaṁkāra – Lit.: "eu sou o fazedor". Ego, autoconsciência, o oitavo elemento.

Airāvata – Um elefante branco com quatro presas que transporta *Indra*, rei do paraíso.

ajñāna – Ignorância, ausência de conhecimento.

ākāśa – Éter, o quinto grande elemento.

ānanda – Bem-aventurança, uma das três características do *Brahman*.

anitya – Finito, temporário, não eterno.

apauruṣeya – Conhecimento recebido de fontes não humanas; *śruti* ou o *Veda*.

Arjuna – Filho de *Paṇḍu* e *Kuntī*, filho biológico do deus *Indra*, o terceiro dos cinco irmãos *Pāṇḍava* e comandante do exército *Pāṇḍava*, que ouviu a *Bhagavad-gītā* diretamente de *Kṛṣṇa*.

ārya – Um nobre civilizado, refinado e seguidor da cultura védica.

Asita – Provavelmente, um *yogācārya* e pai do sábio *Devala*.

āśrama – Uma das duas categorias do *dharma*, que define a fase pessoal da vida em termos de *brahmacarya*, *gṛhastha*, *vānaprastha* e *saṁnyāsa*.

aṣṭāṅga-yoga – Um sistema de *yoga* como uma escada de oito partes ou fases.

āstika – Tradições baseadas na *śruti* ou o *Veda* como os seis *darśana* ortodoxos.

asura – Classe de demônios, adversários dos *deva* e inimigos dos deuses. Eles residem mais abaixo da terra, constantemente aspiram a dominar o universo e são influenciados por *tamas*, o *guṇa* da escuridão.

aśvattha – Uma árvore sagrada, provavelmente a sagrada *ficus religiosa*.

Aśvatthāman – Filho de *Droṇa*.

Aśvin (*Aśvinau*) – Médicos celestes que fizeram o velho sábio *Cyavana* recuperar a juventude; pais biológicos dos *Pāṇḍava* mais jovens, *Nakula* e *Sahadeva*.

ātman – O eu consciente e eterno; a alma eterna.

avatāra – Encarnação divina, a Pessoa Suprema que aparece neste mundo em uma forma humana ou não humana.

avidyā – Ausência de conhecimento, ignorância.

avyakta – A *prakṛti* não diferenciada em um estado primordial antes da criação.

bandha – Aprisionamento através de nascimentos e mortes repetidos.

Bhagavad-gītā – Lit.: “tratado poético sagrado da Pessoa Suprema”.

bhagavān – A Pessoa Suprema

bhakta – devoto.

bhakti – devoção.

bhakti-yoga – Um caminho que leva ao *mokṣa* em que as práticas devocionais se tornam práticas de *yoga.*

Bhīma –Também *Bhīmasena*. Filho de *Paṇḍu* e *Kuntī*, filho biológico do deus do vento.

Bhīṣma – Filho de *Śantanu* e *Gaṅgā* (o Rio Ganges), um grande guerreiro e o avô da casa dos *Kuru.*

Bhṛgu – Um filho de *Brahmā* e um grande sábio. Ele foi enviado pelos sábios para descobrir quem é o maior dos três principais deuses.

Bhūriśravas – Filho de *Somadatta.*

Brahmā – Um deus védico, o criador do universo cujo planeta é o mais elevado do universo.

Brahmacārin – Um estudante celibatário que estuda com o guru e pratica asceses variadas.

brahmacarya – A primeira fase no sistema de *āśrama*, em que o estudante celibatário estuda sob a orientação de um *guru.*

Brahma-jñāna – Conhecimento do *Brahman.*

Brahman – O Supremo Absoluto, caracterizado pela eternidade, consciência e bem-aventurança.

Brahmasūtra – Também chamado de *Vedānta-sūtra*; um dos três textos fundamentais da tradição *Vedānta*, juntamente com as *upaniṣad* e a *Bhagavad-gītā*, que é composto por 550 aforismos que resumem o conteúdo das *upaniṣad.*

brâmane (do sânscrito, *brāhmaṇa*) – A classe sacerdotal e intelectual, a mais elevada dos quatro *varṇa.*

Cekitāna – Um guerreiro *Vṛṣni.*

cit – Conhecimento, consciência; uma das três características do *Brahman.*

Citraratha – Senhor dos *gandharva*, serviu como um bezerro quando os *gandharva* ordenharam a terra.

daityas – Os demônios, filhos de Diti.

darśana – Um ponto de vista da verdade; uma das seis escolas filosóficas ortodoxas.

deha – O corpo físico.

Devala – Um vidente e conhecedor do *Brahman* que amaldiçoou *Hūhū* a se tornar um crocodilo. Também pode ser um vidente diferente com esse mesmo nome que é o melhor dos *Śāṇḍiliya* ou o filho do *Śvetāvatāra* de Viṣṇu.

Dharma – O deus da justiça; pai de *Yudhiṣṭhira.*

dharma – Um princípio universal que representa religião, lei, ordem, dever, justiça e moralidade. Ele mantém o mundo categorizando a sociedade humana em *varṇa* e *āśrama.*

Dharmarāja – Um epíteto de *Yudhiṣṭhira*, que significa "rei do *dharma*".

Dhṛṣṭadyumna – Filho de *Drupada*, que nasceu de um sacrifício.

Dhṛṣṭaketu – Rei de *Cedi.*

Dhṛtarāṣṭra – Irmão de *Pāṇḍu*, o rei cego que era fraco demais para conter seu filho ganancioso e desonesto *Duryodhana.*

Draupadī – Filha de *Drupada*, irmã de *Dhadyumna* e esposa dos cinco irmãos *Pāṇḍava.*

Droṇa – O professor de artes marciais real, que treinou tanto os *Pāṇḍava* quanto os *Kaurava* nas artes militares.

Drupada – Pai de *Draupadī* e *Dhṛṣṭadyumna.*

Duryodhana – Filho mais velho de *Dhṛtarāṣṭra*, o líder do grupo *Kaurava*, que sempre teve inveja dos irmãos *Pāṇḍava.*

dvandva – Um composto nominal em que ambos os componentes carregam o mesmo peso sintático.

dvija – Nascido duas vezes; um termo que se refere aos membros dos três *varṇa*, que são considerados nascidos pela segunda vez através do *upanayana* ou rito de iniciação.

escada ética – Ação motivada pelo utilitarismo até o caminho para uma ação espiritualmente motivada; essa escada está no âmago da estrutura da *Bhagavad-gītā.*

filho de Subhadrā – *Abhimanyu*; filho de *Arjuna* e *Subhadrā.*

filhos de Draupadī – Cinco filhos gerados por cada um dos cinco irmãos *Pāṇḍava.*

gandharva – Classe de seres semidivinos dotados de beleza pessoal extraordinária.

Ganges (do sânscrito, *Gaṅgā*) – Rio celestial trazido para o mundo terrestre e que flui, a partir dos *Himalayas*, pelo norte da Índia até desaguar no Golfo da Bengala. Também é conhecido como *Jāhnavī.*

Garuḍa – Transportador em forma de águia de *Viṣṇu*, filho de *Kaśyapa* e *Vinatā.*

gāyatrī – Prosódia; um tipo de métrica.

gṛhastha – Segunda fase no sistema de *āśrama*, em que o estudante celibatário se torna um homem casado, um professor ou *ācārya* que transmite sabedoria espiritual.

guṇa – As três qualidades sutis de *prakṛti* ou natureza material; elas são *sattva* ou bondade, *rajas* ou paixão e *tamas* ou ignorância.

guru – Professor ou *ācārya* que transmite a sabedoria espiritual.

Hanumat – O deus macaco, servo de *Rāma*, representado na bandeira de *Arjuna.*

Indra – O rei dos céus e o deus da chuva; tem mil olhos.

itihāsa – "Assim aconteceu", um termo tradicional para a história que denota os dois grandes épicos: o *Mahābhārata* e o *Rāmāyaṇa.*

japa – O sacrifício da reza murmurada; uma meditação pessoal que é realizada pela repetição de um mantra dirigido a uma divindade favorecida.

Jayadratha – Rei de *Sindhu*, genro de *Dhṛtarāṣṭra.*

jīva – A alma individual, o *ātman.*

jñāna – Conhecimento e, especificamente, conhecimento espiritual.

jñāna-yoga – Um caminho que leva ao *mokṣa*, em que o envolvimento filosófico e intelectual com as escrituras se tornam práticas *yogin.*

Kali-yuga – De acordo com relatos purânicos, é a era atual de desavenças em que o *dharma* entra em decadência juntamente com as virtudes humanas.

kalpa – Um dia de *Brahmā.*

kāma – Prazeres dos sentidos, um dos quatro objetivos da vida humana conhecidos como *puruṣārtha.*

Kāmadhenu – Uma vaca que satisfaz desejos; a vaca do sábio *Jamadagni* que fornece leite ilimitado.

Kandarpa – Deus do amor.

Kapila – Um avatar de *Viṣṇu*, filho de *Kardama* e *Devahūti*, que propôs a doutrina do *Sāṅkhya.*

Karman – Ação e suas várias implicações nas vidas futuras.

Karma-yoga – Um caminho que conduz ao *mokṣa*, em que a ação de acordo com o *dharma* se torna uma prática *yogin.*

Karmendriya (*karma-indriya*) – Os cinco órgãos de ação; voz, mãos, pernas e órgãos de excreção e procriação.

Karṇa – Filho da princesa *Kuntī* com o deus do sol, antes de se casar com *Pāṇḍu*. Ele foi abandonado e adotado por um casal de classe social inferior e, portanto, privado de seus direitos reais. Foi o principal rival de *Arjuna*, embora *Arjuna* nunca soubesse que eles eram irmãos. Prometeu à sua mãe, *Kuntī*, que ela ficaria com cinco filhos depois da batalha, o que significa que ele ou *Arjuna* seria morto.

Kṛpa – Mestre dos *Kaurava.*

Kṛṣṇa – O orador da *Bhagavad-gītā*, a Pessoa Suprema que veio a este mundo para proteger o *dharma*. Era amigo e primo de *Arjuna*, que se ofereceu a Arjuna para servir como seu auriga durante a grande guerra.

kṣatriya – Guerreiro e classe dominante composta de nobres e membros da realeza.

Kuntī – Esposa de *Pāṇḍu* e a mãe dos três *Pāṇḍava* mais velhos: *Yuddhiṣṭhira*, *Bhīma* e *Arjuna.*

Kuntibhoja – Pai adotivo de *Kuntī.*

Kuvera – O senhor da riqueza e rei do submundo, análogo ao grego Plutão. Senhor dos *yakṣa* e irmão de *Śiva.*

līlā – Divertimento divino, um modo espiritual de ação livre de qualquer finalidade utilitária.

Mahābhārata – O grande épico sânscrito que representa a história da casa *Kuru*, que inclui a *Bhagavad-gītā.*

makara – Um monstro marinho; o termo tem sido traduzido como crocodilo, tubarão ou leviatã.

manas – Mente.

Manu – Filho de *Brahmā* e pai da raça humana; uma das autoridades no *dharma* e compilador de um *dharma-śāstra* chamado *Manu-smṛti.*

mārgaśīrṣa – O primeiro mês de acordo com o calendário védico (compreende uma parte de fevereiro e outra de março).

Marīci – Um filho de *Brahmā*, nasceu junto com *Nārada* no começo da criação, e pai de *Kaśyapa.* Coordenou o sacrifício de cavalo para o deus Indra e puniu o rei demoníaco *Vena* com uma maldição.

marut – 49 deuses que são filhos de *Kaśyapa* e *Diti*; irmãos de *Indra*.

māyā – Ilusão.

Meru – Uma montanha celestial enorme situada no meio do mundo, em algum lugar entre o sol e a terra.

mokṣa – Libertação do ciclo de reencarnações.

Nakula e Sahadeva – Filhos adotivos de *Paṇḍu* por sua esposa *Madrī*; filhos biológicos dos *Aśvin*, médicos celestiais.

Nārada – Filho de *Brahmā* que aprendeu de seu pai a sabedoria divina conhecida como *Bhāgavata*, e que passou para seu grande discípulo *Vyāsa*. Ele viaja através do universo louvando a Pessoa Suprema com sua *vīṇā* (um instrumento musical). É uma das doze autoridades do dharma e compilador do *Nārada-bhakti-sūtra*, que é um tratado sobre devoção.

Nāstika – Tradições não atreladas à *śruti ou ao Veda*, como o budismo e o jainismo.

nirguṇa – Desprovido de atributos.

nirvāṇa – Extinção da existência material.

niṣkāma-karman – Agir, mesmo sem interesse nos frutos da ação; um ensinamento central da *Bhagavad-gītā*.

pañca-bhūta – Os cinco grandes elementos: terra, água, fogo, ar e éter.

pañca-tanmatra – cinco objetos dos sentidos: som, toque, forma, gosto e olfato.

Pāṇḍava – Os cinco irmãos, filhos de *Paṇḍu* e heróis do *Mahābhārata*: *Yudhiṣṭhira*, *Bhīma*, *Arjuna*, *Nakula* e *Sahadeva*.

Pāṇḍu – Filho do sábio divino *Vyāsa*, irmão mais novo de *Dhṛtarāṣṭra*, pai dos cinco irmãos *Pāṇḍava* e rei legítimo do império. Como resultado de uma maldição, ele não foi capaz de conceber filhos e, portanto, suas esposas, *Kuntī* e *Madrī*, invocaram cinco deuses para fecundá-las.

pāpa – Mal, *karman* ruim, pecado.

paramārtha – A realidade mais elevada e absoluta.

paramparā – Sucessão discipular, uma cadeia contínua de mestres e discípulos.

Prahlāda – O filho do rei demoníaco *Hiraṇyakaśipu*. Embora nascido em uma família demoníaca, ele era um dos maiores devotos de *Viṣṇu*, tanto que *Viṣṇu* apareceu como o *avatāra* do Homem-leão para salvá-lo de seu pai demoníaco.

prakṛti – Natureza material que consiste dos três *guṇa*.

pralaya – Destruição universal.

pramāṇa – Meios de conhecimento válido.

prasāda – Graça divina.

prasthāna-traya – Os três fundamentos da tradição *Vedānta*: a *Bhagavad-gītā*, os *Brahma-sūtra* e as *upaniṣad*.

puṇya – *karman* meritório.

Purujit – Outro nome para *Kuntibhoja*, o pai adotivo de *Kuntī*.

Puruṣa – A Pessoa Suprema. Cf. *BG* 8.8, 8.10, 8.22, 15.4, 15.18–19.

puruṣārtha – Os quatro objetivos da vida humana; *dharma*, *artha*, *kāma* e *mokṣa*.

rajas – Um dos três *guṇa* que representa paixão, desejo, apego aos frutos da ação e esforços excessivos.

rākṣasa – Espíritos malignos que são seres semidivinos.

Rāma – Um avatar de *Viṣṇu* e herói do grande épico *Rāmāyaṇa* que resgatou sua santa esposa *Sītā* do demônio *Rāvaṇa*. Também pode se referir a *Paraśurāma* (o *Rāma* que carrega o machado), um *avatāra* de *Viṣṇu*, e que matou 21 gerações de reis.

Rāmāyaṇa – O grande épico sânscrito que representa a história de *Rāma*.

realidade hierárquica – Um conceito de acordo com a qual a realidade é dividida em camadas; portanto, não é unificada, e sim dividida.

rudra – Um grupo de onze deuses adorados para obtenção de poder.

sādhya – Os doze filhos celestes de *Dharma* e *Sādhya.*

saguṇa – Com atributos.

samādhi – O ponto culminante da prática de *yoga*, um estado introvertido de experiência espiritual.

Sāma-veda – O mais musical dos quatro *Veda.*

Saṁjaya – O secretário de *Dhṛtarāṣṭra* que descreveu a batalha para ele.

Sāṁkhya – Uma das seis tradições filosóficas ortodoxas que propõem a diferenciação de *prakṛti* do *puruṣa.*

saṁnyāsa – A quarta e última fase do sistema de *āśrama*, a fase de renúncia.

saṁnyāsin – Uma pessoa na quarta e mais elevada fase do sistema de *āśrama.*

saṁsāra – A cadeia de nascimentos e mortes repetidos; o estado de existência mundana.

śāstra – Os ensinamentos tradicionais autorizados.

sattva – Um dos três *guṇa* que representa pureza, serenidade, bondade e conhecimento.

Satyaki – Um famoso guerreiro *yādava* e amigo de *Kṛṣṇa.*

siddha – Classe de seres celestes que são dotados de vários poderes místicos.

Śiva – O grande deus, uma das três principais divindades universais juntamente com *Brahmā* e *Viṣṇu*, que é considerado o Supremo, de acordo com o *śaivismo*. Ele é responsável pelo *tamoguṇa* e é, portanto, dotado da tarefa de destruir o universo quando chega a hora da aniquilação. Ele é um asceta e vive no Monte *Kailāsa.*

Skanda – Filho de *Śiva* e deus da guerra.

smṛti – Uma categoria de textos canônicos de autoria humana, como os épicos e os *purāṇa.*

soteriologia – Doutrinas da salvação.

śruti – Uma categoria de texto canônico não humanamente revelado, como os *Veda* e as *upaniṣad.*

Subhadrā – Irmã de *Kṛṣṇa*, esposa de *Arjuna*, mãe de *Abhimanyu.*

Śūdra – A classe servil que consiste de servos, trabalhadores braçais e artesãos

sutra – Um aforismo curto e condensado que transmite conhecimento.

svarga – Paraíso, éden.

tamas – Um dos três *guṇa* que representa escuridão, ignorância, ilusão e indolência.

Uccaiśravas – Um cavalo que nasceu da batedura do oceano de leite através do esforço concentrado de deuses e demônios.

upanayana – Rito de iniciação.

upaniṣad – Textos filosóficos védicos posteriores que propõem a unidade de *Brahman.*

Uttamaujas – Um príncipe *pañcala* que era um guerreiro extraordinário.

Vaikuṇṭha – A morada de *Viṣṇu* que é eterna, espiritual, pura e além da influência dos três *guṇa.*

vaiṣṇava – Um devoto de *Viṣṇu.*

vaiśya – A classe comerciante e agricultora.

vānaprastha – A terceira fase do sistema de *āśrama*, um habitante da floresta.

varṇa – Sistema de classes, categoria; refere-se às quatro classes sociais de *brāhmaṇa*, *kṣatriya*, *vaiśya* e *śūdra.*

varṇāśrama-dharma – Dever, de acordo com o *varṇa* e *āśrama*, a estrutura social védica básica.

Varuṇa – Senhor dos oceanos e que nele reside; rei dos *asura.*

Vasu – Um grupo de oito deuses que são filhos de *Dharma* e Vasu. Eles foram amaldiçoados a nascer na terra, mas depois retornaram ao céu. Sete deles retornaram imediatamente; porém, o oitavo viveu na terra por uma vida inteira. Esse foi *Bhīṣma*, o avô da dinastia Kuru, que participou da batalha de *Kurukṣetra* como comandante-em-chefe dos *Kaurava.*

Vedānta – "O final do conhecimento", a escola ortodoxa da filosofia derivada da *Bhagavad-gītā*, dos *Brahma-sūtra* e das *upaniṣad.*

Vikarṇa – Um filho de *Dhṛtarāṣṭra.*

Virāṭa – Rei que abrigou os irmãos *Pāṇḍava* enquanto eles estavam no exílio.

Viṣṇu – O grande deus cuja morada chamada *Vaikuṇṭha* está muito além deste universo, e quem é identificado na *Bhagavad-gītā* com *Kṛṣṇa*; aparece em sua forma de *avatāra* sempre e onde quer que haja um declínio do *dharma* e um aumento de *adharma*; é considerado a Pessoa Suprema de acordo com o *vaiṣṇavismo.*

Vṛṣṇi – A dinastia em que *Kṛṣṇa* nasceu.

Vyāsa – O autor do *Mahābhārata*, que dividiu o *Veda* em quatro.

Vyavahāra – Realidade empírica.

Yajña – Sacrifício e, em particular, um sacrifício védico.

yakṣa – Um grupo semicelestial da classe demoníaca, seguidor de *Śiva*; dirigido por *Kuvera.*

Yama – Senhor da morte; reside nas regiões inferiores do universo e pune os humanos após a morte, de acordo com seus atos. É uma autoridade no *dharma.*

Yoga – Um dos seis *darśana* ortodoxos, que oferece um caminho disciplinado que visa o estado de *samādhi.*

Yoga-sūtra – Um texto clássico tradicionalmente atribuído a *Patañjali*, que propõe o sistema de *Aṣṭāṅga-yoga.*

Yudhamanyu – Um príncipe *pañcāla.*

Yudhiṣṭhira – O irmão mais velho dos *Pāṇḍava* e seu líder.

yuga – Cada uma das eras cósmicas: *Kṛta*, *Tretā*, *Dvāpara* e *Kali.*

Yuyudhana – Outro nome para *Satyaki.*

REFERÊNCIAS

BIDERMAN, S. *Indian Philosophy* – The Foundations. Telavive: Broadcast University Press, 1980.

DĀSA, B. *Surrender unto Me*. Nova Déli: Vihe Publications, 1997.

DIKSHITAR, V.R.R. (ed.). "The Purāṇa Index". In: *Madras University Historical Series*, n. 15. Madras: University of Madras, 1951.

EDGERTON, F. *The Bhagavad Gītā*. Cambridge, MA: Harvard University Press, 1972 [ed. original: 1964].

KLOSTERMAIER, K. *A Concise Encyclopedia of Hinduism*. Oxford: Oneworld, 1998.

______. *A Survey of Hinduism*. 2. ed. Albany: Suny, 1994.

OLIVELLE, P. *Upaniṣads*. Oxford: Oxford University Press, 1996.

RAGHAVACAR, S.S. *Rāmānuja on the Gītā*. Calcutá: Advaita Ashrama/Rāmakṛṣṇa Vedānta Centre, 1991.

RĀMĀNUJA. *Śrī Rāmānuja Gītā Bhāṣya*. Madras: Śrī Rāmakṛṣṇa Math, 1991 [trad. Adidevānanda Svāmī].

ŚAṄKARĀCĀRYA. *The Bhagavad Gītā with the Commentary of Ādi Śrī Śaṅkarācārya*. Chennai: Samata Books, 1995 [trad. A.M. Śāstri; ed. original: 1897).

SHARMA, A. *The Hindu Gītā*. Londres: Duckworth, 1986.

VAN BUITENEN, J.A.B. "A Contribution to the Critical Edition of the *Bhagavad-gītā*". In: *Studies in Indian Literature and Philosophy*. Nova Déli: Motilal Banarsidas, 1988 [originalmente publicado no *Journal of the American Oriental Society*, 86, 1966, p. 99-109].

______. *The Bhagavad-gītā in the Mahābhārata*. Chicago/Londres: The University of Chicago Press, 1981.

ZAEHNER, R.C. *The Bhagavad-gītā*. Oxford: Oxford University Press, 1969.

ÍNDICE

abhyāsa 119
ação 29, 30-31
  como iluminação 31, 66-67, 72-73
  conhecimento, dicotomia 64, 191, 192
  desinteressada 85-88
  e dharma 19-20, 88-89, 191-192
  externa e os guṇa 96-97
  fatores subjacentes 189
  fazedor de 95
  frutos cármicos da 51
  interna 96-97
  Kṛṣṇa sobre 87
  recomendação da BG para 44-45
  utilitária 45-46
  vs. contemplação, dilema 44-45
  cf. tb. também karman
Acyuta 50, 200, 203
adharma 40, 42, 84, 203
  dharma
    conflito 86
    distinção 192, 194-195
  veja também dharma
ādi 122
āditya 135, 138, 140, 203
advaita 93n. 114, 203
Advaita-vedānta 44, 146, 203
Airāvata 135, 203
akarman 30, 86
alimento, e os guṇa 179-180
alma, a 156
  e a Pessoa Suprema 168-169
  e os seis sentidos 169
  Kṛṣṇa sobre 56, 73
  natureza da 58, 59
  proprietário do corpo 59
  transmigração 57
antaryāmin 101, 152, 155-156
  cf. tb. Pessoa Suprema
aparigraha 102
Arjuna 15, 20, 29, 31, 42-43, 50-51, 71
  argumentos contra a guerra 51-54, 61-62, 74
  ausência de inveja de 123
  como kṣatriya 60
  divindade de Kṛṣṇa, aceitação da 134-135, 138
  lamentação pelos mortos 56
  no caminho da iluminação 74

oito perguntas 116-117
pedido de orientação 55-56
Pessoa Suprema
apego à 110-111, 114, 197, 199-200
instrumento de 153
reprovação de Kṛṣṇa à 56
revelação de Kṛṣṇa à 141-142
seis perguntas 150-151
artha 193n. 253, 194
árvore, invertido, parábola 167-168
āsakta 110
āsana 26, 100, 102
ascese 181
Asita 134, 204
āśrama 184n. 236, 204, 205, 206, 207, 212
aṣṭāṅga-yoga 98, 204
Aśvattha 135, 167, 204
Aśvatthāman 49, 204
Aśvin 138, 140, 204, 210
ātman veja eu
autorrealização 18, 19-20, 22, 44-45
autotranscendência 34
avatāra 85, 204

Bhagavad-gītā 19, 174, 204
cena de abertura 51-52
casa de três andares
data de composição 16
doutrina educativa 31-34
ensinar aos outros 200
e o caminho do karma-yoga 30
escada ética 31, 38, 39, 40, 44-48, 61, 71, 77, 81, 98, 114, 166, 173, 192-193, 195-197, 207
estrutura unificadora 21-22, 28, 38-39
realidade hierárquica 38, 39-43
metáfora ix 21-22, 41-42
mudança entre 40-44
segundo andar 23-24, 29, 33, 58, 147, 197
terceiro andar 33, 36, 147, 197
tradição Vedānta 16
tradução do título 15
bhakta 33, 47, 205
bhakti veja devoção
bhakti-yoga 153, 166, 205
luta como 166
Bhīma 49-50, 90n. 112, 205
Bhīṣma 49, 51n. 57, 55, 140, 141, 205, 214
Bhṛgu 135, 205
Bondade
brahman/brâmanes 195
e doação 181
e escuridão 181-182
e renúncia 188
e sacrifício 179, 185-186
guṇa da 27, 28, 29, 104, 161, 162, 163-164, 165-166, 191-192
luta como de 164-165
Brahmā 19, 120, 139, 142, 143, 203, 205, 206, 208, 209

brahmacārin 16, 205
brahmacarya 26
Brahman 16, 41, 65, 76, 154, 194, 205
alcance do 46, 47, 68, 72, 89, 92, 97, 104, 105, 145, 165, 195-196
bondade 194-195
conhecimento do 73, 147
brāhmaṇa 194
brahmananda 41
brahma-nirvāna 98
Brahmasūtra 16, 44, 150, 205
brâmanes 17, 20, 27, 87, 95, 96, 129, 181, 182, 195, 196, 205
Bṛhaspati 135
bṛhatsāman 136
buddhi 73
yoga 62-63, 66

campo, o 151
conhecimento do 150
de Kurukṣetra 15
Cārvāka 175
Cekitāna 49, 205
Citraratha 135, 206
citta 102
cittātmā 102
da Pessoa Suprema 118-119
classes sociais 17-18, 86, 195
mistura 80
conhecimento
ação, dicotomia 63-64, 191, 192
alcance do 158
contemplação do 32
do Brahman 73, 146-147
do campo 150-151
do guru 91
e liberdade 91
ganho, e sacrifício 88-90
objeto do 153-154
qualidades que representam 32-33, 152-153
tipos de 191
cf. tb. jñāna-yoga
contemplação do conhecimento 32
do eu 68, 159
dos objetos dos sentidos 70
silenciosa 74
vs. ação, dilema 45
cosmologia, purânica 121
corpo, o 56-57
momentos bons/ruins para desencarnar 121-122
possuído pela alma 59

darśana 38, 91, 125, 159-160, 206
demônios 125, 174-175
relações com a Pessoa Suprema 175-176
desejo incontrolável
e o mal 82-83
superação 82
determinação 193, 194
deuses, outros, devotos de 114-115
Devala 134, 204, 206
Dever
e dharma 186-187
não execução 187

devoção 124, 130-131, 205
à Pessoa Suprema 110, 128-129, 130-131, 133-134, 145-147, 166
fases 34
devotos, da Pessoa Suprema 148-149
dhāraṇā 26, 100
dharma 16, 17-18, 23, 39-40, 206
como dever público 78, 79
conflito 86
diferença 192, 195
e ação 19-20, 29-30, 87-89, 191
e dever 187
e mal 64
enfraquecimento do 53
e sacrifício 76-77
guṇa, relação com os 186-187, 194-195
liberdade do 78-80
mokṣa, tensão 19-21, 39-40, 74
objetivos mundanos 64
"por si só" 28, 46, 47, 60, 61-63, 64, 65, 66
significados 17
situação pessoal 16
situação profissional 16-17
transcender 19
védico 126, 128
cf. tb. adharma
Dhṛṣṭadyumna 50, 206
Dhṛṣṭaketu 49, 206
Dhṛtarāṣṭra 50-51, 206
dhyāna 26, 100
discípulo/guru, relacionamento 31, 91
doação e bondade 181-182
Draupadī 49, 206
filhos de 207
Droṇa 50-51, 55, 140, 141, 206
Drupada 49-50, 206
Duryodhana 49, 50-51, 206
dvaita 44
dvandva 136, 206

ego 197
ekāgra 102
escada ética, Bhagavad-gītā 31, 38, 39, 40, 44-48, 61, 71, 77, 81, 98, 114, 166, 173, 192-193, 195-196, 207
escola Mīmāmsā 20, 65
escuridão
e bondade 181-182
felicidade na 194-195
guṇa da 27, 161, 162-163, 164, 165-166, 173, 174, 187, 188-189
eu, o 151-152, 156, 204
contemplação do 68, 158

felicidade
na escuridão 194
na paixão 194

gandharva 135, 140, 207
Ganges 136, 205, 207
Garuḍa 136, 207
gāyatrī 136, 207
glossário 203-215

gṛhastha 17, 204, 207
āśrama, saṁnyāsa āśrama, diferença 185
guerra
argumentos de Arjuna contra 51-52, 53-54, 61, 73
argumentos de Kṛṣṇa em prol 60-62, 63-64, 73-74, 164-165
como sacrifício 90
conhecimento dos 90-91
discípulo, relacionamento 31, 91
e honra 61
guru 207
guṇa 18, 25, 27-28, 29, 62, 65, 74, 80-82, 87-88, 115, 125, 173
aspectos internos 180-181
bondade 27, 28, 29, 104, 161, 162-163, 164-165, 166, 187, 191-192
características 163
conceito 162
controle pelos 98
definição 207
dharma, relacionamento 187-188, 194-195
e ação externa 96
e alimento 179-180
e prakṛti 157-158, 162
e saṁsāra 182
escuridão 27, 161, 162-163, 164, 166, 173, 174, 187, 188-189
experiência de 155
ilusão dos 112, 113
liberdade dos 164-165, 166
manifestação dos 178, 179
paixão 27, 28, 81, 161, 162-163, 164-165, 166, 173, 174, 187
tipos 164
transcender 164-165, 166
cf. tb. classes sociais

Hanumat 50, 207
honra, e guerra 61

identidade
construção da 124
Kṛṣṇa 33-34, 79-80
Ikvśāku 84
iluminação 20, 25, 47, 62-63, 64
ação como 30-31, 66, 72-73
caminho da, Arjuna no 73-74
esforço pela 70-71
firme 66-68, 70
inação, estado de 74-75
introspectiva 26
liberta 65
Indra 126, 135, 203, 204, 208, 209
inferno, local 22
inteligência 193, 194
inveja 130
e desejo incontrolável 82-83
e dharma 64
e iluminação estável 66-67
falta de inveja de Arjuna 123-124
irmãos Pāṇḍava 15, 204, 206, 207, 210, 214

Janaka, rei 78-79
japa 135, 208

Jayadratha 141, 208
jñāna 39, 44, 72, 129, 205
jñāna-yoga 39, 44, 47, 74, 75, 129, 205
karma-yoga, comparação 74, 148
cf. tb. conhecimento

kalpa 121, 208
ciclo 121
kāma 193, 194, 208
Kandarpa 135, 208
Kapila 135, 208
karman 62, 65, 87-88, 98, 130
definição 208
princípio 29
cf. tb. ação; vikarman
karma-yoga 72, 74, 92, 96-97, 119, 147, 185n. 238
caminho 45
e BG 31n. 23, 31n. 24
definição 208
jñāna-yoga, comparação 74, 148
Karṇa 49, 140, 141, 208
Kaṭha-upaniṣad 155-156
Kaurava 15
Klostermaier, Klaus 21
Kṛpa 49, 209
Kṛṣṇa 15, 17-18, 31, 36-37, 42-44, 50-51, 71, 209
argumentos pró-guerra 59-62, 64, 74
como o governante supremo 85-86
divindade de 170-171
Arjuna aceita 133-134, 137-139
esplendor de 132-133
fases de bhakti 35
função 87
identidade 34, 79
manifestações 135, 136
natureza dual 111, 112
reprova Arjuna 55-57
revelação, apara Arjuna 141-143
sobre ação 87-88
sobre a alma 56-57, 73
sobre as naturezas superior e inferior 37
sobre sacrifício 76-77, 116
torna-se Viṣṇu 141
Veda, crítica aos 62-63, 65
cf. tb. Pessoa Suprema
kṣatriya 17, 61, 194, 195, 209
Arjuna como 60
Kuntī 50, 204, 205, 208, 209
Kuntibhoja 49, 209
Kuvera 135, 209, 214

liberdade
do dharma 78-80
dos guṇa 163-164, 165-166
livre-arbítrio 29-30
luta
como ato de bondade 164-165
como bhakti-yoga 166
como forma de yoga 153

Mahābhārata 15, 18, 51, 174, 209
makara 136, 209

mantra 126, 127
manu(s) 84, 132, 209
mārgaśīrṣa 136, 209
marut 135, 138, 140, 210
mente 209
controle da 100, 101, 105-106
dificuldades 107, 108
Meru 135, 210
mīmāṁsaka 175
mokṣa 17, 18-19, 39, 40-41, 62-63, 210
alcance 126
dharma, tensão 19-20, 39-41, 74
morte, lamentação de Arjuna pela morte 57
mundo, material/espiritual, comparação 120-121

Nakula, e Sahadeva 50, 204, 210
Nārada 134, 135, 209, 210
natureza divina, natureza demoníaca, contraste 173-174
nirvāṇa 98, 210
niyama 26, 100, 102

om 76, 126, 127
Oṁ tat sat 182-183

Paixão
felicidade na 194
guṇa da 27, 28, 82, 161-162, 163, 164-165, 166, 173, 174, 187
Paṇḍu 51, 204, 205, 206, 208, 209, 210
paraíso, local 22
paramātman 101, 104, 106, 151, 154, 156, 157, 158, 159, 170
cf. tb. Pessoa Suprema
paramparā 91, 211
patañjali 26
perfeição, e os sentidos turbulentos 68-69
Pessoa Suprema 33, 37, 47, 103
Arjuna
alcançar a 109-111, 113-114, 197, 298-200
instrumento da 153
contemplação 119-120
demônios, relações com 175-176
devoção à 128-129, 130-131, 133-134, 144, 145-147, 165-166
devotos da 149
e a alma 168-169
lembrança, na morte 116-117, 118-119
morada 168
natureza dual 113-114
no mundo material 124-125
onipresença 106, 113-114, 124
cf. tb. antaryāmin; Kṛṣṇa; paramātman
Prahlāda 136, 211
Prajāpati 76
prakṛti 157-158, 162, 204, 207, 211, 212
e guṇa 157-158, 162-163
prāṇāyāma 26, 100

pratītya-samutpāda 70
pratyāhāra 26, 98, 100
pratyakṣa 123
prosperity, e sacrifício 77
puruṣa 157, 211, 212

qualidades
divinas *vs* demoníacas 32
representação do conhecimento 32, 152-154

rajas 27, 111, 207, 211
rākṣasas 179, 211
Rāma 136, 204, 207
Rāmānuja, Śaṅkara, disputa 146
realidade, hierárquica 38, 39, 212
renúncia
e bondade 188
tipos de 187-189
cf. tb. tyāga
rudra 135, 138, 140, 212

sacrifício(s) 76-78
e bondade 179, 185-186
e dharma 76-77
e ganho de conhecimento 89-91
guerra como 90
Kṛṣṇa sobre 76-77
e prosperidade 77
védico/s 22, 23, 128
cf. tb. yajña
sādhya 140, 212
samādhi 26, 62, 65, 66, 100, 102, 103-104, 105, 212
Sāma-veda 135, 212
saṁsāra 18, 28, 40, 41, 75, 98, 104, 113, 124, 151-152, 155, 156, 157
cair no 70, 71
definição 212
libertação do 46, 65-66, 67, 96, 108, 151, 153, 186, 194
Saṁjaya 50-51, 201, 212
Śaṅkara, Rāmānuja, disputa 146
Sāṅkhya 62, 63, 92, 149, 150, 157-158, 162, 186, 189, 208
dualismo 112
escola de 27
saṁnyāsa 212
āśrama, āśrama de gṛhastha, diferença 185
tyāga, diferença 184
saṁnyāsin 17, 73, 185, 212
śāstra 176, 212
sattva 27, 212
śaucam 102
Śiva 135, 209, 212, 214
Skanda 135, 212
śruti 168, 203, 204, 210
sthira 102
Subhadrā 49-50, 207
śūdra 17-18, 20, 88, 129, 194, 195, 213
sūtra 117, 213
śvetāśvatara-upaniṣad 155

tamas 27, 111, 204, 207, 213
tyāga, saṁnyāsa, diferença 184
cf. tb. renúncia

Uccaiśravas 135, 213
upaniṣad 16, 44, 155, 205, 211, 213, 214
utilitarismo, segundo o dharma 59, 61
Uttamaujas 49, 213

vaiṣṇava 16, 146, 155, 213
vaiśyas 17, 20, 88, 129, 194, 195, 213
vānaprastha 17, 204, 213
varṇa 18, 205, 206-207, 213
cf. tb. classes sociais
varṇāśrama 16, 87, 123
Varuṇa 136, 142, 214
Vasu 135, 138, 140, 214
Vāsudeva 113, 114, 136, 144, 201
Veda 16, 22, 62-63
crítica de Kṛṣṇa 62, 65
Vedānta 39, 44, 149, 151, 170
definição 214
vida, quatro objetivos 17
vikarman 30, 86
cf. tb. karman
Vikarṇa 49, 214
Virāṭa 49, 214
visão veja darśana
Viśiṣṭādvaita 44
Viṣṇu, Kṛṣṇa torna-se 141, 214
Vivasvat 84
Vyāsa 51, 134, 136, 201, 210, 214

yajña 214
cf. tb. sacrifício
yakṣa 135, 140, 179, 209, 214
yama 26, 100, 102
Yama 136, 142, 214
yoga 22-23, 26-27, 40, 46-47, 62, 65, 99-10, 145, 214
luta como forma de 153
prática de 100-103, 104
sistema de yoga 25-26
cf. tb. aṣṭāṅga-yoga; bhakti-yoga; buddhi-yoga
Yoga-sūtra 26, 102, 215
yogin 26, 99-100, 101, 105
devocional 106
ideal 97-98
superioridade do 107
Yudhiṣṭhira 50, 90n. 112, 206, 210, 215